KB250096

둘이 하면 3배 빠른

부부 재테크

Smart Couples Finish Rich

Copyright 2000 by David Bach
Published by arrangement with Doubleday, a division of Random House, Inc.

All rights reserved

Korean translation copyright © 2001 by Book21
Korean translation rights published by arrangement with Doubleday,
a division of Random House Inc.
through Eric Yang Agency, Seoul.

이 책의 한국어판 저작권은 에릭양 에이전시를 통한
Doubleday, a division of Random House, Inc.사와의 독점계약으로
한국어 판권을 (주)북21이 소유합니다.
저작권법에 의하여 한국 내에서 보호를 받는 저작물이므로
무단전재와 무단복제를 금합니다.

# 둘이 하면 3배 빠른 부부 재테크

데이비드 바크 · 이종민 지음

www.book21.co.kr

# 부자를 꿈꾸는
# 이 땅의 모든 부부를 위하여

한 남자와 한 여자가 만나 결혼을 해서 가정을 이뤘다. 둘이 서로 사랑하는 데는 변함이 없는데도 돈 얘기만 나오면 이상하게 의견이 나뉘고 갈등이 생긴다.

여자는 한 푼 한 푼 아끼며 살기 위해 노력하는데 남자는 여자가 장 보며 아낀 것의 수십 배에 이르는 돈을 친구 만나느라 하룻밤에 써버리고 미안해 하는 기색도 없다. 남자는 돈을 벌려면 푼돈에 집착하기보다 일에서 확실하게 성공하거나 주식 등에 투자해서 큰 승부를 하는 것이 중요하다고 생각한다. 여자는 그렇게 불확실한 것에 매달리는 남자를 이해할 수 없다.

어느 날인가부터 둘은 돈 때문에 싸우기 시작했다. 그래서 돈 얘기는 하지 않기로 했다. 하지만 이미 돈은 그들의 생활 속 깊은 곳에 파고들어와 있었다. 결국 참지 못한 그들은 서로를 바라보며 이렇게 소리쳤다.

"그럼 당신이 알아서 해!"

뭐라구? 나보고 더 이상 뭘 어떻게 하란 말이지?

조금 과장되기는 했지만 이것이 대다수 부부들이 돈 때문에 겪는 전형적인 갈등이다.

사랑해서 결혼했는데 왜 돈 때문에 싸우고 힘들어해야 한단 말인가.

원래 대개의 싸움은 오해에서 시작되게 마련이다. 특히 돈처럼 사람들이 직접적으로 이야기하기를 꺼리는 주제는 서로 이해하겠거니 하고 넘어가버리는 습관 때문에 속으로 곪아서 큰 싸움으로 발전할 가능성이 크다.

문제를 해결하는 방법은 단 하나뿐이다. 지금 당장 속마음을 터놓고 대화를 시작해야 한다. 서로 자신의 입장을 고집하기보다는 모든 문제를 함께 계획하고 함께 책임지는 데서부터 문제 해결의 실마리를 찾아야 한다.

물론 이것이 쉬운 일은 아니다. 쑥스럽기도 하고 많은 시행착오를 겪기도 할 것이다. 이 책은 여전히 서로를 사랑하고 성실하게 살아가는 부부들을 위한 책이다. 부부가 함께 나누고 계획하고 실천하며 즐겁게 재테크할 수 있는 올바른 투자습관과 투자기법을 소개하고 있다.

그러나 이 책은 단순한 투자지침서가 아니다. 자칫 건조해지기 쉬운 재테크 이야기지만 풍부한 사례를 통해 쉽게 읽으면서 부부가 겪는 돈과 관련된 문제를 되돌아볼 수 있도록 했으며 그대로 따라할 수 있을 정도로 구체적인 해결책을 함께 제시하고 있다.

또한 한국 독자들을 위해 우리와 맞지 않는 사례와 정보들은 완전히 우리 나라의 것으로 바꾸었으며 돈의 단위 역시 최대한 우리 나라 독자들이 이해하기 쉽게 수정하였다.

　　재테크 상담을 하면서 부인 몰래 투자했다가 손실을 보고 전전긍긍 하는 남자들이나 작은 것을 절약하는 데는 강하나 크고 길게 보며 체계적인 계획을 세우지 못해 늘 경제적인 어려움에서 벗어나지 못하는 여성들을 많이 보았다. 이제부터 부부가 머리를 맞대고 잔고를 확인하며 함께 계획을 세운다면 각자 따로 하는 것에 비해 3, 4배에 이르는 효과를 얻을 수 있을 것이다.

　　옛말에도 부부는 일심동체라고 하지 않았던가? 백지장도 맞들면 낫다는 속담이 있듯이 모든 문제를 부부가 함께 고민하고 서로 도와야만 커플 재테크에 성공할 수 있다는 사실을 확인해 보기 바란다.

　　저자도 밝히고 있듯이 부부간에 가장 중요하고 변치 않는 가치는 아마 사랑과 행복일 것이다. 따라서 부부가 함께하는 재테크는 상대를 먼저 생각하는 휴먼 재테크, 따뜻한 정이 샘솟는 러브 재테크, 행복이 묻어나는 커플 재테크가 되어야 한다. 조금만 돈에 대해 알려고 노력한다면 사랑과 행복을 확실하게 지키고 더 크게 키워가는 즐거움을 경험할 수 있으리라 확신한다.


　　강물이 범람하기를 기다리는 우(愚)를 범하기보다는, 목마른 대지에 스스로 물꼬를 틀 줄 아는 솔로몬의 지혜를 갈망하는 이 땅의 모든 부부들에게 이 책을 바친다.

2003. 12.
카페라테와 클래식 그리고 남산이 보이는 을지로 모퉁이에서…
이종민

## 1단계   돈 문제, 터놓고 얘기하자     27

돈이 많다고 부자가 되는 것은 아니다 / 돈 관리에 대한 진실 / 천원의 마술 / 하루 1,000원이 10억이 된다 / 10억을 만드는 더 빠른 방법 / 50대라 해도 시간은 있다 / 똑똑한 부부는 항상 돈에 대해서 얘기한다 / 돈에 대한 배우자의 감정을 파악하라 / 지금 당장 돈에 대한 이야기를 시작하라 / 이제 시작이다

## 2단계   미래의 꿈을 함께 설계하자     51

가치가 인생의 모든 결정을 좌우한다 / 똑똑한 부부 세미나! / 돈 주고도 살 수 없는 인생의 가치 / 나에게 가장 소중한 것들 / 경제 계획이 성과를 내지 못하는 이유 / 아내의 가치 고리 / 남편의 가치 고리 / 경제적 행동과 가치의 조화 / 킴과 빌의 비약적인 발전 / 가치 고리 만들기 5단계 / 가치와 목표는 다르다 / 가치에 대한 마지막 조언

## 3단계   머리를 맞대고 경제 계획을 세우자     81

작은 계획이 큰 보상을 안겨준다 / 함께 계획해야 실패하지 않는다 / 여덟 개의 예금 계좌, 여섯 개의 신용카드, 세 개의 보험… / 경제 서류 대청소 / 당신의 것을 찾을 때가 되었다 / 12개의 파일 폴더 시스템 / 배우자가 이 훈련에 동참하기 싫어한다면 / 인생은 어렵다 / 목적에 맞는 경제 계획을 세우기 위한 7가지 규칙 / 함께 만든 목표를 축하하자

# 똑똑한 부부의 행복한 재테크

나는 돈 문제로 아내 미셸과 처음으로 싸웠던 일을 결코 잊지 못한다. 우리는 신혼여행에서 막 돌아와 결혼했다는 행복감에 휩싸여 있었다. 우리의 새로운 아파트도 근사해 보였다. 이제부터 인생을 함께 출발한다는 사실에 들뜨고 흥분했다.

미셸이 짐을 푸는 동안 나는 부엌 테이블에 앉아 우편물을 분류하기 시작했다. 거의 2주 동안 떠나 있었기 때문에 정리할 것들이 꽤 많았다. 우선 중요한 것과 쓸모없는 광고물들을 구분하고 지불해야 할 청구서들을 차곡차곡 쌓아나갔다. 깔끔하고 질서 정연하게. 이런 청구서 따위는 그리 문제될 게 없다고 생각했다. 어차피 미셸과 나는 둘 다 금융 전문가였다. 나는 수백 명의 부부들을 위해 돈 관리를 해왔고, 그녀는 회사 임원들의 양도제한조건부 주식(회사에서 우수한 임원을 계속 고용하기 위해 특정 기간 동안 조직에 몸담고 있을 경우 제공하는 주식)을 관리했다. 게다가 난 금융 관리에 대한 강좌를 5년간이나 이끌어왔으며 여성들을 위한 경제서도 쓰기 시작했다. 그러니 우리의 청구서를 분류하는 것이나 수입을 관리하는 것쯤은 거뜬하게 처리할 수 있어야 마땅했다.

### 초보 부부의 착각

청구서들을 분류하면서 난 '데이브' 부문과 '미셸' 부문을 따로 만들었다. 어려울 것도 없었다. 내 청구서들은 내가 처리하고(내 자동차 비용과 휴대 전화 요금 등등) 미셸의 청구서는 그녀가 처리하면 될 것이었다(그녀의 자동차와 휴대 전화에 들어가는 비용 등등). 생활비 품목은 따로 '우리' 부문으로 분류하면 되리라. 그런데…, 흐음…, 보험료는 누가 내지? 이건 아무래도 상의를 해봐야겠어. 그렇다면 '상의해야 할' 부문도 따로 만들어야겠군. 그리하여 청구서는 네 개의 부문으로 분산되었다.

아, 여기 파출부가 보낸 청구서가 있군. 이건 '우리' 파일로 집어넣어야겠어. 신혼여행 때 쓴 아메리칸익스프레스 카드 대금은 어떻게 할까? 그 카드는 내 이름으로 등록된 카드였다. 신혼여행 경비는 남자가 대는 게 적당할 테니까 그 청구서는 '데이브' 부문에 놓아야겠어. 드라이클리닝비? 흐음, 우리가 같은 세탁소를 이용하고 있기는 하지만 내 이름으로 계좌를 터놓았으니까 내가 지불하는 게 낫겠다. 어디 보자. 아니, 뭐가 이렇게 많이 나왔어? 말도 안 돼. 이럴 리가 없어! 드라이클리닝비가 어떻게 한 달 새에 세 배나 더 많아질 수 있지?

미셸은 옷장을 정리하느라 침실에 있었다. 내가 그녀를 소리쳐 불렀다.

"여보, 세탁소에서 당신 스웨터 하나 드라이하는 데 7달러나 받는다는 거 알아? 여자 옷 세탁비는 왜 이리 비싼 거야? 게다가 이번 달에 당신이 스웨터를 일곱 벌이나 드라이 맡긴 거 알아? 이건 말도 안 돼. 세탁비 계좌를 두 개로 나눠야겠어. 난 이렇게 터무니없는 돈을 지불할 생각이 없어.”

미셸이 하던 일을 멈추고 부엌으로 나왔다.

“물론 드라이 가격은 알고 있었어요.”

그녀가 네 개로 분류된 청구서들을 내려다보았다.

“이게 다 뭐예요?”

나는 씨익 웃어 보였다.

“아, 정리하는 중이었어. 어떤 청구서를 누가 낼지 가르는 거야.”

미셸은 약간 이상하다는 듯 날 바라보았다.

“데이브, 그런 일에 시간 낭비할 필요 없어요. 우리 돈을 하나의 통장에 넣어서 모든 걸 같이 지불하면 되잖아요.”

“모든 걸 같이?”

“당연하죠. 우린 이제 결혼했고 서로를 사랑해요. 지금부터 우리가 가진 건 모두 우리 둘의 것이에요. 우리가 하는 일도 모두 함께해야 해요.”

“글쎄, 내 생각은 좀 다른데.”

미셸의 긴장감을 알아차리며 내가 재빨리 덧붙였다.

“최소한 처음에는 나눠서 하는 게 더 편할 것 같아.”

“하지만 데이브, 당신이 나보다 더 많이 벌고 더 많이 쓰잖아요. 생활비를 똑같이 반씩 부담하는 건 불공평해요.”

“음, 그렇긴 하지. 나도 공평하게 나눌 생각이었다고.”

“뭐가 공평한 거죠?”

좋은 지적이로군.

“그건 좀 생각해봐야겠어.”

미셸이 머리를 흔들었다.

"아뇨, 내가 공평한 방법을 말해줄게요. 우리 돈을 한 통장에 넣어서 모든 청구서를 그 통장의 돈으로 지불하는 게 공평해요."

### 돈 때문에 생기는 스트레스

그로부터 몇 달 후 미셸과 나는 여전히 어떤 요금을 누가 책임져야 할지에 대해서 합의하지 못했다. 불행히도 청구서들은 시계추처럼 한 달 내내 계속해서 날아들었다. 지불 시기가 점점 늦어지기 시작했고, 결과적으로 우리는 연체료까지 물어야 했다.

연체료에 들어가는 돈 때문에 화가 난 나는 신경질을 부리며 미셸을 비난했다. 반면에 그녀는 그것이 나의 바보 같은 '분류' 시스템 때문이라고 반박했다. 더 말할 나위도 없이 우리의 방식은 제대로 굴러가지 않았다. 상황이 정리되기는커녕 문제가 점점 심각해질 뿐이었다. 우리는 돈 관리에 대한 각기 다른 태도를 의논하여 효과적인 시스템을 만들어내는 대신 무작정 '짐작'만 하고 있었다. 나는 미셸이 내가 원하는 돈 관리 방식을 알고 있으리라 짐작했고 그녀는 내가 그녀의 바라는 바를 알고 있으리라 짐작했다. 그리고 상대방이 청구서 대금을 지불하고 있으려니 지레짐작했다. 그런 짐작들은 들어맞지 않았고, 그 결과 '돈이라는 녀석'이 필요 이상으로 우리에게 심각한 스트레스를 유발시켰다.

## 함께 관리하는 경제

　결국 미셸과 나는 함께 돈을 관리하는 시스템을 고안하기에 이르렀다. 이제 돈 문제에서 우리의 상황이 훨씬 나아졌음을 행복하게 밝힐 수 있다. 우리는 지금 우리 돈을 함께 관리한다. 상대방의 감정을 마음속으로 짐작하는 대신 머리를 맞대고 각자의 생각들을 털어놓았다. 오래지 않아 우리는 돈에 대해 토론하는 방식, 경제적인 목표와 꿈을 함께 세워나가는 방법을 배우게 되었다. 이러한 행동이 모든 것을 변화시켰다. 싸움이 사라지고 문제점 대신 긍정적인 일에 에너지를 집중시킬 수 있었다.

　돌이켜보면 신혼부부였던 미셸과 내가 함께 돈 관리하는 법을 파악하기 위해 힘겨운 시간을 보낸 것이 놀라운 일은 아니다. 우리 둘 다 금융 전문가였지만 부부로서 돈을 관리하는 방법에 대해서는 강의 한 번 들은 적 없었고 어떤 가르침도 받지 못했다. 그 결과 우리는 개인으로서 돈을 따로 관리하는 것과 부부로서 함께 관리해나가는 것이 다르다는 사실을 알지 못했다.

　미셸과 내가 겪은 일이 우리만의 문제는 아닐 것이다. 대부분의 부부들이 경제적인 미래를 함께 계획하는 방법을 배우지 못했다. 그래서 돈에 대해서도 거의 얘기하지 않는다. 돈 때문에 싸울 때가 아니라면. 이 책에서 내가 달성하고자 하는 목표는 그런 패턴을 변화시키는 것이다. 10년 가까이 금융 문제 조언가였고 3년간 남편으로 지내온 지금, 난 부자가 되기 위해 똑똑한 부부가 되는 길이 충분히 가능하며 즐거운 과정임을 자신 있게 말할 수 있다. '경제적으로 승리' 하는 열쇠는 차례차례 올바른 행동의 단계를 밟아가는 방식을 배우는 것이다. 그 길은 그리 어렵지 않다. 부부가 함께 노력한다면 더더욱 어렵지 않다.

　이 책에서 우리는 부부로서의 두 사람이 명확하게 돈에 대해서 얘기하고 다룰 수 있는 방법을 배워갈 것이다. 당신이 지금 인생의 초창기든 중년기든, 이번이 당신의 첫 번째 결혼이든 네 번째 결혼이든 상관없이, 이 책은 당신의 개인적 가치관과 경제적인 목표를 함께 이뤄나가는 방법을 보여줄 것이다. 당신의 꿈이 현실로 나타날 수 있도록 말이다! 또한 당신이 경제적인 어려움에 처해 있다면 — 대부분의 사람들이 그렇다 — 부부로서 함께 그 어려움을 처리하여 극복하는 방법도 배우게 될 것이다.

### 부자의 길로 이끄는 지도

두 사람이 부부로서 경제력을 통솔해나갈 수 있도록 지침을 제공하는 것이 나의 목표이다. 이 책을 읽어가면서 당신은 부부로서 함께 살아가고 또 함께 부자가 되기 위해 해야 할 모든 일들을 배우게 될 것이다. 특히나 다음과 같은 내용들을 주시하라.

- 함께 돈 버는 방법(싸움 없이!)
- 당신의 최우선 가치와 인생에서 가장 중요한 것을 파악하는 방법
- 당신의 소득을 백만 달러의 목돈으로 만드는 방법
- '안전 바구니'로 당신의 가족을 보호하고 '은퇴 바구니'로 당신의 미래를 대비하고 '꿈의 바구니'로 당신의 꿈을 적립하는 방법
- 그리고 마지막으로 부부의 소득을 9주 후에 10% 늘리는 방법

이전에는 투자에 관련된 책만 잡으면 금세 졸음이 온 경우가 종종 있었을 것이다. 하지만 장담하건대 이 책은 그렇지 않을 것이다. 해야 할 일과 행동하

는 방법을 정확히 안다면 투자가 즐거움이 될 수 있다. 대개의 투자서들이 지닌 문제점은 이해하기 힘든 말로 쓰였다는 것이지만 이 책에는 그런 문제점도 없다. 실천으로 옮기기만 하면 인생을 변화시킬 수 있는 간단한 기술들이 적혀 있기 때문이다.

### 백만장자 할머니의 교훈

나는 나의 할머니 로즈 바크에게서 투자법을 배웠다. 내가 처음 주식을 사는 데 도움을 주셨던 분도 바로 할머니였다. 그때 난 겨우 일곱 살이었고, 그때 산 주식은 내가 세상에서 제일 좋아하는 음식점을 소유한 회사의 것이었다. 바로 맥도날드.

할머니는 어디서 투자법을 배웠을까? 그건 꽤 놀라운 이야기이다.

나의 조부모님은 돈도 없었고 대학 교육도 받지 못했다. 1929년 대공황이 진행되는 동안 그분들은 그 당시의 많은 미국인들처럼 그저 빚지지 않고 살아남기 위해서 안간힘을 썼다. 할아버지는 자주 "동전 하나도 우습게 보면 안 된다. 그게 모여서 1달러가 될 수 있어"라고 말했다. 할아버지를 위해 다행스럽게도 — 궁극적으로는 나와 나의 모든 가족에게 다행스럽게도 — 서른 살 생일이 지난 지 얼마 안 돼 할머니는 인생을 바꿔보기로 결심했다.

수입을 초과하지 않게 생활하기 위해 허우적대는 인생이 지겨워진 할머니는 부자가 되어야겠다고 결심하였다. 그것은 대단히 엄청난 결정이었다. 그 당시 할머니는 일주일에 겨우 10달러를 벌었고 할아버지는 그보다 더 적은 단 5달러의 주급을 받고 있었다.

첫 번째 단계는 적은 목돈을 마련하는 것이었다. 그래서 할머니와 할아버지는 주급의 10%를 따로 모아두기 시작했다. 부엌에 있는 커피 통에 그 돈을 차곡차곡 쟁여두었다.

한 달이 지난 후 할머니는 모아둔 돈을 갖고서 주식거래소에 계좌를 트기 위해 찾아갔다. 처음부터 할머니가 두 팔 벌려 환영받은 것은 아니었다. 결혼한 여자가 혼자서 그런 장소를 찾아갔다는 것 자체가 경악스러워 그 거래소의 남자들이 할머니를 쫓아내려 했다. 그들은 남편과 함께가 아니면 다시는 오지 말라고 했다!

다른 사람 같았으면 잔뜩 움츠러들었을지도 모른다. 하지만 나의 할머니는 강하고 적극적인 여성이었다. 할머니는 이렇게 말했다.

"이봐요, 당신이 내 돈을 받지 않겠다면 난 옆 점포로 가서 당신의 경쟁사에 계좌를 틀 거예요."

할머니는 계좌를 만들었고 매주 할아버지와 함께 저금한 돈을 투자하기 시작했다. 긴 이야기를 간단히 요약하자면, 결국 할머니는 백만장자가 되었다(할머니의 투자가 가문의 전통으로 자리 잡아 그녀의 아들 — 즉 나의 아버지 — 이 금융 문제 상담가가 되었고 그 다음 세대인 나와 내 여동생 에밀리 또한 이 방면에 종사하게 되었다).

물론 모든 일이 항상 매끄럽게 풀리지는 않았다. 몇 년 전 내가 할머니에게 투자 첫해에 어땠는지 물어본 적이 있었다.

"결과는 이미 알고 있지만, 처음 시작은 어떠셨어요?"

할머니가 크게 웃음을 터뜨리셨다.

"데이브, 그때 주식 네 주를 샀는데…… 일 년도 못 가서 빈털터리가 돼버렸단다."

나는 놀랐다.

"할아버지한테 뭐라고 말씀하셨어요?"

할머니가 더 크게 웃으며 눈을 반짝였다.

"말하지 않았어!"

"하지만 투자를 계속하셨잖아요. 일 년 저축한 돈을 다 잃어버린 후에 어떻게 계속 투자하셨어요?"

할머니는 내 눈을 똑바로 바라보았다.

"데이브, 내가 말했잖니, 난 가난뱅이가 아니라 부자가 되고 싶었다고."

할머니는 주식 시장이나 주식 중개인, 심지어 자신이 선택한 그 주식에 문제가 있는 게 아님을 재빠르게 터득하셨다고 했다.

"문제는 나한테 있었어. 내가 투자에 대해서 아무것도 몰랐던 거야. 거기에 관한 강좌를 들은 적도 없었어. 네 할아버지는 돈에 대해서 아무것도 몰랐고. 장님이 장님을 이끄는 격이었어."

그때 할머니는 무언가를 깨달았고 그것이 그분의 인생을 바꿔놓았다고 말했다.

"부자가 될 작정이라면 부자가 되는 법을 배워야 해! 강좌에 찾아다니고 책을 읽고 주식에 대해 공부하고 부유한 친구들을 사귈 필요가 있었던 거야."

할머니의 이 깨달음이 그 후로 지금까지 나에게 큰 교훈으로 남았다.

할머니가 돈에 대해서 가르쳐준 것들이 많이 있었지만 이것이 가장 중요한 교훈이었다.


## 부자만 투자를 잘하는 것은 아니다

누구라도 투자자가 될 수 있다. 사실 인터넷이 퍼져 있는 오늘날에는 투자를 시작하기가 더욱 손쉬워졌다. 하지만 투자자가 되는 것과 부자가 되는 것은 엄연히 다른 얘기다. 나의 할머니가 돈에 대해서 똑똑해져야 할 필요성을 깨닫지 못하셨다면 미국인의 90%처럼 살기 위해 발버둥치는 인생으로 끝났을 가능성이 더 높았으리라.

내 할머니의 이야기는 여기에 언급하는 또 다른 교훈도 일깨워준다.

나의 조부모님은  일주일에 겨우 몇 달러 저축할 수 있을 정도로 초라하게 출발했다. 하지만 세월을 거쳐 백만 달러의 유가증권(재산권을 표시한 증권, 어음, 수표, 채권 등)을 거머쥘 수 있었다. 어떻게 그런 일이 가능했을까? 부부가 함께 계획하고 함께 저축하고 함께 투자한 덕분이었다. 그분들이 가난하고 대학 졸업장도 없기 때문에 안 된다고 생각했다면 아마도 계속 가난했을 것이다. 하지만 나의 조부모님은 체념하는 대신 인생을 바꿔보기로 결심했다. 부유해지는 똑똑한 부부가 되기로 결정하였다.

당신은 그것이 내 조부모님의 이야기이고 아주 오래전 일이라고 말할지도 모르겠다. 그렇다면 오늘날에는 어떨까?

이런 책 한 권이 돈에 대한 당신의 생각을 바꾸고 당신의 경제적인 꿈을 깨닫게 해줄 수 있을까?

대답은 절대적으로 '그렇다' 이다.

부부가 함께 돈을 관리해나가는 과정이 재미있을 수 있을까?

두말하면 잔소리이다. 오히려 부부의 유대감을 더 견고하게 만드는 데 경제적인 미래를 함께 계획하는 것보다 더 나은 방법은 없다. 그 점을 생각하라. 많은 부부들이 진심으로 사랑하기 때문에 함께 인생을 살아가기로 결정한다. "정기적으로 돈 문제로 싸우며 사는 건 정말 근사해요!"라고 말하는 부부는 한 번도 만나본 적이 없다. 그런데 돈 문제로 싸우고 싶어하는 사람이 없음에도 불구하고 대개의 부부들은 그렇게 싸우면서 살아간다. 아니면 그 주제를 필사적으로 피하려 애쓰며 살아간다.

전문가들에 따르면 부부들의 이혼 사유 중에서 가장 큰 이유는 성적 갈등, 종교적 불화, 시댁이나 처가와의 문제가 아니라고 한다. 바로 돈 문제로 인한 싸움 때문이라고 한다. 수백 명의 부부와 상담해본 내 개인적인 경험으로 보더라도 진지하게 돈을 함께 관리해나가는 부부가 경제적으로 성공할 뿐만 아니라 행복한 부부로 살아갈 확률 또한 높았다. 그 핵심은 따로따로가 아니라 함께 경제 여행에 나서는 것이다.

이 책은 함께하기를 바라는 부부들을 위한 것이다. 만일 배우자로부터 재산을 숨기는 방법이나 각자 따로따로 관리하는 법을 알고 싶은 분이라면 이쯤에서 책을 덮는 편이 나을 것이다. 나의 목표는 가능한 한 결속력 강한 부부를 만들어가는 것이고 그렇게 하기 위한 최선의 방법은 내가 아는 한 함께 협력하는 것이다.


## 함께 주도하는 것이 성공의 비밀이다

당신의 배우자나 의미 있는 상대를 나는 '파트너'라고 칭하고자 한다. 그것은 상대방이 말 그대로 파트너가 되어야 하기 때문이다.

돈 문제에 있어서 배우자가 진짜 파트너처럼 행동해야 하는 중요성을 나는 첫 번째 책 『똑똑한 여자가 부자가 된다(*Smart Women Finish Rich*)』를 출판한 후에 깨달았다. 책 쓰는 이의 즐거움 중 하나는 독자들의 의견을 들을 수 있다는 점이다. 『똑똑한 여자가 부자가 된다』를 출판한 지 불과 몇 달도 지나지 않아 나는 매일 수십 통의 이메일과 편지를 받게 되었다.

편지의 대부분은 대단히 긍정적인 것이었지만, 몇몇 나를 걱정케 하는 내용들도 있었다. 예를 들기 위해 한 여성 독자가 쓴 글을 소개하겠다.

"당신의 책이 저의 인생을 변화시켰습니다. 저는 이제 적극적인 자세로 저의 경제 상황을 조절하고 있습니다. 그런데 남편이 변하지 않는다는 것이 문제입니다. 남편의 도움 없이 제 노력이 과연 얼마만큼의 효과를 얻을 수 있을까요?"

또 다른 여성도 비슷한 편지를 보내왔다,

"이론적으로는 훌륭하더군요. 하지만 남편이 저금을 하지 않아요. 우리의 소득을 '남자들 장난감'에 다 써버리고 내 의견은 들으려 하지도 않습니다."

여성들만이 배우자의 무책임을 불평한 것이 아니었다. 비록 『똑똑한 여자가 부자가 된다』가 여성들을 위해 쓴 책이지만 아내나 애인을 위해서 그 책을 샀다는 남성 독자들의 이메일도 상당히 많이 도착했다. 아내나 애인에게 아무 반응도 얻어내지 못했다는 내용이었다.

"제가 먼저 이 책을 읽고 나서 아내에게 읽어보라고 권했습니다. 솔직히 아내가 이 책의 내용에 자극을 받아서 가족의 경제 문제에 더 진지하게 임하기를 바라는 마음이었습니다. 그런데 아내가 이렇게 말하더군요. '돈 관리는 당신이 잘하고 있잖아요. 난 이런 일에 관심없어요.'"

그 후에 그 문제를 확연하게 요약해주는 이메일 한 통을 받았다. 네브래스카의 오마하에 사는 주부의 그 글이 나의 심금을 울렸다.

데이브, 당신의 책을 읽은 후에 난 초음속 제트 엔진을 장착한 비행기가 되었어요. 내 꿈이 보이는 목적지를 향해 앞으로 나아가려고 안간힘을 쓰고 있어요. 그런데 남편의 제트 엔진은 그 반대로 튀어 나가려 합니다. 우리의 비행기(우리의 경제적인 계획)가 이제 곧 부서져버릴 것 같아요. 전진하려는 엔진과 후진하려는 엔진을 지닌 비행기가 어떻게 날 수 있겠어요? 난 어찌 할 바를 모르겠어요. 산산조각 나버리기 전에 탈출할 방법을 알고 싶어요. 충고 좀 해주시겠어요?

이 이메일 때문에 나는 부부를 위한 경제서의 필요성을 절실하게 깨달았다. 오마하에 사는 그 주부의 말대로 부부의 경제적 계획은 두 개의 엔진을 단 비행기와 같다. 두 개의 엔진이 같은 방향으로 움직이지 않거나 똑같은 힘을 발휘하지 못한다면 문제가 일어나는 건 당연한 결과이다. 협동심이 없는 경제 계획은 승리가 아닌 전쟁만 가져다줄 가능성이 높다. 게다가 돈 문제를 무시해버릴 수도 없다. 왜냐하면 청구서가 꼬박꼬박 도착할 테니까. 청구서가 도착하고, 스트레스가 증가하고, 싸움이 시작된다. 그 다음 달에 똑같은 문제가 되풀이되리라는 것도 자명하다.

## 이제는 둘이 함께 책임질 시간

이것이 우리의 기본 전제이다. 부부가 함께 경제력을 발휘해야 한다. 이 점은 모든 부부에게 통용된다. 나이와는 상관없다. 20대 초반의 신혼 부부든 60대의 은퇴한 노부부든 오늘부터 경제 계획을 함께 세워나갈 수 있다. 당신이 해야 할 일은 그 도구들을 받아들이는 것뿐이다. 그리고 이 책에서 내가 건네주고자 하는 것이 바로 그 도구들이다.

앞으로 나오게 될 아홉 장에서 배우게 될 내용들이 너무 간단하게 생각될지도 모른다. 심지어 이렇게 생각할 수도 있을 것이다. '이 정도는 다 알아. 전에

도 들어봤어.'

그렇다고 너무 의기양양해 하지 마라. 돈에 관한 한 들어본 것만으로는 충분치가 않다. 그 의미를 알아야 한다. 그리고 행동으로 옮기지 않는다면 그 의미를 아는 것쯤은 중요치도 않다. 거의 모든 사람이 '자신을 위해 먼저 사용하라' 라는 개념을 알고 있다. 그러나 자신을 위해서 얼마를 써야 하는지, 그 돈이 어디로 가야 하는지 아는 사람은 별로 없다. 결과적으로 그들은 실천에 옮기지 못한다.


### 하나 더하기 하나는 셋

두 사람이 하나의 목표를 위해 함께 일하면 각자가 혼자서 일한 것보다 두 배 더 빠르게 목표를 이룰 수 있다. 돈에 관련된 일도 마찬가지다. 함께 노력하는 시작이 빠르면 빠를수록 당신의 경제적인 상황도 빠르게 개선될 수 있다. 시작한 곳이 어디든 — 현재의 상황이 지극히 나빠 보일지라도 — 상황이 나아질 수 있음을 믿는 것이 중요하다. 지금 당신이 빚더미에 올라 있거나 월급만으로 간신히 생활해가는 중이라면 수백 명의 경제 상황을 개선시켜주었던 내가 여기에 있다. 둘이 함께 나의 지침을 따르기만 하면 된다.

또한 당신이 이미 경제적인 성공을 이루었는데도 왠지 꿈이 현실로 이루어지지 않았다면 포기하지 말라고 말해줄 내가 여기에 있다. 당신은 꿈과 가치관을 배합한 풍요로운 삶을 이룰 수 있을 것이다. 당신과 당신의 파트너가 이 돈이라는 녀석을 함께 다뤄나간다면 말이다.

## 이 책을 이용하는 최상의 방법

　시작하기 전에 우선 말해두고 싶은 것이 있다. 이 책을 일종의 지도로 생각하길 바란다. 당신이 목표로 한 경제적 행선지로 나아갈 개인적인 경제 지도로서 말이다. 이 경제 지도를 사용함과 동시에 나를 당신의 경제 부문 코치로 생각해주길 바란다. 나는 당신이 장애물을 뛰어넘어 풍요와 행복으로 나아갈 수 있게끔 도와주는 안내원이 되고자 한다.

　또한 당신의 경제력을 주도하는 일이 쉽고 즐거울 수는 있지만 진정한 헌신도 요구된다는 점을 명심하기 바란다. 앞에서 언급했다시피 당신이 지금껏 열심히 읽을 작정으로 산 경제서들은 끝까지 읽어내지 못했을지도 모르지만 이 책을 읽는 동안에는 자신을 믿어보자. 이 책을 읽는 데 몇 시간을 투자하고 아홉 개 장들을 실천으로 옮겨보는 데 집중해보자. 당신이 하고자 하는 마음만 있다면 그런 단계들을 실천하기란 어렵지 않다. 그것들이 당신의 인생을 변화시킬 것이다. 아홉 단계 중에서 두세 가지만 실천한다면 당신은 이 나라 인구의 80%보다 더 잘살 수 있을 것이다. 아홉 단계 중 대여섯 가지를 실천한다면 인구의 90%보다 잘살 수 있을 것이다. 그리고 아홉 개의 단계를 모두 실천한다면 경제적인 엘리트 즉 최상위 1% 범위에서 살 수 있다.

　앞으로 나올 아홉 개의 장은 각각 아홉 가지의 단계를 포함하고 있다. 각각의 단계가 독립적이긴 하지만 이전에 나왔던 단계들을 기초로 한다. 그러므로 이 장들을 순서대로 읽어나가기 바란다. 다음 단계로 넘어가기 전에 전 장을 한 번씩 더 읽는 것도 고려해볼 만하다. 어째서 한 장을 두 번 읽어야 할까? 처음 읽을 때 무심코 놓쳐버리는 것들이 있기 때문이다. 게다가 한 번 더 반복하면 기술을 익히기도 더 수월해진다.

　한 장을 읽고 나서 당신의 파트너에게 읽으라고 건네주라. 파트너가 다 읽은 후에는 둘이서 읽은 내용에 대해서 토론해보라. 그리고 함께 그 단계를 실천으로 옮겨보라. 그 후에 다음 장으로 넘어가 똑같은 과정을 반복하기를 바란다.

마지막으로 한 가지 더. 이 책을 읽으면서 혹시 당신이 해야 할 일들을 모두 하지 못하고 있음을 깨닫게 될지도 모른다. 그것을 핑계로 당신의 파트너나 당신 자신을 비난하지 마라. 이 책의 목적은 당신의 경제적 미래를 개선시키기 위함일 뿐 당신과 당신 파트너에게 불쾌감을 주자는 것이 아니다. 보다 나은 인생을 위해 노력하는 사람들은 흔히 자신에게 너무 가혹해지는 경향이 있다. 당신의 경제 현실이 원하는 지점에 도달하지 않았더라도 괜찮다. 이제부터 변화시켜 나가면 된다. 긍정적으로 생각하라. 변화의 가장 힘든 부분이 바로 바꿔보겠다는 결심이라는 점을 기억하자. 당신은 이미 그 어려운 결정을 했다. 이 책을 사서 지금 읽고 있다. 그러니 긴장을 풀고 자신을 믿어보라.

당신과 당신의 파트너가 함께하게 될 이 여행이 당신의 인생을 영원히 바꿔줄 수 있을 것이다. 즐겁게 그 과정을 받아들이고 이미 당신의 경제적 운명을 통제하는 쪽으로 크게 한 걸음 내디뎠음을 생각하자. 당신은 똑똑하게 살기로, 부자가 되기로 결정하였다.

이제 시작해보자!

# 1 | 돈 문제,
터놓고 애기하자

　　존은 그야말로 함박웃음을 지으며 내 사무실로 들어왔다. 인쇄업체에서 40년간의 성공적인 영업부 생활을 마치고 퇴직을 두 달 남짓 남겨둔 시점이었다. 30년 이상 인생을 함께 살아온 부인과 같이 인생의 새로운 장이 열린다는 흥분을 안고 나에게 금융자산 관리의 조언을 구하기 위해 찾아왔다. 나는 보통 때처럼 몇 가지 간단한 질문으로 면담을 시작했다.

　　"퇴직이 60일 남으셨군요. 앞으로 어떻게 하실 계획입니까?"

　　존이 자신 있게 앞으로 몸을 기울였다.

　　"사우스캐롤라이나로 이사할 겁니다. 거기 땅을 좀 사뒀죠. 호숫가에 방 두 개짜리 작은 집을 짓고 매일 낚시하러 다닐 겁니다."

　　말을 끝내며 그가 수줍은 학생처럼 미소지었다.

　　그런데 그의 아내 루시는 전혀 다른 표정이었다. 믿기지 않는다는 듯 화난 표정으로, 마치 처음 만난 사이처럼 존을 노려보면서 남편에게 물었다.

　　"누구랑 사우스캐롤라이나에 갈 거죠?"

그러자 존의 표정이 놀라움으로 변했다.

"당연히 당신하고 같이 가야지."

루시가 기막힌 듯이 웃음을 터뜨렸다.

"존, 내가 자식들과 손주들과 함께 사는, 방이 다섯 개나 있는 지금 집을 떠나서 당신 낚시터로 이사 갈 것 같아요? 당신, 완전히 미쳤군요!"

존이 멍하니 아내와 나를 번갈아 바라보았다.

"하지만 사우스캐롤라이나에 땅을 사둔 건 그걸 위해서였잖아. 퇴직한 후에 거기다 작은 오두막을 짓고 살기로 했었잖아."

"존, 그건 20년 전에 한 얘기예요! 10년 동안 그 땅 애긴 꺼낸 적도 없었잖아요. 난 당신이 잊어버리길 바랐다고요."


피터와 메어리는 둘 다 행복하게 내 사무실로 들어섰다. 꼼꼼한 5개년 계획을 거쳐서 그 전날 둘 다 — 50대 초반의 나이 — 명예 퇴직을 했다. 똑같은 날 동시에 각자의 회사에서 퇴사한 것이다! 서로의 퇴직을 축하하는 자축 파티까지 열어가며 두 사람은 모두 흥분 상태였다. 마치 고등학교를 갓 졸업한 10대 청소년들 같았다.

그 부부는 퇴직보험 만기 연장건을 처리하러 내 사무실에 들렀다. 그날 아침에는 변호사와 회계사를 만났고 내일은 오랫동안 계획했던 그들의 꿈을 찾으러 떠날 참이었다. 교회에서 후원하는 자원 봉사대에 참가하여 몽골의 고립된 마을에서 2년간 아이들 교육을 담당하는 것이 그들의 오랜 소망이었다. 공과금은 이미 자동 이체시켜놓았고 퇴직금은 안전하게 투자해놓았으며 2년간의 경비도 문제될 게 없었다. 대학에 다니는 자녀들의 학비도 미리 마련해두었다. 모든 것을 준비한 지금, 피터와 메어리는 다음날 비행기 탈 시간만을 학수고대하고 있었다.

이 두 가지 대조적인 사례로 이야기를 시작하는 이유는 이런 경우가 흔히 나타나는 현실이기 때문이다. 며칠 간격으로 내 사무실에 찾아온 그들 부부는, 부부 사이라도 미래 계획이 얼마나 다를 수 있는지 여실히 보여주었다. 여러분은 물론 존과 루시의 사례를 따르고 싶지 않을 것이다. 두 번째 사례 또한 당신의 이상향이 아닐 수 있다(특히나 나처럼 퇴직 후의 계획이 몽골에서의 고립 생활이 아닌 분들이라면). 하지만 피터와 메어리의 미래가 좀더 짜릿하게 들리는 것은 사실이다. 그 이유는 그들이 함께 꿈을 계획했고 이제 함께 생활해나갈 것이기 때문이다.

당신이 지금 결혼한 상태이거나 결혼할 계획이라면, 상대와 함께 살면서 부자가 되는 밝은 미래를 바랄 것이다. 하지만 노력 없이 저절로 함께 부자가 될 수는 없는 일이다. 실제적인 행동과 긍정적인 수행이 필요하다.

### 돈이 많다고 부자가 되는 것은 아니다

돈이 있다고 해서 부부가 함께 부자가 되는 것은 아니다.

존과 루시에게도 돈은 있었다. 하지만 남은 반평생을 함께할 계획이 없었다. 30년이라는 세월을 같이 지내왔으면서도, 노후에 대한 상대방의 기대치를 전혀 알지 못했다. 이들의 경우 존은 매일매일 낚시를 하는 한가로운 생활을 원했고, 루시는 남편에게 누구랑 같이 갈 거냐고 따져 물었다.

지난 10년간 수많은 부부들의 금융자산 관리자로 일해온 나는, 존과 루시처럼 미래에 대한 현실적인 계획 없이 함께 인생을 살아오기만 했던 부부들이 더 많다고 자신 있게 말할 수 있다. 대개 그런 주제에 대해서 상의조차 해보지 않은 경우가 많았다. 그저 자신이 바라는 걸 상대방이 알고 있다고(혹은 동의가 됐다고) 짐작할 뿐이었다. 하지만 그 결과는 커다란 재앙을 예고하고 있다.

반면에 정반대의 사례도 여러 번 본 적이 있다. 수년 혹은 수십 년간 하나의 팀으로서 합심하여 결혼 생활을 해온 부부들이다. 돈에 대해 솔직한 의견을 교환하고 경제적인 미래에 대한 계획도 함께 세운다. 이런 부부들이 바로 함께 부자가 될 수 있는 똑똑한 부부들이다. 그리고 곧 여러분을 이끌어가고 싶은 나의 방향이다.


### 돈 관리에 대한 진실

돈 관리에 대한 진실은, 그다지 어렵지 않다는 것이다. 해야 할 것과 하지 말아야 할 것을 알기만 하면 의외로 쉽다. 이런 내용은 학교에서 배우는 것이 아니기 때문에 결과적으로 친구들이나 다른 사람의 입으로부터 혹은 시장에서 배우게 된다. 똑똑한데도 돈을 잘못 굴려 난처해지는 사람들이 많은 이유가 바로 이것이다.

그런 분들은……


돈에 대해서 안다고 생각하는 것의 대부분을 지워야 한다


돈 다루는 방법에 대해서 사람들이 아는 지식 중 거의 대부분은 잘못 알려진 것들이다. 그러므로 똑똑한 부부가 되기 위해서는 우선 당신이 안다고 생각하는 것들을 지워버려야 한다.

그럼 이제부터 돈과 부부에 관한 잘못된 통념에 대해서 얘기해보자. 잘못된 상식들을 이해함으로써, 진정한 진실을 배움으로써, 앞으로는 돈에 대해 보다 나은 결정을 내릴 수 있을 것이다.

| 서로를 사랑한다면 돈 때문에 싸울 리 없다. | 돈은 사랑과 아무 관련이 없다. 싸움의 횟수와 관련이 있을 뿐이다. |
| --- | --- |

사랑은 돈과 아무런 관련이 없다. 당신이 상대방을 세상 무엇보다 더 사랑한다고 해도 마찬가지다. 두 사람이 돈에 대한 가치관 때문에 갈등을 빚거나 서로에게 못마땅한 결정을 자주 내리는 경우라면 그것은 두 사람의 사랑이 아니라 '관계'에 심각한 문제가 있다고 볼 수 있다.

사랑이 모든 걸 해결해주지는 않는다. 그렇다면 어째서 두 쌍 중 한 쌍이 이혼으로 끝을 맺겠는가. 사랑이 두 사람을 결혼식장으로 데려가고 몇 년간 정열을 유지시켜줄 수는 있지만, 결혼 생활이 오랫동안 안정적으로 지속되기 위해서는 사랑보다 더 많은 것이 필요하다. 잠시 다음의 기본적인 사실들을 생각해보자.

1_ 사용하는 돈의 액수는 사랑의 정도와 아무 관련이 없다.

2_ 아마 두 사람은 각기 다른 경제 관념을 지니고 살아왔을 것이다.

3_ 아마 두 사람은 돈에 대한 가치관도 다를 것이다.

4_ 아마 두 사람은 돈을 사용하는 방법도 다를 것이다.

이 밖에도 다른 점들이 여러 가지가 있다. 그러니 지금 돈 문제로 싸우는 부부라면 한 가지 희소식이 있으니 들어보라. 여러분은 정상이다. 더 좋은 소식도 있다. 부자가 되기 위해서 당신의 본 모습이나 가치 기준을 바꿀 필요가 없다. 경제적인 천재가 될 필요도 없다. 앞으로 이 책에서 배우겠지만 부자가 되기 위해서 해야 할 일은 대단히 간단하다. 긍정적인 사고 세뇌 교육이나 암기 훈련 같은 것도 필요치 않다. 필요한 것은 '긍정적인 행동' 뿐이다.

두 사람이 각기 다른 가치관 때문에 돈 문제로 싸우는 중이라면 그것은 문제될 게 없다. 깊이 숨을 들이쉬고 나서 내뱉으라. 그리고 '내버려두라.' 이 책을 다 읽었을 때쯤이면 내가 제안하는 아홉 가지 간단한 단계를 밟음으로써 당신의 인생과 부부 관계가 얼마나 쉽고 빠르게 변화될 수 있는지 알게 될 것이다. 그때까지 한 가지만 기억하라. 부자가 되는 길과 사랑은 아무런 관련이 없다는 것을. 전혀!

| 통념 2 | 진실 2 |
| --- | --- |
| 돈을 벌려면 돈이 필요하다. | 돈을 벌기 위해 돈은 그다지 필요치 않다. 인내심을 갖고 훈련하기만 하면 된다. |

나의 조부모님은 일주일에 단 몇 달러를 투자했을 뿐이다. 그런데도 몇십 년 후에는 부자가 되었다. 혹시 코웃음치는 분이 있을지도 모르겠다. 그건 그때 이야기고 지금은 다르다고 말할 수도 있을 것이다. 하지만 부디 서둘지 말기를 바란다. 우선 숫자 게임부터 해보자. 부자가 되는 것도 기본적으로는 숫자 게임이며 세월이 지나도 그 규칙에는 변함이 없다.

한 가지 실험을 해보자. 아침마다 커피숍에 나가서 얼마나 많은 사람들이 모닝커피를 마시러 들르는지 한 시간만 세어보라. 스타벅스처럼 이름 있는 프랜차이즈 커피점이라면 카푸치노 한 잔 값이 5,000원 정도 된다. 그 커피 한 잔의 가격이 세월이 지나면 어느 정도로 불어날 수 있는지 생각해본 적이 있는가? 매일 커피값에서 1,000원을 따로 떼어 적절한 투자 프로그램에 넣는다면 나중에 어느 정도가 될지 생각해본 적이 있는가?

### 하루 1,000원이 10억이 된다

하루에 1,000씩 투자하는 것으로 어떤 일이 벌어질 수 있는지 살펴보자.

**하루에 1,000원씩 5%** = 99년 후에 10억이 된다(너무 오래 걸리는군. 신통치가 않다).

**하루에 1,000원씩 10%** = 56년 후에 10억이 된다(일곱 살에 시작한다고 치면 예순세 살에 10억 부자가 된다).

**하루에 1,000원씩 15%** = 40년 후에 10억이 된다(일곱 살부터 시작하면 마흔일곱 살에 10억 부자가 된다).

이제 당신의 머릿속에서 몇 가지 생각들이 스쳐지날 것이다. 그래, 좋아. 하루에 1,000원씩 투자해서 복리 이자로 불리면 나름대로 괜찮겠어. 하지만 어디서 10%나 15%의 수익을 낼 수 있겠어(그 해답은 주식 시장이다. 이 점에 대해서는 나중에 상세히 설명하겠다)? 또한 이렇게 반박하고 싶을지도 모른다. "이봐요, 보기에는 그럴 듯하군요. 하지만 난 일곱 살이 아니라고요."

그 말도 맞다. 당신에게 자녀가 있다면 아량을 베풀어 이 계획표를 보여주는 것도 나름대로 의미가 있지 않을까? 하지만 당신의 문제는 아직 해결점을 찾지 못했다. 당신은 틀림없이 일곱 살보다 더 많은 나이일 테고 아무리 노력해도 시간을 되돌릴 수 없으니까 말이다. 하지만 액수를 더 늘리는 것으로 잃어버린 시간을 보충할 방법은 있다. 당신이 일곱 살보다 더 나이가 많다면 아마도 하루에 1,000원보다 더 많이 투자할 수 있을 것이다. 그럼 액수를 늘렸을 때 어떤 일이 벌어질까?

### 10억을 만드는 더 빠른 방법

놀라운 일이긴 해도 틀림없는 사실이다. 하루에 1만원씩 저축할 수만 있다면 당신도 부자가 될 수 있다. 다시 한 번 말하건대 장차 부자가 되기 위해서는 매일매일 일정액을 성장형 투자 프로그램에 집어넣는 방법이 효과적이다 (성장형 투자 프로그램의 종류에 대해서는 걱정하지 마라. 나중에 알게 될 것이다).

> **하루에 1만원씩 5% = 54년 후에 10억이 된다**(아직도 별로 신통치 않다).
> **하루에 1만원씩 10% = 34년 후에 10억이 된다**(그리 나쁘진 않군. 쓸 만하다).
> **하루에 1만원씩 15% = 25년 후에 10억이 된다**(고지가 바로 저기다).

자, 이제 한 번 미쳐보자. 배우자가 함께 하루에 1만원씩 저축한다면?

> **하루에 2만원씩 10% = 27년 만에 10억**
> **하루에 2만원씩 15% = 21년 만에 10억**

여기에 속임수는 없다. 부자가 되고 싶으면 체계적인 저축과 투자 계획을 실시하면서 끈기 있게 매달리기만 하면 된다. 그 계획을 세워서 실행하는 방법에 대해서는 다음에 설명하겠다. 지금은 오로지 돈을 벌기 위해서는 꼭 돈이 필요한 건 아니라는 점에 초점을 맞추라. 올바른 결정만 하면, 그리고 그 결정을 실행에 옮기기만 하면 된다. 10억의 기본금을 만드는 방법에 대해서 아래 도표를 점검해보라.

## 10억 목표의 은퇴 계좌

**일 혹은 월별 투자로 65세까지 10억 만들기 [연이율 12%]**

(단위 : 천원)

| 시작 나이 | 일 저축 | 월 저축 | 연 저축 |
| --- | --- | --- | --- |
| 20세 | 2.00 | 61 | 730 |
| 25세 | 3.57 | 109 | 1,304 |
| 30세 | 6.35 | 193 | 2,317 |
| 35세 | 11.35 | 345 | 4,144 |
| 40세 | 20.55 | 625 | 7,500 |
| 45세 | 38.02 | 1,157 | 13,879 |
| 50세 | 73.49 | 2,235 | 26,824 |
| 55세 | 156.12 | 4,749 | 56,984 |

＊이 도표는 65세까지 10억을 저축하기 위해 일별, 월별, 연별로 얼마나 저축해야 하는지 보여주고 있다. 처음 시점을 0으로 잡고 매년 12%의 이율로 계산했다. 세금은 고려하지 않았다.

## 50대라 해도 시간은 있다

나이가 몇 살이든 상관없이 조금씩 한 저축이 오랜 시간을 거쳐 엄청난 거금으로 불어날 수 있다. 50대 부부가 세울 만한 간단한 계획을 생각해보자.

짐과 머린이 오늘부터 하루에 1,000원씩 퇴직 계좌에 투자하기로 했다고 치

자. 한 달이면 60만원의 투자금으로 불어난다. 기간이 열두 달로 늘어나면 일 년에 저축도 720만원으로 불어난다. 부부가 각각 쉰 살에 시작하여 예순다섯 살까지 일정 이율로 차곡차곡 불려나간다면, 그 결과는 막연한 상상보다 훨씬 엄청나다.

짐과 머린이 그 여윳돈을 주식형 뮤추얼 펀드 75%, 단기 채권 25%로 구성된 성장형 포트폴리오에 투자했다고 가정해보라. 그 돈에 11% 정도의 연이자가 환수된다고 예상할 수 있다(장담할 수는 없지만 지난 30년간의 평균 투자 이율이 이렇다). 짐과 머린이 예순다섯 살이 되었을 무렵이면, 그들의 여윳돈은 거의 2억 7,500만원에 이른다. 그리고 그들의 고용주가 퇴직 연금의 50%를 보조해주는 정책을 시행하고 있다면 돈은 총 4억 1,200만원이 된다. 그 정도라면 어느 정도 노후 기반이 마련되는 셈이다.

명심해야 할 진실 하나가 있다.

대개의 사람들은 일 년에 자신이 저축할 수 있는 돈을 과소평가한다.
그리고 그 돈이 몇십 년에 걸쳐 이룰 수 있는 액수를 과소평가한다.

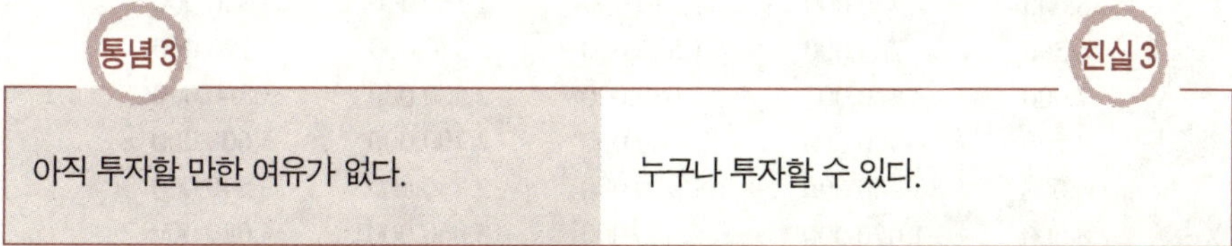


"조금만 여윳돈이 있어도 한몫 잡을 수 있을 텐데."
이런 말을 수없이 들어봤을 테고 또 당신도 몇 번이고 그런 말을 해보았을

것이다. 사람들에게 경제적 문제의 근본 원인을 물을라치면 대개는 돈이 충분치 않아서라고 대답할 것이다. 하지만 사실 대부분의 사람들에게 수입의 문제는 없다. 소비의 문제가 있을 뿐이다. 내 말이 믿어지지 않는다면 당신과 배우자가 평생 동안 과연 얼마의 돈을 벌게 될지 생각해보라.

## 소득 예측표

**평생 얼마의 돈이 당신의 손에서 빠져 나갈까? 그 돈을 어떻게 다룰까?**

(단위 : 천원)

| 월 소득 | 10년 | 20년 | 30년 | 40년 |
| --- | --- | --- | --- | --- |
| 1,000 | 120,000 | 240,000 | 360,000 | 480,000 |
| 1,500 | 180,000 | 360,000 | 540,000 | 720,000 |
| 2,000 | 240,000 | 480,000 | 720,000 | 960,000 |
| 2,500 | 300,000 | 600.000 | 900,000 | 1,200,000 |
| 3,000 | 360,000 | 720,000 | 1,080,000 | 1,440,000 |
| 3,500 | 420,000 | 840,000 | 1,260,000 | 1,680,000 |
| 4,000 | 480,000 | 960,000 | 1,440,000 | 1,920,000 |
| 4,500 | 540,000 | 1,080,000 | 1,620,000 | 2,160,000 |
| 5,000 | 600,000 | 1,200,000 | 1,800,000 | 2,400,000 |
| 5,500 | 660,000 | 1,320,000 | 1,980,000 | 2,640,000 |
| 6,000 | 720,000 | 1,440,000 | 2,160,000 | 2,880,000 |
| 6,500 | 780,000 | 1,560,000 | 2,340,000 | 3,120,000 |
| 7,000 | 840,000 | 1,680,000 | 2,520,000 | 3,360,000 |
| 7,500 | 900,000 | 1,800,000 | 2,700,000 | 3,600,000 |
| 8,000 | 960,000 | 1,920,000 | 2,880,000 | 3,840,000 |
| 8,500 | 1,020,000 | 2,040,000 | 3,060,000 | 4,080,000 |
| 9,000 | 1,080,000 | 2,160,000 | 3,240,000 | 4,320,000 |
| 9,500 | 1,140,000 | 2,280,000 | 3,420,000 | 4,560,000 |
| 10,000 | 1,200,000 | 2,400,000 | 3,600,000 | 4,800,000 |

당신의 소득액이 어떻게 보이는가? 장차 10년이나 그 이상 동안 당신과 배우자가 얼마의 돈을 벌어들일 것 같은가? 그 기간이 30년이나 40년으로 늘어난다면 또 어느 정도가 될까? 또한 얼마가 '소비할 수 있는' 돈일까? 그것이 '소비할 수 있기만' 한 돈일까? 여기서 한 가지 제안을 하고 싶다. 당신의 소득을 '소비할 소득'으로가 아니라 '엄격하게 관리해야 할' 소득으로 생각하라는 것이다.

그 소득은 당신과 당신의 배우자가 평생이라는 시간과 교환하여 얻어낸 소득이다. 그렇다면 그 소득을 낭비하는 것보다는 효율적으로 똑똑하게 관리하는 것이 더 현명할 것이다. 이렇게 하기 위한 핵심은 지금 당장 저축을 시작하는 것이다.

| 통념 4 | 진실 4 |
| --- | --- |
| 세금과 물가가 이제 어느 정도 안정되었다. | 세금과 물가는 완벽하게 안정되는 법이 없다. |

요즈음의 경제 상식 중에는 두 가지의 오류가 퍼져 있는 듯하다. 하나는 물가에 대해서, 또 하나는 세금에 대해서이다.

이 경제적인 오류에 따르면 물가가 하향 안정되었다는 사실이 그걸 억제하는 법을 시장 경제에서 터득했다는 의미라고 한다. 하지만 이것은 터무니없는 착각이다. 일례로 내가 사는 지역의 집세만 해도 불과 5년 사이에 두 배로 뛰어올랐다. 가스 요금도 지난 5년간 두 배나 비싸졌다. 나뿐만 아니라 대개의 사람들이 생활비가 엄청나게 늘어났다고 투덜거린다.

20년 전 나의 부모는 다섯 개의 침실과 세 개의 욕실이 있는 반짝반짝 빛이

나는 새 집을 1억원 정도의 가격으로 구입했다. 그런데 오늘날 그 비슷한 집을 사려면 10억의 돈이 있어야 한다. 이것이 물가의 현실이다. 수많은 일용품 가격과 서비스 요금이 내릴 것이라는 전망도 전혀 없다. 오히려 더 오르거나 심지어 훨씬 더 오를 가능성이 높다. 그럼 우리의 구매력은(사용할 수 있는 현금의 가치) 물가보다 더 빠르게 높아져야 할 것이다. 지난 20년간의 물가를 1년에 평균 4% 정도 올랐다고 계산했을 때 이런 추세로 간다면 오늘 주머니 속에 있는 1,000원이 20년 후에 400원의 구매력밖에 지니지 못한다는 뜻이 된다.

또한 많은 사람들은 은퇴한 후 더 이상 일을 하지 않으면 세금을 적게 낼 것이라고 생각한다. 정말 그럴까? 은퇴한 사람에게 전보다 세금이 줄었느냐고 물어보라. 십중팔구는 아니라고 대답할 것이다. 왜일까? 은퇴한 후에 생활비로 쓰게 될 소득의 대부분이 세금 부과 대상이기 때문이다. 은퇴 계좌에서 예금을 찾아 쓸 때에도 세금을 내야 한다. 은퇴를 대비하여 들어두었던 연금과 보험증권의 이자에 대해서도 똑같이 세금을 물어야 한다.

하지만 거기에 대한 대책이 있으니 그나마 다행이다. 예전에 벤자민 프랭클린이 "인생에서 가장 확실한 게 있다면 죽음과 세금이다."라고 말한 적이 있지만, 이 말은 잘못되었다. 죽음은 100% 감당해야 하지만 세금은 지연시킬 수 있다. 그 과정에서 줄일 수도 있다!

세금을 줄일 만한 간단하고도 합법적인 방법들이 분명히 있는데도 그것을 모르기 때문에 많은 사람들이 너무 많은 돈을 세금으로 낭비하는 것이다. 최선의 방법 중 하나가 '자신에게 먼저 지불하라' 라는 간단한 개념이다. 그 개념을 정확하게 실행만 한다면 1년에 수백 만원의 세금을 절약할 수 있다. 이 내용은 5단계에서 살펴볼 것이다.

난 매우 긍정적인 사람이다. 하지만 돈 관리에 있어서만큼은 이 현실이 거의 두렵기까지 하다. 부자는 점점 부유해지고 가난한 자는 가속도가 붙어 빠르게 가난으로 굴러떨어진다. 최근 경제 잡지에서 본 바로는 현재 미국에 700만 명의 백만장자가 있다고 한다. 그 숫자가 많다고 생각되는가? 미국의 인구가 거의 3억에 가깝다는 점을 고려해서 계산해보라. 불과 2.3%의 사람만이 백만장자이다.

그럼 당신은 무어라 말하겠는가? "나까지 백만장자가 될 필요는 없어. 다른 사람들이 잘하고 있는걸." 이렇게 말하겠는가?

부자가 되어 부자로 살기 위해 얼마의 저축을 해야 하는지에 대해서는 나중에 따로 시간을 할애하겠다. 지금은 미래를 위해 제대로 저축하는 사람이 많지 않다는 사실만 알자. 그러므로 지금 당장 목돈을 만들지 못하는 상황이라고 해서 자신을 탓할 필요는 없다. 그런 문제를 안고 있는 사람이 당신 혼자만은 아니며 어쩌면 당신이 다른 사람들보다 더 잘하고 있는지도 모른다.

하지만 당신의 목표는 평균적인 수준에 머무는 것이 아니다. 부자가 되는 것이 당신의 목표이다. 그것은 곧 다른 사람들이 하지 않는 일을 해야 한다는 의미이다.

그럼 어디서부터 시작해야 할까? 그 답은 간단하다. 인생의 다른 일면들이 그렇듯이 당신의 경제를 잡아나가기 위한 시작 장소도 바로 가정이다. 특히나 배우자와 함께 돈에 대해서 얘기하는 법을 배워야 한다. 이런 말을 하는 이유는 대개의 가정에서 돈이 금기시되는 주제이기 때문이다. 가정 경제에 대해서 자유롭게 상의하는 가정에서 자란 사람은 그리 흔치가 않다. 아이들이 있는 앞에서라면 부모가 더더욱 그런 주제를 꺼내지 않았을 것이다. 그 결과 우리는 돈에 대하여 얘기하는 방법뿐 아니라 돈이라는 것 자체에 대해서 무지하게 자라났다.

### 똑똑한 부부는 항상 돈에 대해서 얘기한다

대부분의 사람들이 돈에 대해 얘기하지 못한 채 자라났다는 것은 참으로 비극이다. 돈 얘기를 하지도 않고 함께 경제 계획을 세우지도 않는 부부는 십중팔구 경제적인 곤경에 빠질 확률이 높다. 함께 경제 상황을 풀어나가야만 그 결과도 함께할 수 있는 법이다. 일반적으로 두 사람이 머리를 맞대면 항상 한 사람 머리보다 낫다. 당신의 목표가 무엇이든 상관없이, 당신에게 협력하는 파트너가 있어 용기와 아이디어를 제공해준다면 목표를 보다 쉽게 달성할 수 있다. 게다가 따로 저축하는 것보다 함께 저축하는 것이 더 순조롭다.

## 함께 계획하는 부부가 함께 행복해진다

간단히 말하면 이것이 이 책에서 말하고자 하는 요점이다. 부부가 함께 경제 계획을 세워나간다면, 부자가 될 가능성과 행복해질 가능성이 훨씬 높아진다.

물론 어떤 일이든 노력 없이 이루어지지는 않는다. 서로의 협력이 필요하기 때문에 혼자 하는 것보다 함께 계획하는 것이 더 어렵게 느껴질 때도 있을 수 있다. 하지만 그것은 오해이다. 일찌감치 의견을 모아 하나의 팀으로서 전진하면 된다. 먼저 당신의 파트너와 돈에 대한 감정들을 함께 나누는 것부터 시작해보자.

### 돈에 대한 배우자의 감정을 파악하라

관계를 형성한다는 것은 즐거운 일이다. 평생 찾아 헤매던 사람을 만나고 나면 우리는 흔히 그 사람이 내 마음까지 읽을 수 있어야 한다고 기대한다. ‘우린 서로를 너무나 잘 알아. 우리는 모든 일에 대해서 서로의 감정까지 다 알아.’ 이렇게 생각할지도 모른다.

하지만 다음의 질문을 한번 생각해보라. 당신은 진짜로 배우자가 돈에 대해 어떤 감정을 지녔는지 알고 있는가? 돈에 대한 배우자의 가치관을 알고 있는가? 2단계에서 당신의 가장 소중한 가치를 규명해가는 기술을 습득해볼 것이다. 그 과정에서 당신과 당신의 파트너가 돈에 대해 어떤 생각을 갖고 있는지 파악해볼 것이다. 하지만 지금은 우선 당신 자신에게만 질문해보자. 1에서 10까지의 범위를 정해놓고 돈의 중요성이 어느 정도인지 반문해보라(1이란 ‘돈이 모든 죄의 근원이다’ 라고 믿는 단계, 10이란 ‘나에게는 다른 무엇보다 돈이 제일 중요하다’ 라고 생각하는 단계이다). 그런 다음 당신의 배우자가 돈을 어느 정도로 중요하게 여길지에 대해서 생각해보라.

그 생각에 해당하는 숫자에 동그라미를 그려보자.

| 돈 = 악의 근원 | | | | | | | | | 돈 = 가장 중요 |
|---|---|---|---|---|---|---|---|---|---|
| **당신** | | | | | | | | | |
| 1 | 2 | 3 | 4 | 5 | 6 | 7 | 8 | 9 | 10 |
| **당신의 배우자** | | | | | | | | | |
| 1 | 2 | 3 | 4 | 5 | 6 | 7 | 8 | 9 | 10 |

당신의 숫자에 동그라미를 친 다음에 배우자에게도 똑같은 질문을 해보라. 상대방은 돈을 얼마나 중요하게 여길까? 그리고 상대방은 당신이 돈을 얼만큼 중요하게 여긴다고 생각하고 있는가?

배우자와 당신의 수치가 어느 정도 차이를 보이는가? 당신이 예상했던 대답과 파트너의 대답이 얼마나 차이 나는가? 또 배우자가 예상했던 대답과 당신의 실제 대답이 얼마나 다르게 나타났는가?

이 간단한 세 가지 질문의 대답이 두 사람 사이에 대단히 의미 있는 대화를 이끌어낼 수 있을 것이다.

### 지금 당장 돈에 대한 이야기를 시작하라

많은 사람들이 자신의 배우자에게 돈 얘기를 잘 꺼내지 못한다. 그래서 그 주제는 은근슬쩍 뒤로 밀려나버리고 그런 상황이 계속해서 되풀이된다. 그렇게 하면 돈 문제가 없어질까?

분명히 말하건대 그렇지 않다. 오히려 문제는 점점 심각해질 것이다. 어느 부부라도 경제적인 문제를 처리할 수 있다. 하지만 당신이 직접 나서지 않는다면 당신의 문제는 해결되지 않는다. 두 사람이 경제력을 최우선으로 만들지 않으면 어떤 것도 최우선 과제가 될 수 없다. 설사 금융 전문가를 고용한다 해도 당신이 감당해야 할 부분은 여전히 남아 있다.

경제적으로 성공하려면 부부가 함께 스스로를 성찰하고 함께 목표를 세우며 그 목표와 꿈을 현실로 이루기 위해 함께 계획해나가야 한다.

이 과정을 시작하기 위한 최선책은 각자 현재의 경제 상황에 대해서 알고 있는 바와 모르는 바를 정확히 파악하는 것이다. 돈을 모아서 현명한 투자 계획을 세우기 이전에 지금 수중에 얼마가 있는지, 그것이 어디에 있으며 어느 정도 사용 가능한지를 알아야 한다. 또한 개별적으로나 공동으로 각자가 져야 할 경제적 책임에 대해서도 이해할 필요가 있다.

그 지식의 정도를 파악하는 데 도움을 주기 위하여 간단한 퀴즈를 만들었다. 각자 풀어보고 나서 — 솔직해야 한다 — 서로의 답을 비교해보라. 이것은 높은 점수를 얻어야 하거나 상대방을 이겨야 하는 시험이 아니다. 두 사람이 현재의 경제 상황을 얼마나 정확히(혹은 부정확하게) 이해하고 있는지를 알기 위한 것이다.

당신이 만약 이 퀴즈에서 좋은 점수를 받았다면, 축하한다! 하지만 아직은 축하 파티를 벌일 때가 아니다. 유능한 자금 관리자들 중에도 안전한 미래를 보장받기 위해 할 수 있는 일과 해야 할 일을 모두 알고 또 처리할 수 있는 사람은 매우 드물다. 당신의 점수가 12점 이상이라 해도 대단히 가치 있는 아이디어와 비밀 몇 가지를 찾아보기 위해 노력하자.

# 네, 아니오로 답하시오

| | | |
|---|---|---|
| ● 네 | ● 아니오 | 나는 현재 우리의 자기 자본을 알고 있다(자기 자본이란 부채를 빼고 난 후의 자산 가치이다). |
| ● 네 | ● 아니오 | 나는 다달이 들어가는 우리의 고정 비용을 확실히 알고 있다(세금과 갖가지 보험료까지 포함). |
| ● 네 | ● 아니오 | 나는 우리의 생활비(매달 규칙적으로 들어가는 돈)에 대한 배우자의 감정을 알고 있다. 함께 그 경비의 액수와 성격에 대해서 의논했다. |
| ● 네 | ● 아니오 | 나와 배우자가 내고 있는 생명보험료가 얼마인지 알고 있다. 사망 지급금의 액수와 보험 증권의 해약 반환금이(있다면) 얼마인지, 그 돈의 이율이 어느 정도인지 안다. |
| ● 네 | ● 아니오 | 지난 12개월에서 24개월 사이에 우리의 생명보험 증권을 재검토해보았다. 근래 다른 보험사에 비하여 저렴한 액수이며 높은 보장성이 있다고 생각한다. |
| ● 네 | ● 아니오 | 우리 집의 현재 가치, 주택 융자금 액수, 대출 이자율, 우리 집의 순가치를 안다. 또한 대출금 상환 기간을 알며 그 기간을 반으로 줄여 갚으려면 다달이 얼마를 내야 하는지 안다. 또는 우리가 내는 집세의 액수, 계약이 끝나는 시기, 집 주인에게 낸 보증금의 액수, 우리의 재계약 권리에 대해서 잘 안다. |
| ● 네 | ● 아니오 | 우리가 소유주 혹은 임차인으로서 들어둔 보험의 종류를 알고 있으며 공제 조항이 무엇인지도 안다. 우리의 집이나 재산이 부서지거나 도둑맞았을 경우 '오늘의 대체 비용(신품으로 동일한 대상물을 동일한 장소에 재조달하는 금액을 기준으로 보험료 산정하는 방법)'이나 실질적인 반환금이 제공되는지에 대하여 알고 있다. |
| ● 네 | ● 아니오 | 우리의 투자 액수와 성격을 알고 있다(현금, 저축 예금, 당좌 예금, 단기정기 예금, 장기 예금, 재무부 채권, 저축 채권, 뮤추얼 펀드, 연금, 주식과 채권, 부동산 투자, 우표나 동전 같은 수집품 포함). 그에 관련된 서류들이 어디에 있는지도 알고 있다. |
| ● 네 | ● 아니오 | 위에 언급한 투자금들의 연수익을 알고 있다. |
| ● 네 | ● 아니오 | 은퇴 계좌의 현재 가치를 알고 있다(기업 연금, 개인 연금, 기타 은퇴를 위한 적립금 계좌). 이 계좌들의 명세서가 어디에 있는지 알고 작년에 어느 정도의 성과를 올렸는지 확실히 알고 있다. |

| | | |
|---|---|---|
| ● 네 | ● 아니오 | 소득의 몇 퍼센트를 부부 공동 명의로 저축하고 있는지 알고 있다. |
| ● 네 | ● 아니오 | 우리 각자의 은퇴 계좌에 들어가는 돈의 액수를 알고 있으며 그것이 최대한 가능한 액수인지, 회사에서 얼마를 보조해주는지 안다. 그리고 각자의 연금 수령 시기를 알고 있다. |
| ● 네 | ● 아니오 | 퇴직했을 때 사회보장제도를 통해 얼마를 받게 될지, 우리의 연금 수혜액이 얼마일지 알고 있다. |
| ● 네 | ● 아니오 | 우리가 유언장이나 신탁서를 만들어두었는지에 대해 알고 있으며 그 내용이 무엇인지, 언제 작성한 것인지 안다. |
| ● 네 | ● 아니오 | 나나 배우자가 불의의 사고로 노동력을 상실했을 경우 얼마의 장애 보험금을 받게 될지 안다. 장애 보험을 들어두었다면 그 보상 범위와 수령 시작 시기, 그리고 과세 대상인지에 대해서 잘 안다. 그런 보험을 들지 않았다면 들지 않은 이유를 알고 있다. |
| ● 네 | ● 아니오 | 배우자가 중병에 걸리거나 심각한 부상을 당했을 경우 그가 어떤 의료 치료를 받고 싶어하는지 알고 있다. 또한 장기 기증에 대한 배우자의 견해도 알고 있다. |
| ● 네 | ● 아니오 | 최근 몇 년 사이 배우자가 투자 강좌에 참여했는지에 대해 알고 있다. |
| ● 네 | ● 아니오 | 내 배우자의 부모가 경제 문제를 어떤 식으로 다루었는지 알고 있다. 그 방식이 배우자에게 어떤 영향을 미쳤는지에 대해서도 안다. |

 점수

'네'라고 대답했을 때마다 1점씩 더하고, '아니오'로 대답했을 때에는 0점으로 계산하라.

**14 ~ 18점**  훌륭하다! 당신과 당신의 배우자는 분명 함께 계획을 세워왔을 것이고, 그 결과 현재의 경제 상태와 돈에 대한 상대방의 감정을 잘 파악하고 있다.

**9 ~ 13점**  두 사람 사이에 전혀 대화가 없었던 것은 아니지만, 아직 더 알아야 할 부분들이 있다.

**9점 이하**  당신과 당신의 배우자는 돈에 대해 이야기하는 습관이 없는 듯하다. 불충분한 지식 때문에 경제적으로 상처 입을 가능성이 크다. 경제적인 불행을 막기 위해서 함께 노력하는 법을 배워야 한다.

### 이제 시작이다

이 퀴즈를 풀면서 — 혹은 전 장에서 읽었던 돈에 대한 통념과 진실의 차이를 읽으면서 — 기분이 다소 침울해졌다면 사과의 말씀을 드리겠다. 난 개인적으로 부정적인 성향을 견디지 못한다. 오히려 부정적인 사람들을 멀리하자는 것이 나의 생활 신조이다. 그런 것들은 독감이나 눈병 같은 것이라서 그들과 너무 가까이하면 당신도 똑같은 병에 걸릴 위험이 생긴다.

그럼에도 굳이 냉엄한 현실로 이 책을 시작한 이유는 당신이 진실로 놀라운 인생을 바란다는 걸 알기 때문이다. 당신은 풍요로운 부자로 살고 싶어한다. 당신의 꿈을 깨닫고 싶어한다. 물러서기 위해서가 아니라 올라가기 위해서 돈을 원한다. 진실한 부부 관계를 믿으며 당신 자신을 믿으며 또 마음 깊은 곳에서는 원하는 모든 것을 이룰 수 있을 만큼 자신이 똑똑하다는 것을 알고 있다.

어쩌면 인생의 변화를 찾고 싶은 것일지도 모른다. 더 나은 삶으로 나아가고자 하는 마음이 있었기 때문에 이 책을 샀을 것이다. 하지만 변화에는 행동이 필요하다. 가끔은 그 행동을 취하기 위한 의욕을 찾는 것부터도 노력이 필요하다. 때때로 자신에게 이렇게 말하는 지점에 도달할 수도 있다. "난 충분히 했어. 할 만큼 했어. 더 이상 이 길로 가지 않을 거야."

변화란 즐겁다. 그런데 대부분의 사람들이 변화를 바란다고 — 더 나은 삶, 더 많은 사랑, 더 많은 꿈, 더 많은 즐거움을 소유할 수 있을 테니까 — 말하면서도 그 중 많은 사람들이 변화를 두려워한다. 진짜 변화의 시기에 직면하게 되면 지금 있는 곳도 그리 나쁘지 않다고 결정짓는다. 알지도 못하는 악마보다는 아는 악마가 더 낫다고 합리화한다. 위대한 연설자 토니 로빈스는 이런 태도를 영혼의 '무인 지대'라고 불렀다. 인생이 그리 훌륭하지도 않지만 그리 나쁘지도 않은 지대 즉 그저 그런 상태이다.

하지만 난 인생이 '그리 나쁘지 않은 것' 보다 더 나아야 하며 '그저 그런 것' 보다 훨씬 좋아야 한다고 생각한다. 인생이란 흥분되고 멋지고 — 궁극적으로는 — 풍요로워야 한다.

이 장이 당신에게 행동하고자 하는 동기를 부여해주었기를 바란다. 이전의 부정적인 수치들일랑 다 잊어버리자. 그런 평균치들이 당신의 현실이 될 필요는 없다. 이 점을 기억하자. 당신과 당신의 배우자는 평균치에 만족할 사람들이 아니다! 그러니 계속해서 의욕을 내보자!

그럼 이제부터 2단계로 들어가 당신과 배우자에게 돈에 관련되어 있는 가장 중요한 것을 파악해보자.

# 2 | 미래의 꿈을 함께 설계하자

　　나는 '목적에 맞는 경제 계획'을 세우도록 도와주는 전문가
이다. 고객들에게 앞으로 필요한 돈의 양을 계산해주기 이전에, 먼저 그들의
인생 목적을 확실히 규명해보도록 요구한다.

　이 개념을 말하면 사람들이 종종 놀라움을 표시한다. 그들은 경제 계획 혹
은 은퇴 계획이 퇴직 후에 필요한 돈의 액수를 결정하는 것이라고 생각한다.
금융 전문가나 금융 설계자와 만났을 때에도 특정 투자나 자기자본 수치, 세
율, 앞으로 몇 년을 더 일해야 은퇴할 수 있을지에 대해서 상담해야 한다고 생
각한다. 물론 이 모든 것들도 중요하기는 하지만 가장 중요한 것은 아니다. 내
가 최우선으로 여기는 것은 당신에게 가장 중요한 것이 무엇인지를 파악하는
것이다. 당신이 가장 소중히 여기는 것은 무엇인가? 당신이 가장 가치를 두는
것은 무엇인가?

## 가치가 인생의 모든 결정을 좌우한다

잠시 속도를 늦춰 이 점을 생각해보자. 당신에게 소중한 가치보다 더 중요한 것이 있을까? 당신이 사는 곳, 소비하는 돈, 시간과 에너지를 집중시키는 일, 그 모든 것이 당신의 가치 판단에 따라 달라진다. 그 가치가 배우자와 대화하는 방식, 자녀 양육법, 소유한 것에 대한 감정 등을 좌우한다. 또한 경제적인 목표를 이루기 위해 얼마나 기꺼이 일하느냐를 결정할 수 있고, 현재 얼마의 돈을 쓰고 있으며 은퇴 후에 실질적으로 얼마의 돈이 필요할지도 결정한다. 그러므로 인생에서 가장 중요한 가치를 파악하고 나면, 진정으로 당신의 목적에 맞는 경제 계획을 세워나갈 수 있다.

부자가 되기 위한 우리의 여행에서 이 두 번째 단계는, 당신의 소중한 가치를 파악하는 단계이다. 소중한 가치가 분명해지면 당신이 어떤 물질을 원하는지, 어떤 종류의 일을 하고 싶은지(이 부분은 3단계에서 다루기로 하자)에 대해서도 결정하기가 수월해진다. 어쩌면 이것이 더 중요할지도 모르지만 당신과 배우자가 소중한 가치들에 대해 명확하게 규정한다면, 새로이 만든 경제 계획에 매달리려는 의지 또한 더 강해질 것이다.

이 과정을 설명하기 위해 나의 세미나에서 일어난 상황을 예로 들어보겠다.


## 똑똑한 부부 세미나!

지난번 하와이에서 똑똑한 부부라는 제목으로 강연했을 때의 일이다. 임직원들과 그 배우자들을 위해 회사 측에서 마련한 세미나였는데, 내가 강당으로 들어섰을 때 그곳에는 이미 30대에서 60대에 이르는 다양한 부부들이 빼곡히 들어차 있었다. 어떤 이들은 갓 결혼한 신혼부부였고, 또 다른 이들은 30년 이상 함께 살아온 노부부들이었다.

나는 우선 내 소개를 하고 나서 세미나의 목표를 설명했다.

"나는 오늘 여러분과 두 가지 방법을 함께 나누려 합니다. 하나는 풍요롭게 사는 방법, 이것은 여러분의 가치와 인생이 잘 조화된다는 뜻이지요. 두 번째는 부유하게 사는 방법, 이것은 최소한 백만 달러의 유동 자산을 지니고 은퇴할 수 있다는 뜻입니다. 이 중에서 몇 분이나 풍요로운 삶과 부유한 삶에 관심이 있으십니까?"

사람들이 웃음을 터뜨리며 저마다 손을 들어올렸다.

그 후에 나는 이 장의 초반에 언급했던 내용으로 진행해나갔다. 풍요롭고 부유한 인생을 설계하기 위해서는, 우선 자신에게 소중한 가치가 무엇인지 알아야 한다는 점이었다.

"그럼 이제 간단한 질문을 하나 하겠습니다."

### 돈 주고도 살 수 없는 인생의 가치

"돈이란 것이 여러분의 인생에서 어떤 목적을 채워준다고 생각하십니까?"

사람들이 침묵만을 지켰기 때문에 나는 조금 다른 형태로 이 질문을 되풀이했다.

"돈이 여러분의 어떤 가치를 충족시켜줄 수 있다고 생각하십니까?"

대부분의 사람들이 여전히 멍한 표정으로 나만 쳐다보고 있었다.

"좋습니다. 그럼 커닝 페이퍼를 하나 만들어드리죠."

영사기를 사용하여 나는 일련의 가치 목록을 보여주었다. 거기에는 '자유', '행복', '사랑', '건강', '헌신과 봉사' 등의 단어들이 나열되어 있었다.

"이런 것들이 가치의 예입니다. 이제 각자 생각해보세요. 여러분은 어떤 가치를 중요하게 여기시나요? 여러분이 인생에서 추구하는 것이 무엇입니까?"

30대 초반의 여자가 손을 들었다.

"전 아이들을 훌륭하게 키우고 싶어요."

난 화이트보드에 그 내용을 적었다.

그러자 그녀의 남편이 입을 열었다.

"전 안정을 바랍니다. 나의 안정, 가족의 안정을요."

나는 그 내용도 적었다.

"다른 분들은 어떠신가요? 여러분이 이 세상에서 바라는 게 무엇입니까?"

"즐거움이요!"

50대의 여자분이 소리쳤다.

"자유요!"

다른 남자도 소리쳤다.

"내가 어떤 일을 하고 싶을 때 그 일을 할 수 있는 자유를 갖고 싶어요."

"네, 맞아요. 5일 이상 하와이에서 살 수 있는 자유 같은 거요."

다른 남자가 맞장구치자 모두들 웃어댔다.

"즐거움과 자유는 가치입니다. 하지만 5일 이상 하와이에 머물고 싶은 건 일종의 목표라고 할 수 있지요. 5일 이상 하와이에 머물 수 있다면, 어떤 소중한 가치가 채워질까요?"

그 남자의 부인이 씨익 미소지으며 외쳤다.

"정력이요!"

이젠 강당이 떠들썩한 웃음바다로 변했다. 그 남편의 얼굴이 붉어졌고 내 얼굴 또한 마찬가지였다.

"그 대답도 가치로 향한다고 할 수 있겠군요. 하와이에서 오래 머물면 두 분의 관계가 더 좋아질 수 있을 테니까요. 정열이나 사랑, 혹은 낭만이라는 가치로 표현해볼까요?"

"낭만 따위는 필요 없어요."

톰이라는 이름의 남자가 소리쳤다.

"하와이에서 5일 이상 머물면 골프를 더 많이 칠 수 있을 거예요. 난 마음껏 골프를 치고 싶어요."

나는 화이트보드에 '골프' 라고 적은 다음 그 단어에 동그라미를 쳤다.

"골프는 목표입니다. 그 골프가 당신의 어떤 가치를 채워줄까요?"

톰이 어깨를 으쓱했다.

"글쎄요, 재미나게 살 수 있겠죠."

난 '재미' 라고 적은 다음 사람들 쪽으로 돌아섰다.

"여기에 골프 치시는 분들이 몇 명이나 되나요?"

절반 이상의 사람들이 손을 들었다.

"좋습니다. 지금 손 드신 분들, 골프가 여러분의 어떤 가치를 만족시켜 줍니까?"

50대의 여자가 일어섰다.

"필드에 나가면 남편과 같이 네 시간 정도 함께 보낼 수 있어요. 서로 마음에 있는 얘기를 나눌 수도 있고, 건강에도 좋다고 생각해요."

"훌륭합니다. 그렇다면 그것이 어떤 가치일까요?"

"저에게는 결혼 생활과 건강의 가치인 것 같아요."

"결혼 생활과 건강의 가치가 당신에게 중요한가요?"

내가 물었다.

그녀가 고개를 끄덕였고, 나는 화이트보드에 '결혼 생활' 과 '건강' 을 적어 넣었다.

그 다음에 다른 여자가 입을 열었다.

"전 영적인 삶을 살아가는 게 중요하다고 생각해요."

나는 또 '영적인 삶' 을 적었다.

또 다른 여자가 대화에 합류했다.

"저는 어려운 사람들을 돕는 데 시간을 쓰고 싶어요. 봉사하면서요."

그 내용을 다 적기도 전에 다른 사람이 또 다른 가치를 소리쳐 말했고 그 후로도 계속 다른 대답들이 이어졌다. 10분이 지나자 두 개의 화이트보드에 저마다 소중하다고 생각하는 가치 30개가 채워졌다.

나는 이제 그들에게 잠시 그 가치들의 목록을 바라보라고 제안했다.

"별로 어렵지 않았지요?"

내가 묻자 대부분의 사람들이 고개를 끄덕였다.

"자, 이제는 여러분이 갖고 싶어하는 물질에 대해서 생각해보기로 하지요. 돈으로 어떤 것들을 사고 싶으신가요?"

그 즉시 방안이 소란스러워졌다.

"새 차를 사고 싶어요!"

한 남자가 소리쳤고, 그의 아내는 보석을 사고 싶다고 했다. 다른 여자도 그에 맞장구쳤다.

"맞아요, 더 많은 보석이요!"

그 후에 보트를 사고 싶다는 남자, 부엌을 새롭게 꾸미고 싶다는 여자의 목소리가 뒤를 이었다. 아까 골프에 대해서 말했던 남자는 더 많은 골프를 치고 싶다고 했고 아까 정력을 소리쳤던 여자는 '더 강한 정력' 이라고 부르짖었다.

모든 사람들이 웃으며 즐거워했다. 그리고 다른 대답들도 속속 터져나왔다. 30개의 가치를 생각해내기 위해 10분이 걸린 데 반하여, 사고 싶은 '물질'들 30개가 적히기까지는 채 3분도 걸리지 않았다.

"여러분도 보셨겠지요? 살아가는 가치보다는 사고 싶은 물건들을 대답하는 게 더 쉽습니다. 하지만 사실, 물질을 소유하는 것보다 인생을 살아가는 가치들을 이해하는 것이 훨씬 중요합니다. 많은 사람들이 자신의 가치를 고려하지 않고 물질만을 추구한다는 건 정말 불행한 일입니다. 그럼 어떤 결과가 나타날까요?"

"카드 빚만 늘어나겠죠!"

한 여자가 크게 대답했다.

우리 모두 웃음을 터뜨렸다.

"그 말도 맞습니다. 하지만 그보다 더 심각한 일이 벌어질 수 있답니다. 가치보다 물질에 초점을 맞추어 20년을 보내고 나면, 중년의 위기가 찾아옵니다. 그것이 이혼을 포함한 온갖 불행을 유발하지요. 갖고 싶은 것을 다 소유한 나이가 되었을 때 갑자기 그런 물질들이 아무런 행복도 가져다주지 않는다는 걸 깨닫게 됩니다. 우리가 모든 시간과 노력을 기울여 획득한 물질들이 사실은 잘못된 것이었다는 깨달음입니다."

나는 가치를 추구한 사람들에게는 이런 일이 거의 발생하지 않는다고 설명했다.

"50대쯤에 이르러 주위를 돌아보면서, '아, 난 나의 가치에 맞게 살아왔어. 그런데 더 이상은 그 가치가 마음에 안 들어. 그러니 지금의 아내와 이혼하고 다시 시작해보는 게 어떨까?' 이렇게 말하는 사람이 얼마나 될까요? 거의 없답니다."

요약하자면, 똑똑하게 살면서 부자가 되는 지름길은 가치에 있다는 뜻이다. 가치를 첫 번째로 — 물질을 두번째로 — 고려하는 순간부터 당신과 배우자는 기운차고 흥분된 인생을 살아가기 시작할 것이다. 자신의 가치를 이해하고 나면, 거의 자동적으로 자신이 원하는 삶을 향해 나아가게 된다. 굳이 무슨 일을 하고자 의욕을 불러낼 필요도 없이, 그 가치들의 힘이 당신을 올바른 방향으로 이끌어간다. 물질이 나쁘다는 것은 아니다. 하지만 물질은 우리를 어디로도 이끌어갈 수 없다. 오로지 가치만이 그 일을 해낼 수 있다.

### 나에게 가장 소중한 것들

금융자산 관리자로서 나는 돈이 기본적인 세 가지 면에 유익하다는 점을 배웠다. 돈은 사람에게 다음과 같은 도움을 준다.

1_ 존재
2_ 행동
3_ 소유

돈이 사람들의 존재에 도움이 된다는 것은 돈이 그 사람의 본래 모습대로 (그만의 특별한 방식으로) 살아갈 수 있게끔 도와준다는 의미이다. 돈이 사람들의 행동을 도와준다는 것은 사람이 원하는 삶의 방식을 창출해내기 위한 그 행동을 돈이 가능하게 해준다는 뜻이다. 그리고 돈이 사람들의 소유에 도움이 된다는 것은 갖고자 하는 물질을 살 수 있도록 해준다는 의미이다.

이상적인 세상이라면 우리가 나아가는 인생, 우리가 하는 행동, 우리가 사는 물질들이 항상 우리의 가치와 조화를 이룰 수 있을 것이다. 하지만 유감스럽게도 대개의 사람들은 '소유'에 가장 먼저 초점을 맞추고, 그 다음에는 '행동', 그리고 세 번째로 '존재'에 신경을 쓴다. 우선 순위를 완전히 뒤바꿔서 움직이는 것이다. 더 심한 경우에는 '존재' 부분까지 도착하지 못하는 사람들조차 있다. 그들은 '소유'와 '행동'에 너무 많은 시간을 낭비하기 때문에 자신이 누구인지 어떤 인간이 되고 싶은지에 대해 바라볼 여유가 없다.

목적에 맞는 경제 계획을 세우기 위해서는 돈이 당신에게 어떤 의미인지, 그 돈이 당신의 어떤 가치를 성취시켜줄 수 있을지를 먼저 알아야 한다. 이것을 알고 나면 당신에게 가장 중요한 일에 시간과 에너지를 쏟아 부을 수 있다. 사회나 친구, 혹은 전문가들이 중요하다고 말하는 것을 위해서가 아니라 바로 당신 자신이 중요하게 여기는 것을 위해서 말이다. 기본적으로 당신의 내면을 들여다본 다음에 그걸 중심으로 경제 계획을 세우는 것이 올바른 순서이다. 지금 돈 관리 방법이 아니라 인생 설계를 하라는 거냐고 묻는다면 솔직히 똑똑한 경제 계획이 바로 이것이라고 대답하겠다.


### 경제 계획이 성과를 내지 못하는 이유

다음의 장면을 한번 상상해보라. 당신은 현재 마흔다섯 살이고, 한 해 연봉은 5,000만원이며, 은행에 2,500만원의 잔고가 있다. 그리고 은퇴에 대한 조언을 구하기 위해 나를 찾아왔다. 나는 나의 멋진 은퇴 계획 프로그램에 그 수치들을 집어넣는다. 1초가 지나기 전에, 컴퓨터는 예순다섯 살에 안락하게 은퇴 생활을 하려면 당신에게 15억원이 필요하다는 결과를 산출해낸다.

당신이 믿어지지 않는 표정으로 컴퓨터를 들여다보는 동안 나는 당신이 그 정도 금액을 만들기 위해서 어떤 저축과 투자 프로그램을 이용해야 할지에 대해서 나의 프로그램에 질문해본다. 컴퓨터는 조용히 윙윙 소리를 내고 나서 연 8% 수익을 낼 수만 있다면 앞으로 20년간 1년에 4,000만원씩 투자해야 15억원을 만들 수 있겠노라고 답한다.

당신이 경악스럽다는 듯 입을 연다.

"하지만 난 1년에 겨우 5,000만원을 번다고요. 그것도 세금을 떼지 않은 액수라고요."

"흐음, 그렇다면 문제가 있군요."

나는 인상을 찌푸린다. 잠시 후에 나의 표정이 밝아진다.

"걱정 마십시오. 더 높은 수익률이 나는 투자를 하면 됩니다. 1년에 15% 정도로."

내가 그 수치를 프로그램에 넣자 컴퓨터는 그런 환경에서라면 1년에 1,700만원만 저축해도 된다고 결론지었다.

당신이 또다시 반박한다.

"하지만 나는 1년에 1,700만원이나 투자할 수 없어요. 게다가 현실적으로 15% 수익을 낸다는 건 거의 불가능해요."

"아, 무슨 말인지 알겠습니다."

나는 잠시 더 생각하고 나서 묻는다.

"혹시 유산을 받을 가능성은 없나요?"

걱정하지 마라. 내가 진짜로 고객들과 이런 말도 안 되는 대화를 주고받는 것은 아니다. 이런 시나리오를 만들어낸 이유는 당신이 인생 자체보다 수치에만 집착하여 경제 계획을 세웠을 경우 일어날 수 있는 일을 경고하기 위함이다. 수치만을 계산하다 보면 노력할 필요조차 없다고 결론내리기가 쉽다. 30

대 후반에 이미 경제적인 미래를 포기했던 50대들을 수없이 만나보았다. 그들은 그때 이미 너무 늦어버렸다고 희망이 없다고 단정지어버렸다. 하지만 너무 늦은 시기란 없다.

요점은 똑똑한 경제 계획에 숫자보다 더 많은 것들이 포함되어야 한다는 점이다. 우선은 가치가 포함되어야 하고 그 다음이 물질이다. 당신이 경제적 안정을 가치 있게 여긴다고 가정해 보자. 그런데 당신과 배우자가 벌어들이는 것보다 더 많은 돈을 소비하고 있다면 어떨까? 결과적으로 두 사람은 한 달 한 달 생활해나가기에 급급해진다. 게다가 당신의 가치와 부합되지 않는 인생을 살아감으로써 극도로 스트레스를 받는다. 그것이 부부 관계에도 끊임없는 싸움과 정열의 종말을 유발시킨다.

이런 상황들은 우연히 일어나는 것이 아니다. 당신의 결정과 행동들(매달 너무 많은 돈을 소비하는 등)이 당신의 가치 시스템과 갈등을 겪은 산물이다. 당신의 경제 행동이 개인적인 가치와 조화를 이루지 못했던 것이다.

이 문제를 '소득이 충분치 않아서' 라고 핑계대지 마라. 당신에게 소중한 가치가 자유라면 당신과 배우자는 매일매일 운동하고 함께 산책하는 데 시간을 좀더 보내야 할 것이다. 그런데 불행히도 당신의 실제 행동은 일주일에 60시간씩 일하고 있다. 운동을 하거나 배우자와 대화할 시간조차 없다. 그런 경우 경제적인 성공(많은 돈을 벌었다는 의미로)을 거두었다는 이유로 과연 행복할 수 있을까? 별로 행복하지 않을 것이다. 당신의 인생이 가치와 부합되지 못했기 때문이다.

다음과 같은 공통의 딜레마에 대해서도 생각해보자. 당신의 최우선 가치는 가족이다. 하지만 당신은 주택 융자금을 갚기 위해 너무 바쁘게 일하느라고 배우자와 아이들과 함께할 여유가 없다. 남의 말만 듣고 형편에 맞지도 않는 커다란 집을 사들였고, 당신은 이제 그 대가를 톡톡히 치르고 있다. 누구도(당신을 포함해서) 그 집을 살 때 당신에게 소중한 가치가 무엇인지 고려하지 않았다. 가치를 고려하지 않고 그렇게 중대한 결정을 내려버리면 결국 스트레스와 불행만이 닥칠 뿐이다. 승자는 아무도 없다.

그렇다면 당신이 인생에서 추구하는 것을 어떻게 알아내야 할까? 치료 요법, 명상 혹은 최면술 따위를 동원할 필요는 없다. 과거를 돌이켜 잘못된 부분을 골라낼 필요도 없다. 거울 앞에서 하루에 열 번씩 주문을 외울 필요도 없다. 당신이 중요하게 여기는 다섯 가지 가치들이 무엇인지 결정하기만 하면 된다. 그리고 그 가치들을 종이에 적고 그걸 기본으로 인생을 계획해나가면 된다.

이 과정의 놀라운 점은 전혀 어렵지 않다는 사실이다. 10분 이상 걸리지도 않는다. 사람에게는 자신의 가치를 결정하는 데 아주 좋은 느낌, 직감이라는 것이 있다. 그리고 그 결정을 돕기 위해서 '가치의 고리' 라고 부르는 간단한 기술을 고안해냈다.

한 고객과 나눴던 대화를 예로 들어보겠다. 대화를 읽다 보면 당신도 진행 방식을 이해할 수 있을 것이다. 그 과정을 이해한 후에 당신의 목적에 맞는 경제 계획을 세워보기로 하자.

### 아내의 가치 고리

빌은 서른여덟 살, 그의 아내 킴은 서른다섯 살이었다. 그들에게는 다섯 살과 일곱 살 된 두 딸이 있었다. 나는 늘상 하던 것처럼 첫 번째 질문을 시작했다.

"누가 먼저 가치의 고리를 만드시겠습니까?"

킴이 빌을 쳐다보고 나서 자신이 먼저 하겠다고 나섰다.

나는 고개를 끄덕이며 말을 이어나갔다.

"오늘 돈에 대해서 얘기할 것으로 생각하셨을 겁니다. 하지만 그 전에 당신의 소중한 가치들에 대해서 얘기해보기로 합시다. 인생에서 무엇이 진실로 중요하다고 생각하십니까? 앞으로 열두 달 동안 어떤 가치에 시간과 에너지를 쏟고 싶으신가요?"

킴이 나의 세미나에 참석했던 적이 있었으므로 더 이상의 설명은 필요치 않았다.

"내가 제일 우선으로 하는 가치는 경제적인 안정이에요. 풍족하지 못한 가정에서 자랐기 때문에 항상 수중에 돈이 떨어질까봐 불안해요."

나는 '경제적 안정'이라는 단어를 종이에 적었다.

"경제적인 안정을 그렇게 중요시하는 이유는 뭔가요?"

킴이 대답했다.

"음, 경제적으로 안정되면 내 가족이 안전해질 수 있으니까요. 나한테 무슨 일이라도 생기는 경우 두 딸들이 보호받을 수 있을 테니까요."

"그럼 가족이 당신의 중요한 가치 중의 하나로 포함될까요?"

"물론이에요."

나는 '가족'이라는 단어도 써넣었다.

"가족에 대해서는 어떤 걸 중요시하시나요?"

킴이 미소지었다.

"우리에겐 아주아주 사랑스럽고 예쁜 딸들이 있어요. 전 그 애들이 행복하게 나중에는 행복한 어른으로 자라길 바라죠."

"좋습니다. 당신이 그 아이들을 훌륭하게 키워낸다고 가정하고 그 다음으로 무엇이 중요하겠습니까?"

킴이 남편을 응시하며 그의 손을 살짝 잡았다.

"당연히 제 남편이지요. 전 행복한 가정을 꾸리고 싶어요. 남편과 함께 늙어가고 싶어요. 주위에 이혼한 친구들이 몇몇 있어요. 전 그렇게 되고 싶지 않아요. 그래서 돈독한 결혼 생활이 나에게는 아주 중요해요."

"그럼 다섯 개의 가치 중 하나가 결혼 생활이로군요. 이제 가치의 고리에 두 개를 더 써넣을 수 있습니다. 어떤 가치에 초점을 맞추고 싶으신가요?"

킴이 망설이며 빌을 쳐다보았다.

"당신 생각은 어때요?"

내가 즉시 고개를 흔들었다.

"빌의 가치에 대해서는 잠시 후에 얘기할 겁니다. 지금은 당신의 생각만 말해주세요. 시간과 에너지와 정열을 두 개의 가치에 쏟아 부을 수 있다면 어떤 것을 택하시겠습니까?"

킴이 한숨지으며 말했다.

"솔직히 살을 빼고 싶어요. 아이 낳고 나서 9킬로그램이나 불어나서 속상해요. 살을 빼야겠다는 생각은 있는데도 운동할 시간을 내지 못했어요. 운동이라고 하나 적어넣으세요."

내가 다시 고개를 흔들었다.

"운동은 가치가 아니라 행동입니다. 운동이 어떤 가치를 채워줄 수 있다고 생각하시나요?"

"건강이요."

"좋아요, 건강을 적어넣기로 하지요. 그럼 이제 마지막으로 어떤 가치를 이루고 싶으신가요?”

킴이 눈살을 찌푸린 채 생각에 잠겼다.

“대답하기 힘드네요. 내가 건강하고 다른 가치들도 다 충족되었다면 글쎄요. 즐기는 데 시간을 좀 써보고 싶어요.”

“여기서 즐긴다는 게 어떤 의미인가요?”

“아이가 생기기 전에는 빌과 같이 여행을 많이 다녔어요. 주말에 오붓하게 데이트도 하고요. 그런 게 다 옛날 일인 것만 같아요. 불평하는 건 아니에요. 두 딸의 엄마인 지금도 좋아요. 하지만 회사와 집과 두 딸들 사이에서 남편과 보낼 시간이 좀 부족한 것 같아요. 부부가 함께 즐길 수 있는 시간이 있었으면 좋겠어요.”

“그럼 즐거움을 소중한 가치로 여기시는 건가요?”

킴이 기운차게 고개를 끄덕였다.

“그걸 가치로 적어주세요.”

그녀가 잠시 머뭇거렸다.

“제 직업도 소중하긴 한데 그것까지 써도 될까요? 일도 소중하거든요.”

“킴, 당신이 원하는 건 무엇이든 적을 수 있답니다. 하지만 다섯 가지 정도로 범위를 좁히는 것이 이상적이에요. 지금까지 경제적 안정과 가족, 건강, 결혼 생활, 즐거움을 말씀하셨는데 이 중에서 한 가지를 교체할 만큼 직업이 중요한가요?”

그녀가 잠시 생각했다. 그녀는 최근에 상장된 소프트웨어 회사에 다니고 있었고 월급 수준도 괜찮은 편이었다.

“솔직히 직업에 신경을 쓰면 경제적인 안정도 충족될 수 있을 것 같아요.”

“그럼 중요한 가치가 직업인가요, 아니면 그 직업이 당신에게 가져다주는 안정인가요?"

킴이 망설임없이 대답했다.

"둘 다예요. 저는 그걸 하나의 가치로 생각해요."

"좋습니다. '경제적 안정/직업'을 하나의 가치로 적어넣기로 합시다."


### 남편의 가치 고리

이제는 빌 차례였다. 내가 그에게 시작하라는 신호를 보내자 그가 웃음을 터뜨렸다.

"이하 동문이라고 말하면 안 될까요?"

내가 미소지으며 대답했다.

"안 됩니다, 빌."

"킴과 공통되는 부분이 많을 텐데요."

"물론 그렇겠지요. 하지만 그래도 따로 해봐야 합니다. 이 과정을 거쳐서 당신의 소중한 가치에 대해서 얘기하고 적을 필요가 있습니다. 5분 이상 걸리지도 않을 겁니다. 괜찮죠?"

빌이 고개를 끄덕였다.

"사실 생각해보니까 나는 경제적인 안정을 최우선으로 여기지는 않습니다. 우리 집이 어느 날 갑자기 무너져 내리지도 않을 테고 아내와 내가 열심히 벌고 있고 또 언제든지 일자리가 있을 것 같거든요. 내가 진심으로 원하는 건 더 많은 자유예요. 사업이 너무 바빠서 일주일에 6일을 일해야 하고 스무 명의 직원들을 감독해야 하고 온갖 골칫거리들을 다뤄야 하죠. 그래서 좀더 자유를 누리고 싶어요."

"그럼 '자유' 라고 적겠습니다. 자유가 더 생기면 그 다음으로 소중한 게 무엇일까요?"

"자유가 생기면 시간 여유도 생기는 거겠지요. 그럼 내가 어떤 일을 하고 싶을 때 그 일을 할 수 있을 거예요."

"어떤 일을 하고 싶으신가요?"

나의 질문에 빌은 슬프게 고개를 흔들었다.

"전에는 윈드서핑도 하고 골프도 쳤었는데 이젠 두 가지 다 못하고 있어요. 지난 3년간 골프채 한 번 잡아보지 못했어요. 그게 너무나 안타까워요. 회사가 잘 돌아가고 있어서 다행이긴 하지만 난 일하는 것 외에 다른 걸 할 시간이 없어요."

"골프와 윈드서핑을 할 시간이 많아지면, 그것이 인생에서 어떤 가치를 충족시켜줄까요?"

"글쎄요, 즐거울 수 있겠지요. 좋은 집도 있고 예쁜 딸들이 있어서 좋긴 하지만 재미있는 일을 하진 못하거든요. 인생이 좀 지루해요."

"그것이 어떤 가치일까요, 빌?"

그가 날 쳐다보더니 갑자기 의자에서 튕겨 일어날 듯이 소리쳤다.

"흥분이에요! 인생에서 좀더 흥분을 느껴보고 싶어요."

킴이 웃음을 터뜨렸다.

"밤마다 텔레비전만 보는 당신이요?"

나도 조금 웃음이 나왔다.

"좋습니다, '흥분' 이라고 적어놓겠습니다. 그럼 다른 것은요? 흥분과 자유를 누릴 수 있게 되면 어떤 가치들을 원하시나요?"

빌이 킴을 바라보았다.

"음, 가족과 결혼 생활이죠. 하지만 그건 한 가지 가치로 고려해도 되겠어요. 결혼 생활이 즐거우면 가정도 순탄할 테니까요. 결혼 생활에 금이 가면 가정도 지키기가 힘들어지겠지요. 그러니까 그건 하나의 가치로 적어주세요."

내가 고개를 끄덕이며 그의 말대로 적었다.

그 후에 빌이 다소 우울한 표정을 지었다.

"다음 가치를 말하라고 하시겠죠? 그건 친구들이에요. 요즘엔 친구들을 거의 만나지 못해요. 같이 어울려서 얘기할 기회도 없어요. 우리 모두 집안일이나 회사일 때문에 바쁘거든요. 그 녀석들과 가끔씩이라도 만날 수 있었으면 좋겠어요."

내가 '친구들'이라고 썼다.

"한 가지가 더 남았군요, 빌. 당신에게 중요한 가치가 그 외에 또 무엇이 있을까요?"

"부모님이에요. 너무 멀리 떨어진 곳에 사세요. 자주 찾아오실 형편도 안 되고, 제 쪽에서도 자주 찾아뵙질 못해요. 부모님과 더 많은 얘기를 나누고 더 자주 뵙고 싶어요."

"그럼 부모님을 가치에 넣으실 건가요?"

빌이 킴을 바라보았다.

"우리가 바쁘다는 건 알아, 여보. 형편이 넉넉지도 못하고. 하지만 좀더 부모님에게 관심을 기울이고 싶어. 언제 돌아가실지 모르잖아."

"그럼요, 나도 좋아요. 하지만 뵈러 가지는 못한다 해도 다른 방법들이 있잖아요. 전화를 걸 수도 있고 이메일을 보내도 되고 편지를 쓸 수도 있어요."

"당신 말이 맞아."

빌이 죄스럽게 중얼거리며 내게로 시선을 돌렸다.

"'부모님'이라고 적어주세요."

"좋습니다. 이제 다 됐군요."

### 경제적 행동과 가치의 조화

킴과 빌의 가치들을 적으면서 내가 목록만을 작성한 것은 아니었다. 옆 쪽의 그림처럼 그들 각자의 가치 고리들을 만들었다.

다섯 개의 가치들을 일렬로 나열한 것이 아니라 둥글게 고리를 만들어 적었다. 여기에 출발점은 있을지언정 순위는 없다. 어떤 가치가 다른 것보다 더 중요하다고 말할 수 없기 때문이다. 당신이 이 다섯 가지 가치 모두에 골고루 노력을 기울이지 않는다면 인생이 불균형에 빠질 수 있다. 예를 들어 경제적인 안정을 이룩한 사람이라도 이혼하거나 자식들에게 미움을 받거나 육체적인 건강을 잃어버린 사람들을 많이 보았을 것이다. 그것은 그들이 다른 가치들, 즉 가족이나 즐거움이나 건강 등에 충분한(혹은 전혀) 시간을 내지 않았던 탓이다. 이 가치의 고리는 당신에게 다섯 개의 소중한 가치를 보여줄 뿐만 아니라 인생에서 균형이 얼마나 중요한지 일깨워줄 것이다.

자, 그럼 가치에 대한 이 얘기들이 돈과 무슨 상관이 있을까? 킴과 빌이 대답했던 소중한 가치들과 그들의 실제 생활을 비교해보자. 킴이 가장 먼저 선택한 가치는 경제적인 안정이었다. 거기에 대해서 더 물어보았을 때 그녀는 자신에게 무슨 일이 닥쳤을 경우 딸들을 보호할 수 있게끔 하고 싶다고 설명했다. 하지만 내가 빌과 킴의 경제적인 상황을 검토해본 바로, 그들은 유언장을 쓰거나 자녀를 위한 신탁을 마련하지 않았다. 생명보험에 들기는 했지만 보상금의 범위가 충분치 않았다. 다시 말해서 그들은 경제적인 안정과 가족이

# 가치 고리

즐거움
경제적 안정/직업
건강
가족
이름 : 킴
나에게 진실로 중요한 것이 무엇인가?
내 인생에서 돈의 목적은 무엇인가?
돈독한 결혼 생활
부모님
자유
친구들
편안함
이름 : 빌
나에게 진실로 중요한 것이 무엇인가?
내 인생에서 돈의 목적은 무엇인가?
가족/결혼 생활

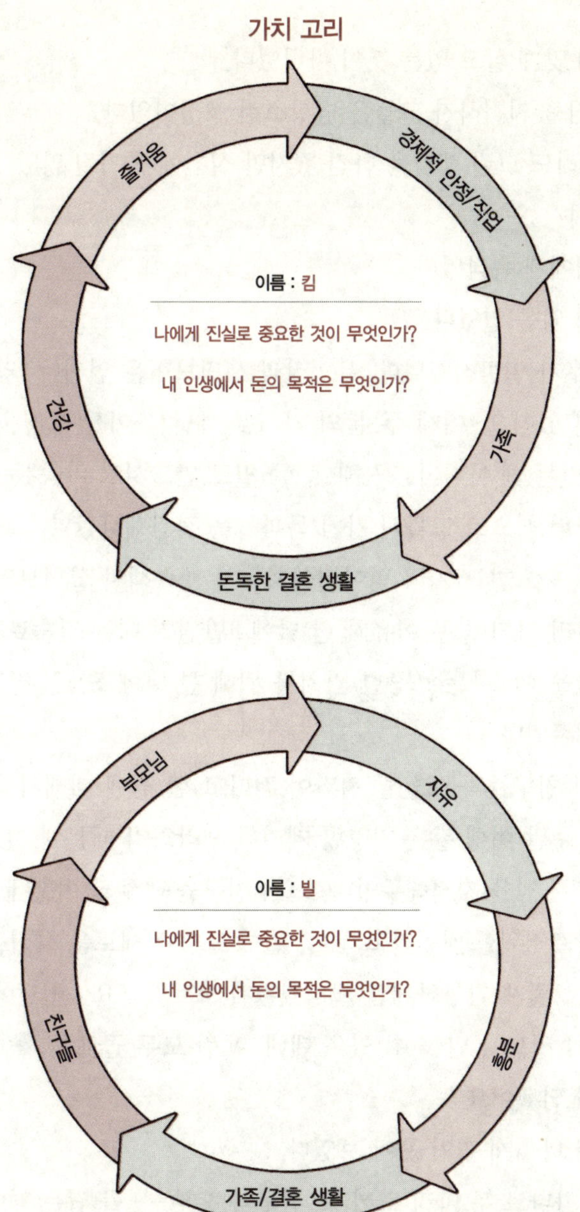

라는 가치에 맞게 살고 있는 것이 아니었다.

내가 그 점을 지적하자 그들은 당황스런 표정이었다.

"맞아, 우리도 그런 생각을 하긴 했지만 실천에 옮기질 않았어. 우리가 멍청했어, 그렇지?"

빌이 아내에게 속삭였다.

내가 다시 입을 열었다.

"그런 경우가 일반적입니다. 유언장과 생명보험은 언제나 '앞으로 할' 일에 그냥 머물러 있지요. 이제 두 분의 가치를 깨달은 이상 그것을 할 수도 있고 안 할 수도 있는 게 아니라 '꼭 해야 할' 일로 만드시길 바라겠습니다."

우리는 그런 식으로 그들의 가치 목록들을 점검해나갔다. 그들의 경제 행동이 그들에게 중요한 가치와 맞아떨어지는지 계속해서 살펴보았다. 예를 들어 킴이 운동하러 가지 않는 이유가 한 달에 5만원씩 내는 강습료가 아깝기 때문이라고 말했을 때, 나는 소중한 가치를 위해 한 달에 5만원 정도는 적은 액수라고 지적해주었다.

또한 빌이 친구들과 어울릴 시간이 적다고 한 점에 대해서 나는 그가 항상 친구들과의 주말 여행 같은 거창한 계기를 생각하기 때문에 친구들과 자주 만나지 못한다는 점을 지적해주었다. 그의 친구들도 주말 여행에 드는 시간이나 비용을 부담스러워할 것이라고 했다. 빌이 드디어 새로운 사실을 깨달았다.

"내가 왜 그렇게 거창하게만 생각했는지 모르겠군요. 한 달에 한 번씩 토요일 골프 모임 정도는 만들 수 있을 텐데. 우린 모두 골프를 좋아해요. 같이 필드에 나가면 되겠어요."

그가 킴과 나에게 씨익 웃어 보였다.

"그럼 돌 하나로 두 마리 토끼 — 친구와 흥분 — 를 잡는 격이로군요."

"그게 바로 가치의 시너지 효과랍니다. 한 가지 가치를 추구하다 보면 흔히 다른 가치까지 충족이 되지요."

조용히 앉아서 생각에 빠져 있던 킴이 갑자기 입을 열었다.

"빌, 여행 경비가 너무 많이 들어서 자주 여행할 수 없다고 우리가 늘상 불평했었죠? 해마다 한 번씩 멀리 여행을 다녀왔잖아요. 작년에는 하와이에 가느라 300만원을 썼어요. 그렇게 큰 여행을 한 번 가는 것보다는 주말에 세네 번 가볍게 떠나는 게 더 나을 것 같아요. 숲으로 캠프를 떠나도 될 테고요. 그럼 똑같이 즐기면서도 더 자주 다닐 수 있고 돈도 훨씬 절약할 수 있어요."

킴은 그 돈 드는 일이 그녀와 빌에게 스트레스의 원인이었다고 했다.

"우리가 필요 이상으로 돈을 낭비했던 것 같아요. 그래서 더 많은 시간을 일해야 했고요. 앞으로는 잘 조절해서 우리에게 중요한 일에 집중시켰으면 해요. 우리가 가치의 고리에 적은 목록들을 위해서 말이에요."

### 킴과 빌의 비약적인 발전

킴과 빌은 가치의 고리를 만드는 과정에서 비단 몇 가지 아이디어만을 얻은 것이 아니었다. 완벽하고도 상세하게 목적에 맞는 경제 계획을 세웠다. 종이에 적힌 가치들의 옆에 각기 그에 부합되는 '행동' 아이디어들을 적어넣었다. 이는 그들의 가치와 조화롭게 생활하기 위해서 필요한 행동들이다(이 방법에 대해서는 다음의 3단계에서 살펴보자). 그리고 그 '행동' 옆에는 '소유' 의 아이디어들을 따로 적었다. 가치에 따라 살아갈 때 성취하게 될 물질적인 목표들인 것이다.

이 과정이 간단할 것처럼 생각될지 모르지만 우습게 보아서는 안 된다. 그것이 매우 강력한 힘을 나타낼 수도 있다. 실제로 그런 계획을 세운 지 5주일 만에 빌과 킴은 변호사를 통해 유언장을 작성했다. 거의 5년 동안 해야겠다고 말만 하면서도 지금껏 하지 않았던 일을 실행에 옮긴 것이다. 또한 그들은 생명보험의 월정액을 더 늘렸다. 킴은 체육관에 등록을 했고 빌은 친구들과 토요일 골프 모임을 만들었다. 그리고 소비를 줄이기 위한 계획도 실천해나갔다.

이 간단한 훈련을 한 것으로 그들은 인생에서 진정으로 중요한 것에 초점을 맞출 수 있게 되었다. 소유보다 존재에 더 집중할 수 있도록 자질구레한 것들을 정리했다. 돈을 갖는다는 것은 물론 멋지다. 하지만 세상의 돈을 다 품에 안는다 해도 당신의 행동이 가치와 어긋난다면 행복해지지는 않는다.


### 가치 고리 만들기 5단계

당신 또한 파트너와 같이 가치 고리를 만들어봄으로써 목적에 맞는 경제 계획을 세워나갈 수 있다. 따로 작성하는 것도 괜찮지만 함께하는 편이 훨씬 효과적이다. 한 사람의 생각이 막힐 경우 다른 사람이 '이 가치가 당신에게 어떤 의미일까?', '이 가치가 왜 당신에게 중요할까?' 등의 질문을 해줄 수 있기 때문이다.

이제 시작해보자!

당신과 파트너가 바크 그룹의 우리 사무실에 도착했다고 상상해보자. 당신은 개인적인 가치 고리를 만들기 위하여 나와 상담 중이다.

앞에 놓인 책상에는 당신에게 가장 중요한 가치들을 적기 위하여 백지 한 장이 놓여 있다.

몇 가지 간단한 요령을 알려주겠다.

### 1_ 긴장을 풀고 느긋하게 임하라

이것은 시험이 아니므로 즐겁게 임하라. 단지 자신에게 솔직해지기만 하면 된다. 직감적으로 옳다고 느껴지는 것만을 적어나가라. 남들에게 그럴듯해 보일 것 같다는 이유로 가치를 선택하지는 말라. 당신의 감정이 반영되지 않는다면, 그것은 아무런 의미가 없다. 당신은 거기에 초점을 맞추지도 않을 테고 그에 맞게 행동하지도 않을 것이다.


### 2_ 간단한 질문으로 시작하라

진실로 나에게 중요한 것은 무엇인가? 인생을 생각했을 때 어떤 가치가 가장 중요한가? 인생에서 돈의 목적은 무엇인가?


### 3_ 가치에 집중해야 한다는 점을 기억하라

가치는 목표나 물질, 사야 할 물건, 해야 할 행동과는 다르다. 돈에 대해서 너무나 걱정스러운 사람이라면 '백만 달러를 갖는 것' 이라고 적고 싶을지도 모른다. 하지만 그것은 가치가 아니라 목표이다. 거기에 내재되어 있는 가치는 아마도 경제적인 안정이나 자유일 수 있다. 백만 달러는 그런 가치들 중 하나를 충족시키기 위한 방법일 뿐이다. 그와 비슷하게 많은 사람들이 여행을 가고 싶다고 말한다. 하지만 '여행' 은 가치가 아니다. 하고 싶은 행동이다. 여행이 채워줄 수 있는 가치라면 즐거움, 흥분 혹은 자아 성숙이 있을 것이다.


### 4_ 생각나는 대로 하라

앞으로 열두 달 동안 집중할 수 있을 핵심적인 다섯 개의 가치가 생각날 때까지 계속 적어보라. 어쩌면 당신이 원하는 가치가 다섯 개 이상일 수도 있다.

고객 중 어떤 사람은 열 개까지 나열한 적이 있었다. 그것이 잘못은 아니다. 다만 내 경험상 대개의 사람들은 한 번에 다섯 개 이상 정신을 집중하기가 힘들다는 것뿐이다.

### 5_ 격려하라

당신은 이제 가치의 고리를 완성했다. 자신의 등을 기분 좋게 토닥거려주자.

## 가치와 목표는 다르다

고장난 레코드처럼 너무 반복하는 것 같긴 하지만 가치의 고리는 가치에만

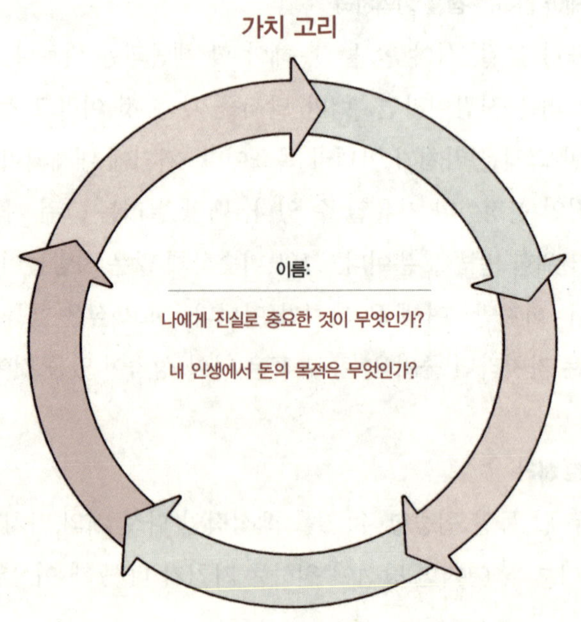

집중할 필요가 있다. 그렇지 않으면 효과가 나지 않는다. 많은 사람들이 가치와 목표 사이에서 갈등을 겪는다. 가치란 존재에 대한 것으로 인생을 살아가는 방식을 규정하는 것이다.

반면에 목표는 행동과 소유에 대한 것이며 거기에 물질도 포함된다. 그 두 가지를 구별할 수 있도록, 일반적인 가치와 목표를 예로 적어보았다. 이 도표를 읽으며 시작하되, 그대로 베끼지는 마라. 이 훈련이 진정한 효과를 내려면, 진심으로 당신이 선택한 — 직감적으로 선택한 — 가치들을 당신 자신이 소

| 가치 | 목표 |
| --- | --- |
| 경제적인 안정 | 백만 달러를 가진 부자로 퇴직하고 싶다 |
| 자유 | 대출금을 갚아버리고 싶다 |
| 행복 | 빚을 다 청산하고 싶다 |
| 마음의 평화 | 빚 걱정을 털어버리고 싶다 |
| 즐거움 | 여행하고 싶다 |
| 흥분 | 친구들과 스키 타고 싶다 |
| 권력(힘) | 사장이 되고 싶다 |
| 가족 | 아이들과 더 많은 시간을 보내고 싶다 |
| 결혼 생활 | 오붓한 둘만의 시간을 만들고 싶다 |
| 친구들 | 1년에 한 번씩이라도 친구들과 여행하고 싶다 |
| 봉사와 헌신 | 자선 단체에 참여하고 싶다 |
| 영적인 삶 | 교회나 절에 가고 싶다 |
| 독립 | 직장을 그만두고 싶다 |
| 자아 성숙 | 공부를 계속하고 싶다 |
| 창의성 | 그림을 배우고 싶다 |
| 모험 | 아프리카를 탐험하고 싶다 |
| 자신감 | 운동을 하고 싶다 |
| 균형 | 더 나은 삶을 계획하고 싶다 |
| 사랑 | 행복한 결혼 생활을 하고 싶다 |
| 건강 | 몸무게를 줄이고 싶다 |

중히 여겨야만 한다.

시간과 생각과 행동을 요구하는 이 단계를 그냥 넘어가버리고 싶을지도 모른다. 자신의 가치들이건만 낯설게 느껴지기도 할 것이다. 고객들 중 몇몇은 이런 훈련을 시간 낭비라고 생각했다. 자신은 구시대적 인물이 아니기 때문에 이런 걸 할 필요가 없다고 했다.

하지만 자신의 가치를 들여다보는 것과 세대와는 아무 관련이 없다. 그리스의 철학자 소크라테스도 기원전 400년에 이미 이런 주제에 대해 얘기한 바 있다. 인간이 발전할 수 있는 지름길을 간단한 문장 하나로 표현해놓았다. "너 자신을 알라."

잠깐 멈춰서 가치의 고리를 만들기보다 계속 책을 읽어나가고 싶을지라도 일단 이 훈련부터 실천에 옮기라. 다음 장에서는, 당신의 가치들에 어울리는 5개의 '행동'과 '소유' 아이디어들을 검토해볼 것이다. 그러므로 이 단계를 완성해야 다음 단계가 더 수월해진다.


### 가치에 대한 마지막 조언

수년간 혹은 수십 년 동안이나 배우자와 같이 살아왔는데도 서로의 가장 소중한 가치들조차 모르고 있다니 참으로 놀랍다. 서로에게 중요한 것을 아는 것보다 더 인간관계에 영향을 끼치는 것이 없는데도 말이다. 하지만 불행히도 이런 방법들을 학교에서는 가르쳐주지 않는다. 자신에게 가장 중요한 사람들과 그 지식을 함께 나누는 방법도 배우지 못한다.

당신에게 자녀가 있다면 그들과 같이 이 훈련을 해보라. 어린아이들이라고 해서 가치에 어울리는 생활을 시작하지 못한다는 법은 없다. 당신이 그들의 가치가 무엇인지 알아차리고 그것을 현실로 만들어주기 위해 노력했을 때 그 아이들에게 어떤 효과가 나타날지 생각해보라. 당신 자신이 어렸을 때부터 이렇게 생활했다면 지금 당신의 인생이 얼마나 더 풍요로워졌을지도 생각해보라.

물론 가치를 규명하는 것에는 매우 현실적인 이유도 있다. 자신의 가치와 관련된 행동 방법을 알게 되면 경제 상황에 대해 더 많은 일을 하고, 보다 빠르게 행동할 수 있다. 사람들은 인생의 다른 무엇보다도 가치를 지키기 위해서 더 많은 노력을 기울인다. 당연히 의무나 책임감보다 가치들이 더 강한 힘을 지니고 있다.

가치는 '해야 할 일'의 목록이 아니며 '저축을 많이 하자', '낭비를 줄이자', '살을 빼자'는 등의 새해 결심과도 다르다. 소중한 가치를 추구할 때에는 의욕을 잃지도 않고 지겨워지지도 않는다.

일단 가장 우선적인 가치들을 명확히 규명하여 적어놓고 나면 그 후로 영원히 당신의 곁을 떠나지 않을 것이다.

궁극적으로는 그 가치들이 당신을 자극하고 인생을 형성시켜준다. 당신이 알든 모르든 이미 그 가치들이 당신을 형성하고 있기는 하다.

다만 집중하고자 하는 가치들을 의식적으로 결정함으로써 더 적극적으로 대처할 수 있다.

이제 당신의 가치 고리가 완성되었다면 잘 간직하라. 당신만의 경제 목표를 파악하기 위해서 그것을 사용하게 될 것이다. 하지만 그 전에 당신이 현재 서 있는 경제적인 지점을 알아야 할 필요가 있다.


시작하는 지점을 알기 전에는
가고자 하는 목적지를 계획할 수 없다.

# 3 | 머리를 맞대고 경제 계획을 세우자

당신의 가치 고리를 만들었으면 이제 당신만의 목적에 맞는 경제 계획을 세울 시간이다. 계획을 세우기 위해서는 당신과 파트너가 경제 상황을 정돈하고 하나의 팀이 되어 움직여야 한다. 이 과정의 핵심은 협동 정신이다. 지금껏 많지 않은 소득으로 상식을 적용하여 함께 일함으로써 부자가 되었던 부부들을 여럿 만나보았다.

그 좋은 예가 제리와 리사의 경우이다.

월요일 아침에 제리가 나에게 전화를 걸었다. 다가오는 금요일에 공무원 생활 30년을 마감하고 퇴직할 예정이며 화요일에 아내와 같이 상담하러 오겠다고 했다.

나는 컴퓨터에 그의 퇴직금 계좌를 불러들여 잔고를 확인해보았다. 15만 3,215달러. 제리의 나이는 쉰두 살이었다.

맙소사, 이런 상태로 퇴직을 하겠다니, 갑자기 유산 상속이라도 받은 걸까? 아니면 피치 못할 사정이 있었던 걸까? 하여튼 이 상담이 매우 골치 아플 것이라고 예상했다.

그런데 충격을 받은 쪽은 오히려 나였다. 제리와 리사가 사무실로 들어섰을 때, 그들은 신혼부부처럼 두 손을 꼭 잡고서 흥분에 들떠 있었다. 제리가 자신의 계획과 퇴직 후에 할 일들에 대해 얘기하는 동안, 리사는 쉴 새 없이 감탄사를 연발했다. "이렇게 젊은 나이에 은퇴하다니 이 사람 정말 멋지죠!"

10분 동안 마냥 듣고 있다가 이윽고 내가 그들의 말을 가로막았다.

"저는 이해가 안 되는군요. 당신의 퇴직 계좌에 15만 3,000달러밖에 없던데, 어떻게 지금 퇴직하실 수가 있습니까?"

제리가 미소지었다.

"리사와 내가 지난 30년간 이 일을 계획해왔기 때문이지요."

그는 아내와 결혼하고(그의 나이 스무 살, 리사의 나이는 열여덟이었다) 공무원 생활을 시작할 당시부터 설명을 시작했다. 그 후로 쭉 공무원 생활을 했으며 최근에는 연봉 4만 달러를 받았고 리사는 파트 타임 미용사로 일하여 1년에 1만 7,000달러를 번다고 말했다.

몇 년 후에 그들은 집을 한 채 샀고 또 임대용 주택도 구입했다. 지금 그 집들은 대출금 하나 없이 완전한 그들의 소유였다. 그들은 세 대의 자동차와 보트 한 척도 소유하고 있었다. 그것들도 모두 지불이 끝난 상태였다. 제리가 말을 이었다.

"아이들은 모두 대학을 졸업했어요. 리사는 앞으로 10년간 더 일할 계획이고요. 아내가 벌고 내가 연금을 받으면 우린 돈 걱정할 필요가 없어요! 우린 다 준비됐어요!"

나는 경악스러웠다. 상담했던 사람들 중에 백만장자도 있었지만 그들조차 경제적인 문제에서 자유롭지 못했다. 그런데 여기 1년에 6만 달러도 벌지 못한 부부가 세상의 행복을 다 거머쥔 것처럼 앉아 있었다.

"어떻게 그걸 다 이루셨습니까?"

내가 그들에게 물었다.

"집과 임대 주택을 사고, 학자금을 내고, 퇴직 계좌에 따로 저축하고, 공무원과 미용사 수입으로 어떻게 그걸 다 할 수 있으셨죠?"

이제 경제적인 조언을 해주는 쪽은 제리와 리사가 되었다. 그들의 가르침이 내 인생을 변화시켰다. 당신의 인생 또한 변화시킬 수 있을 것이다.


### 작은 계획이 큰 보상을 안겨준다

제리와 리사의 이야기는 그들의 부모님에게로 거슬러 올라간다. 두 분 다 돈에 대해서 매우 보수적인 환경에서 자라났고, 자식들에게도 신용카드를 책임있게 써야 하며 필요 이상의 빚은 만들지 말아야 한다고 가르쳤다.

"부모님이 15년짜리 융자를 받아서 집을 산 다음, 가능한 한 빨리 대출금을 갚는 게 내 집 마련의 지름길이라고 하셨어요. 아버님은 현금으로 살 형편이 안 되는 물건은 사지 말라고 하셨지요. 어머니는 결혼한 첫해에 우리에게 미래를 계획해야 한다고 말씀해주셨어요. '해마다 함께 경제적인 목표를 세워라.' '즐겁게 노력하고 열심히 매달려라.' 이게 어머님이 하신 말씀이셨어요."

"하지만 임대 주택은 어떻게 된 거죠? 그걸 어떻게 사셨어요?"

내가 물었다.

제리의 말에 따르면 어려울 것 없는 일이라고 했다.

"우리는 내가 스무 살 때 첫 번째 집을 샀어요. 서른다섯 살 때쯤에 그 대출금을 다 갚았지요. 대출금을 다 갚으니까 매달 그만큼 돈이 남더라고요. 리사와 나는 그걸 그냥 써버릴까 아니면 다른 집을 사서 세를 놓을까 의논했어요. 우리가 집을 한 채 더 사면 내 나이 쉰쯤에 그 돈을 다 갚을 수 있겠더군요. 내가 50세까지만 일하면 그 후에는 집세를 받으며 살 수 있다는 뜻이었지요."

"그럼 자동차 세 대와 보트는 어떻게 된 거죠?"

제리는 그것 또한 간단하다고 대답했다. 그 자동차들은 다 7년 이상된 중고차였지만, 새 차처럼 관리를 잘해왔다고 설명했다. 보트는 제리와 리사의 오랜 꿈이었기 때문에 10년간 열심히 저축해서 꿈을 이룰 수 있었다고 했다.

정말 이렇게 간단할 수가 있는 걸까? 젊은 나이에 계획을 세워서, 목표와 꿈을 위해 노력하고, 책임있게 돈을 관리했을 뿐인데 50대 초반에 은퇴할 수 있다고? 나는 여전히 미심쩍은 심정으로 제리를 바라보았다.

"리사가 계속 일하고 싶어하니 다행이군요. 그렇지 않았으면 당신이 계속 일을 해야 했을 겁니다."

제리가 고개를 흔들었다.

"말했잖아요, 나와 리사가 오랫동안 이 일을 계획해왔다고요. 10년쯤 전에 나는 평생 직장에서 일만 하다가 늙어 죽기 싫다고 아내에게 말했어요. 그때 아내가 대답하더군요. '그럼 연금 받을 때까지만 일하세요. 그 후에는 내가 예순 살까지 파트 타임으로 일할게요.'"

그 목표를 위해서, 리사는 자신에게 맞는 직업을 찾기 시작했다. 시간 조절이 가능하고 상사에게 얽매이지 않고 자신이 좋아할 만한 직업으로. 몇 번쯤 시행착오를 겪은 후에 드디어 그녀는 미용사라는 직업을 찾아냈다.

제리가 다시 입을 열었다.

"누구라도 우리처럼 할 수 있답니다. 같이 계획하기만 하면 돼요."

제리와 리사의 이야기로 이 장을 시작한 이유는 계획의 효용성을 잘 말해주고 있기 때문이다. 그들이 소득이 많지 않았음에도 꿈꾸던 목표를 이룰 수 있었던 것은 부부가 함께 경제적인 미래를 계획했기 때문이었다. 이 기본 수칙은 아무리 강조해도 지나치지 않을 것이다. 제리와 리사가 공무원 월급과 파트 타임 미용사의 수입으로 그 일을 해낼 수 있었다면 당신이나 내가 못해낼 이유는 없다! 필요한 것은 계획이다.

### 함께 계획해야 실패하지 않는다

불행히도 대개의 부부들이 제리와 리사처럼 살지 못한다. 계획을 세울 생각도 없이, 그저 경제적인 인생에 자신을 내맡기기만 한다.

경제 상황에 자신을 내맡기는 것은 행선지도 없는 비행기에 올라탄 것이나 마찬가지다. 샌프란시스코에서 뉴욕으로 가고자 한다면, 오클랜드 공항에 나타나봤자 아무 소용이 없다. 샌프란시스코 공항에 도착했다 해도 로스앤젤레스행 비행기를 탄다면 그것 또한 아무 소용이 없다. 마지막으로 당신이 적합한 공항에 도착하여 적합한 비행기에 탔다고 해도 조정석에 기장이 타고 있지 않다면 목적지에 확실하게 도착하리라는 보장이 없다.

여행을 생각해보면 이런 사항이 분명해진다. 경제적인 인생을 계획함에 있어서도 똑같은 원리가 적용되지 않을까?

경제 계획의 세 가지 진실은 다음과 같다.

1_ 출발 지점을 모르면 경제 계획을 세울 수 없다

2_ 목표(도착) 지점을 모르면 경제 계획을 세울 수 없다

3_ 목표 지점까지 헤매지 않고 전진하려면, 그 진행 과정을 점검해야 한다

이번 단계에서는 — '함께 계획하라. 함께 승리하라.' — 우리의 경제 계획을 흔들림 없이 실행하는 데 도움이 될 만한 도구들과 전략을 살펴보기로 하자. 배우자와의 관계에서, 풍요로운 경제적 미래를 창조함에 있어서, 목표 설정이 얼마나 중요한지도 배우게 될 것이다.


### 여덟 개의 예금 계좌, 여섯 개의 신용카드, 세 개의 보험…

내가 당신과 배우자의 경제적인 현 상황을 묘사해보라고 요구한다면, 어떻게 대답하겠는가? 당신은 현재의 자기 자산을 잘 알고 있는가? 당신의 자산과 부채와 생활비를 알고 있는가? 당신의 투자 금액과, 집안에 소유한 순가치와 누구에게 어느 정도의 빚이 있는지 무슨 일로 빚을 졌는지에 대해서 쉽게 써내려갈 수 있는가? 이 모든 종류의 정보가 가까운 장소에 정리되어 있는가? 필요하다면 그걸 재빠르게 꺼내올 수 있는가?

이 질문들에 대답할 때 자신을 속이지 마라. 솔직해지라. 1단계에서 보았던 퀴즈를 돌이켜보자. 당신의 점수는 몇 점이었나? 배우자의 점수는 몇 점이었나?

당신이 대개의 부부들과 비슷하다면 흡족한 점수를 받지 못했을 것이다. 괜찮다. 사실 그것이 정상이다. 이제부터 그 문제를 해결해보자. 당신은 평범한 수준에 머물기 위해 이 책을 산 것이 아니라, 평범 이상이 되기 위해서, 특별해지기 위해서 이 책을 샀다. 그리고 부자가 되기 위해 지금 이 책을 읽는 데 시간을 투자하고 있다.


사무실로 찾아온 빌과 낸시도 30대 후반의 '평범한' 부부였다. 10년간 결혼 생활을 하면서 두 자녀를 두고 수년 간 경제 상황을 정리할 방법을 찾아 헤맸다.

그들은 종이쪽지들 — 잔고 대조표, 연간 보고서, 지불 취소 수표, 오래 된 영수증 등등 — 이 잔뜩 들어찬 커다란 상자를 들고 왔다.

"여기에 전부 다 들어 있어요."

빌이 말했다.

"어디서부터 시작해야 할까요?"

다른 사람의 경제 기록들을 훑어보는 것은 놀라운 경험이 될 수 있다. 빌과 낸시의 경우에도 마찬가지였다. 수년간 그들은 경제에 관련된 듯한 것들을 모조리 이 상자에 집어넣었다. 좋은 소식이라면 기록들이 온전히 보존되었다는 것이고, 나쁜 소식은 그들이 그 대부분을 거들떠보지도 않았다는 점이었다. 보고서와 잔고 대조표들 대부분이 뜯지도 않은 봉투째 들어 있었다.

상자의 내용물들을 살펴본 후에 나는 빌과 낸시에게 적어도 여덟 개의 독립된 연금 계좌가 있다는 것을 알게 되었다. 여덟 개의 연금 계좌 외에도 다섯 개의 은행 통장, 열 개의 신용카드, 주택 담보 증서, 몇 개의 저축 채권, 여덟 개의 주식 증서 기타 등등, 그들에게 지금 얼마의 돈이 있으며 어디에 들어 있는지 파악하는 데 오후의 시간을 거의 소비해야 했다.

정신 나간 짓이나 예외적인 경우라고 생각하는가?

아니다.

당신이 이 정도로 복잡한 상태는 아닐지라도, 대개의 부부들에게 경제 상황을 정리하는 시스템이 없다는 것만은 분명하다. 학교에서 배우는 것도 아닌데다가, 1주일 내내 너무 바쁘기 때문에 정리할 생각조차 하지 않는다. 결과적으로 그들의 경제 상황은 혼란스런 채로 남아 있다.

하지만 걱정하지 마라. 이러한 부부를 위해서, 내가 손쉽고 재빠르게 정리할 만한 시스템을 개발했다. 이 시스템을 이용하여 수천 명이 경제 생활에 도움을 받았으며, 이제 당신도 그 방법을 알게 될 것이다.

## 경제 서류 대청소

누군가 경제 상담을 의뢰했을 때 내가 제일 먼저 하는 일은 그에게 경제 상황 정리 계획표를 보내는 것이다. 경제 계획을 세우기로 결심했다면 우선은 서류들을 정리할 필요가 있다. 앞으로 전진하기 전에 혼란스런 상태부터 정돈해야 한다.

2단계에서 우리는 돈에 관한 당신의 가치들을 규명해보았다. 이제는 소매를 걷어올리고 작업에 착수할 시간이다. 이 책의 뒤편 부록에 경제 상황 정리 계획표 사본이 첨부되어 있다. 267쪽을 펼쳐서 읽어보라. 당장 작성하지는 말고 훑어보기만 하라.

'경제 상황 정리 계획표' 작성은 이 책에서 가장 중요한 훈련 중 하나이다. 인생을 변화시킬 수 있는 작업이다. 하지만 파트너와 같이 이 책을 다 읽을 때까지는 잠시 미뤄두기 바란다. 나중에 해야 할 '숙제'로 생각해도 좋다.

계획표 작성을 나중으로 미루고 지금은 따로 해야 할 일이 있다. 계획표 작성에 너무 많은 시간이 걸리지 않도록 필요한 경제 서류들을 질서 있게 정리하는 것이다.

대개의 사람들이 사용하는 파일 시스템이란 낡은 종이 상자나 구두 상자에 온갖 종이뭉치들을 던져놓는 정도이다. 통장 내역서, 주식 증서, 보험 증권, 기타 보관해야 한다는 걸 알면서도 처리하고 싶지는 않은 경제적인 내용물들이 그 안에 들어가게 된다. 자, 그건 걱정할 필요 없다. 당신이 그 파일들을 벽장 깊숙한 곳의 너덜너덜한 쇼핑 가방에 넣어두었다 해도 내가 이제부터 다시는 흐트러지지 않을 간단한 관리 시스템을 알려줄 것이기 때문이다.

### 당신의 것을 찾을 때가 되었다

상세한 설명에 들어가기 전에 진심으로 당부하고 싶은 것이 있다. 이 책을 통하여 당신이 새롭고 중요한 점들을 많이 터득할 수 있으리라 믿는다. 하지만 당신이 직접 행동에 나서지 않는다면 어떤 방법으로도 인생을 바꿀 수가 없다. 지금 설명하려는 시스템도 30분 이상 걸리지 않을 만큼 간단한 행동이다. 그런데 너무 간단하다는 이유로 읽기만 하고 다음 페이지로 넘어가버리고 말 수가 있다. "아, 일리 있는 말이야. 나중에 시간 나면 해봐야겠어"라고 말하면서.

'나중'으로 미루지 마라. 48시간 내에 이 훈련을 하겠다고 지금 서로에게 약속하라. 내용이 기억에 남아 있을 때, 의욕이 생겼을 때 시행해야 한다. 이 모든 일들이 당신의 경제 인생을 개선시키기 위해서라는 점을 기억하자. 파일들을 보기 좋게 만들라는 것이 아니다. 경제적인 정보를 손쉽게 사용하고 확인할 수 있도록, 당신의 자산과 빚과 소비에 대하여 확실히 이해할 수 있도록 하기 위함이다.


### 12개의 파일 폴더 시스템

우선 열두 개 정도의 폴더와 최소한 쉰 개의 파일 폴더가 들어갈 수 있는 상자를 준비하라. 그리고 다음과 같이 폴더에 제목을 써 붙이도록 하라.

**1_ 제일 먼저 '세금'이라고 쓰자**

그 안에 여덟 개의 파일 폴더를 만들라. 그 하나하나에 지난 7년간의 자료와 올해의 자료를 넣어두라. 각각의 폴더에 연도를 적고 그해의 중요한 세금 관련 서류들을 모두 집어넣으라. 당신이 최소한 그 정도 영수증들은 보관해놓았기를 바라지만, 만약 없다면 세무서에 연락해서 복사본을 보내달라고 부탁하라. 지난 7년간의 서류들을 보관해야 하는 이유는 국세청에서 감사를 시작하면 7년 전까지 거슬러 올라가기 때문이다. 더 오래 간직하고 싶다면 그것은 당신의 자유이다.

**2_ 두 번째 폴더 앞에는 '은퇴 계좌'라고 쓰자**

여기에 당신의 모든 은퇴 관련 서류들을 모아놓는다. 당신과 배우자가 소유한 은퇴 계좌들마다 각각 하나씩의 파일을 만들라. 개인 연금과 퇴직금 계좌도 따로따로 정리하라. 그 파일 위에 누구의 계좌인지 적는 것도 잊지 말아야 한다. 여기서 가장 중요한 품목은 분기별 내역서이다. 뮤추얼 펀드사에서 분기마다 보내는 안내서까지 보관할 필요는 없다. 하지만 당신의 서명이 들어간 가입 서류는 보관해야 한다. 거기에 당신의 투자 옵션이 적혀 있을 테고 그 내용을 매년 점검해야 할 것이다.

**3_ 세 번째 폴더 앞에는 '국민 연금'이라고 쓰자**

이 폴더에 가장 최근의 사회 보장 관련 내역서를 넣어두자. 우편으로 받지 못했다면, 인터넷 www.npc.or.kr에 들어가 보내달라고 하라. 인터넷을 사용할 수 없으면 전화번호부에 국민연금관리공단의 번호가 소개되어 있다.

**4_ 네 번째 폴더에는 '투자 계좌' 라고 쓰자**

그 안에 두 사람이 소유한 투자 계좌(은퇴 계좌 제외)들을 보관하자. 뮤추얼 펀드, 개인 계좌, 위탁 계좌를 지니고 있다면, 그 투자와 관련된 내역서들을 특별히 하나의 폴더에 챙겨야 한다. 부부 공동 계좌와 개인 계좌가 있을 경우에는 그것도 별도의 파일을 만들자.

**5_ 다섯 번째 폴더에는 '저축과 당좌예금' 이라고 쓰자**

통장이 따로 있으면 파일 폴더도 따로 만들라. 여기에 매월 은행 잔고 대조표들을 보관하자.

**6_ 여섯 번째 폴더에는 '집' 이라고 쓰자**

당신이 집을 소유하고 있는 경우라면, 다음과 같은 파일들이 포함되어야 할 것이다. 먼저 '집문서' 항목이다. 집에 대한 당신의 권리를 증명하는 정보들이 여기에 들어가야 한다(부족하다면, 부동산 중개업자에게 연락하라). '집의 개보수' 항목에는 집을 개조하거나 보수했을 때 받았던 영수증들을 보관한다(집을 팔 때 그 비용을 가산하여 받을 수 있기 때문에, 그 집을 소유하는 한 보관해야 한다). '주택 융자' 항목에는 담보와 융자금에 관한 계산서들이 모두 포함된다(정기적으로 점검해야 한다. 대출 기관에서 실수하는 경우가 종종 있기 때문이다*). 당신이 세입자라면, 이 폴더에 계약서와 보증금 영수증, 집세 영수증 등이 포함되어야 한다.

---

* 텔레비전 뉴스에서 대출 기관들의 잦은 실수에 대해 보도한 적이 있었다. 그 후 대출금 계산서들을 확인해보니 지난 12개월 중에서 8개월의 계산서가 부정확하다는 것을 발견했다! 그리고 그걸 수정하기까지 수개월이 걸렸다. 대출금 계산서가 도착하면 꼭 뜯어보고 확인한 후에 보관하라. 항상 유심히 살펴야 한다!

**7_ 일곱 번째 폴더에는 '신용카드 빚'이라고 쓰자**

'빚'이라는 단어를 특별히 크게 적어놓으라. 눈에 띌 때마다 신경쓰이도록 말이다. 농담이 아니다. 카드 빚을 처리하는 방법은 나중에 설명하겠다. 지금 으로서는 이 파일이 다른 것보다 크지 않기만을 바랄 뿐이다. 당신과 배우자 가 소유한 카드 계좌를 별도 파일로 만들어야 한다. 많은 사람들의 경우 이 폴 더에 열두 개 이상의 파일이 포함되곤 한다. 실제로 서른 개까지 되는 사람도 본 적이 있다. 하지만 파일이 몇 개이든, 다달이 잔고 대조표를 그 안에 모두 보관해야 한다. 꾸준히 챙기라. 나는 납세 신고서와 마찬가지로, 국세청이 감 사할 경우를 대비하여 최소한 7년간의 기록을 보관해두고 있다.

**8_ 여덟 번째 폴더에는 '기타 채무'라고 쓰자**

여기에는 주택 융자금과 카드 계좌가 아닌, 학자금 융자나 자동차 할부금, 개인적인 대출금 등등 다른 빚들에 관한 기록들이 포함된다. 각각의 빚은 하나 의 폴더로 만들고, 대출 서류와 상환에 대한 기록들도 모두 넣어두어야 한다.

**9_ 아홉 번째 폴더에는 '보험'이라고 쓰자**

건강 보험, 생명 보험, 자동차 보험, 장애 보험 등등 보험 증권들을 별도의 폴더로 만들어두라. 이 폴더 안에 그에 관련된 증서와 지불금에 관한 기록들 을 넣어두라.

**10_ 열 번째 폴더에는 '유언장'이라고 쓰자**

여기에는 가장 최근의 유언장 사본이 들어가야 한다. 또한 작성한 변호사 명함도 함께 넣어두자.

**11_ 자녀가 있다면, 이 폴더에 '아이들 계좌'라고 쓰자**

아이들을 위해 들어둔 저축 계좌나 투자에 관련된 기록들, 그에 대한 계산
서들이 모두 여기에 포함된다.

**12_ 마지막으로 '경제 상황 정리 계획표'로 하나의 폴더를 만들자**

267쪽에 있는 형식에 내용을 다 채운 다음 이곳에 넣어두라. 또 하나의 파
일을 만들어, 그곳에 당신의 자산을 6개월에 한 번씩 합산하여 적어두라. 바로
경제 상황의 변화를 확인할 수 있는 중요한 기록이 된다.

다 끝났다. 열두 개의 폴더, 자녀가 없다면 열한 개의 폴더가 만들어졌다.

파일 폴더 시스템을 만들어가는 과정에서 몇몇 자료가 없거나 부족한 것을
발견했을 수도 있다. 증명서를 전달받지 못했거나 애초에 만들어지지 않았을
지도 모르고, 아니면 당신이 무심코 버렸을 수도 있다. 그 이유가 무엇이든 걱
정하지 마라. 최대한 파일들을 정리해놓은 다음 없는 서류에 대해서 메모만
해놓으라. 이 책을 다 읽었을 때쯤이면 완벽하게 정리가 되어 그 공백들도 메
울 수 있을 것이다.

### 배우자가 이 훈련에 동참하기 싫어한다면

현실적으로 생각해보자. 어느 날 아침 부부가 동시에 깨어나 서로를 응시하
면서 이렇게 말할 가능성은 극히 희박하다.

"우리 서점에 가서 돈 관리법에 대한 책을 사야겠어요. 책을 같이 읽고 우리
경제 상황을 정리해보자고요. 앞날에 큰 도움이 될 거예요."

그보다는 오히려, 누군가 한쪽이 경제적인 미래를 걱정스러워하며 이 책을 샀을 가능성이 더 높다. 당신이 이 훈련에 적극적이라 해도 당신의 배우자는 그다지 내켜하지 않을 수 있고 어쩌면 대단히 못마땅해 할 수도 있다.

이런 말을 하는 이유는 왠지 모르게 자신과 정반대적 성향의 사람에게 끌리는 경우가 많은 듯하기 때문이다. 내가 만난 부부들의 다수도 이러했다. 깔끔한 걸 좋아하는 사람이 소탈하고 털털한 사람에게 끌리고, 치약을 아래부터 짜야 한다고 철석같이 믿는 사람이 '중간부터 짜는 사람' 과 결혼하기도 한다.

심리학자도 아닌 내가 그 이유를 알 리는 없다. 그냥 사람들의 성향이 그렇다. 그 차이점들이 살아가는 데 짜릿한 양념을 더할 수도 있는 반면, 심각한 문제도 유발시킬 수가 있다. 내가 이 책을 쓰게 된 동기도, 자신의 결혼 생활이 전속력으로 전진하는 엔진과 전속력으로 후진하는 엔진을 단 비행기와 같다고 하소연했던 한 여성독자의 편지 때문이었다. 그녀는 비행기가 박살나기 전에 거기서 탈출하고 싶어했다. 슬픈 이야기이긴 하지만 결코 드문 상황은 아니다.


**1_ 함께 정리하는 것에서부터 출발하라**

이제껏 배우자와 함께 경제적 문제를 처리하지 못했던 사람들이 항상 하는 질문이 있다. 어디서부터 시작해야 할까요? 싸움 없이 시작할 수 있는 방법은 없나요?

대답은 간단하다. '돈에 관련된 파일들' 을 정리하는 것부터 하라. 바로 창고를 청소하는 것과도 비슷하다. 항상 다음으로 미루게 되는 잡일이면서도, 다 끝내고 나면 한없이 개운해지는 그런 일이다!

그러므로 이 책을 구입한 것이 부부 공동의 생각이라기보다 어느 한쪽의 결정이었다면 이 장을 이용하여 배우자에게 접근하라. 두 시간 정도 시간을 내어 함께 새로운 파일 시스템을 만들어보자고 제안하라. 은근하게 제안해야 한다. 만약 상대방이 참여하기 싫어하는 듯하면 더 이상의 말 없이 작업을 시작하라. 식탁이나 어디든 자리잡고 앉아서 파일을 만들기 시작하는 것이다. 그럼 배우자가 당신의 옆으로 다가와 끼어들려 하는 데까지 걸리는 시간이 얼마나 짧은지에 대해 놀라게 될 것이다.

아무리 내켜하지 않던 파트너라 해도 경제 서류들을 모조리 쏟아놓고 새로운 시스템을 만드는 일에는 관심이 생기게 마련이다. 어차피 이것이 창고를 청소하는 것보다 더 진지한 일이 아닌가. 물론 가정의 미래를 위해서도 더 중요하다.


## 2_ 식초가 아닌 꿀을 제공하라

열성적인 건 좋다. 하지만 너무 지나친 열성은 오히려 목표 달성에 방해가 될 수 있다. 최악의 경우 경제 상황을 개선해보려는 한쪽의 적극성이 지나친 나머지, 상대방의 관심 부족을 신랄하게 비판할 수도 있다.

'경제적으로 똑똑한 여자 되기' 세미나를 처음 시작했을 때 이 교훈을 배웠다. 세미나에 참석했던 여자들이 일단 의욕과 흥분으로 들떠 집으로 돌아간다. 그러고는 배우자에게 이렇게 말했다.

"우린 모든 걸 잘못하고 있었어요. 지금 금융 전문가의 강연회에 갔다오는 길이에요. 당신이 나보다 먼저 죽을 수도 있고, 어떤 골빈 여자 때문에 나랑 이혼할지도 모르니까 우리 돈이 다 어디 있는지 알아야겠어요. 당신이 엉망으로 만들어놓은 걸 내가 고쳐야겠어요."

내가 생각하는 방식은 이런 것이 아니다.

성난 남편들에게 도대체 자기 아내에게 무슨 말을 지껄였느냐는 전화를 몇 번 받고 나서(나는 온화하게 대답했다. "경제 파일을 정리하라는 숙제를 내주었을 뿐이랍니다"), 대화법의 중요성을 깨달았다.

나의 할머니도 항상 이렇게 말했다. "식초보다는 꿀에 더 많은 파리가 꼬이는 법이란다." 다른 말로 하면 배우자와 함께 이 과정을 즐겁게 끌어가고자 한다면, 상냥하게 이 주제를 거론해야 한다는 것이다.

베씨라는 이름의 여성도 이런 방법을 사용했다. 세미나에 참석한 그녀는 남편 빅터에게 '엉망진창'인 서류들을 정리하자고 말하리라 결심했다. 또한 다행스럽게도, 빅터에게 비난을 가해봤자 좋은 반응이 나오지 않으리라는 것도 깨달았다.

그녀는 이렇게 말했다고 한다.

"여보, 이번 세미나에서 어려운 숙제를 내줬는데 당신이 도와주었으면 해요. 이번 주말에 함께 해줄 수 있어요? 당신 없이 나 혼자서는 못할 것 같아요."

이것이 바로 이 얘기를 꺼내는 완벽한 방법이다. 누구도 상황에 대해서(재정 상태가 힘들어진 상태 등등) 비난받지 않았다. 부부의 돈에 대해서 어느 한쪽이 우월한 것처럼 보이지도 않는다. 베씨가 해야만 하는 일인데 빅터의 도움없이는 할 수 없다고 표현했기 때문에, 그는 기꺼이 그 작업에 동참해주었다. 게다가 그 숙제를 보고 난 후에 빅터는 몇 년 전에 했어야만 했던 일이라고 쉽사리 수긍했다.

나중에 빅터는 그들의 경제 창고를 청소하게 해준 데 대해서, 경제 상황을 한팀으로 처리해야 한다는 사실을 깨닫게 해준 점에 대해서 베씨에게 고마워했다. 그리고 내게도 이렇게 말했다.

"계획표를 다 채우고 나니까 기분이 아주 좋아지더군요. 몇 년 만에 처음으로, 베씨와 함께 우리의 경제 상황에 대해서 얘기했어요. 종이에 자산과 채무를 다 적고 나니까, 우리가 와 있는 지점과 가족의 소중함을 확실하게 깨달을 수 있었어요. 머릿속으로 계산하는 것보다 눈으로 보는 게 더 확실하고 처리하기에도 쉽더군요. 나 혼자 감당할 필요가 없다고 생각하니까 어깨도 한결 가벼워졌어요."

당신도 이 작업을 실천해보라!


### 3_ 작은 성공이 자신감을 준다

집에서 경제 서류들을 파일로 정리하는 것은 그리 어려운 일이 아니다. 어쩌면 너무 사소한 일이라서 더 하지 않아도 된다고 합리화하게 될지도 모른다.

하지만 잠시 멈춰서서, 그 일을 실제로 했을 때 어떤 일이 벌어질지 상상해보라. 당신이 배우자와 같이 경제 상황들을 모두 정리했다고 상상해보라. 매달 청구서들과 기타 다른 경제적인 책임들을 처리할 시기가 되었을 때 파일 서랍을 열기만 하면 그 안에 모든 것이 가지런히 들어 있는 장면을 상상해보라.

이 간단한 훈련이 당신에게 약간의 경제적 자신감을 더해줄 수만 있다면, 그것만으로도 커다란 가치가 있다. 미국인들이 하루에 텔레비전을 시청하며 보내는 시간이 평균 일곱 시간이다. 그렇다면 그 중에서 단 두 시간을 할애하여 경제 서류들을 깔끔하게 정리하는 것이 뭐가 어렵겠는가.

때로는 작은 행동과 작은 성과가 인생을 엄청나게 변화시킬 수 있다. 이 파일 시스템을 통하여 당신은 인생에서 커다란 행동을 취하기 위한 동기를 부여받을 수 있을 것이다.

## 인생은 어렵다

경제적으로 다 정리가 되었다면 이제 목표를 세워보기로 하자. 지난 7년간의 경험을 바탕으로 말하건대 명확하고 의미 있는 목표를 세워 그것을 적어보는 것보다 더 빠르게 인생을 변화시키는 방법은 없다. 간단히 몇 가지의 목표를 적는 것만으로도 미래가 변할 수 있다.

이 접근에는 한 가지 문제가 있다. '목표를 세우라' 는 아이디어가 너무 흔하게 사용되는 개념이라서, 이 말을 듣는 즉시 자동적으로 귀를 막아버리고 싶어진다는 점이다. "그런 얘기는 제발 그만해! 다른 비법이나 알려달란 말이야." 지금 이런 생각을 하고 있다 해도 이해하겠다. 하지만 내 얘기를 끝까지 들어보라. 그리고 10분만 시간을 내서 나의 제안대로 시행해보라. 여기까지 왔는데 몇 분쯤 더 노력한들 손해날 것이 무엇이겠는가.

그런데 왜 목표를 세워야 하는 걸까?

좋은 성적을 내는 것, 대학을 졸업하는 것, 사랑하는 사람을 찾아 행복한 결혼 생활을 하는 것, 이런 것들은 쉽지가 않다. 직업적으로나 사업적으로 성공하기도 쉽지 않다. 부자가 되기도 쉽지 않다. 자녀를 잘 키우는 것도 쉽지 않다. 날렵한 몸매를 유지하는 것도 쉽지 않다.

요점은 인생이 쉽지 않다는 것이다. 하지만 이것만이 유일한 진실은 아니다. '성공한 인생' 을 만들기가 힘든 것처럼 '실패한 인생' 을 만들기에도 그만큼의 힘이 든다는 것이 또 하나의 진실이다. 당신에게 선택의 여지가 있다면, 성공한 인생을 추구하지 않을 이유가 있겠는가?

결과가 기대에 미치지 않는다고 해도, 성공적인 인생을 위해 노력하는 것만으로도 가치가 있다. 당신이 결과적으로 승자가 되든 패자가 되든 그 게임에 참여했다면 최소한 게임은 해본 셈이다. 그런데 불행히도 많은 사람들이 게임에 참여조차 않는다. 인생이 그저 흘러가기만을 기다릴 뿐이다. 노 없는 뗏목을 타고 하류로 흘러가는 것처럼 살아간다. 인생의 강이 이끌어가는 곳이 그들의 도착 지점이 된다. 그런 사람들 중 대부분이 어떤 결과를 맞게 될까? 암초에 부딪힌다!

슬프지만 이것이 진실이다. '물살에 따라 흘러' 가기만 했던 사람들이 나중에는 '흘러들어온 곳' 에 대해서 불평을 늘어놓는다. 인생이 공평치 않다고 투덜거린다. 하지만 내 생각은 다르다. 인생은 대단히 공평하다. 당신이 추구하는 것을 얻게 해준다. 아무것도 추구하지 않으면 아무것도 얻지 못한다. 무언가를 추구하면 커다란 목표를 이루지는 못했을지라도 그 와중에 몇 가지 정도를 건질 수가 있다.

이뿐만이 아니다. 목표 설정은 그 효과를 발휘한다. 이 세상에는 아무것도 없이 출발했다가 꿈꾸던 것보다 훨씬 엄청난 것을 이룬 사람들이 많이 있다. 단지 자신을 위한 목표를 세웠던 결과로서 말이다. 그 중의 한 예가 우리 모두 잘 알고 있는 오프라 윈프리이다. 가난하게 태어나 어릴 적에 성적으로 학대받고 하잘것없이 취급받았으면서도, 그녀는 우리 시대의 가장 존경스런 인물 중 하나가 되었다. 오프라가 어느 날 아침에 문득 깨어나 이렇게 중얼거렸을까?

"앞으로 나는 텔레비전 토크쇼를 진행하게 될 거야. 매일 수백만 명의 사람들에게 영향을 미치게 될 거야."

아니다. 그녀는 수십 년간 노력해왔다. 목표를 세워서 그 중간중간의 장애물들과 맞서 싸웠다.

또한 마이클 조던에 대해서도 똑같이 말할 수 있다. 이 시대의 가장 위대한 농구 선수라고 칭해지는 마이클도 어느 날 갑자기 깨어나 "난 세상에서 제일 위대한 농구 스타가 될 거야"라고 말하지는 않았다. 심지어 그는 고등학교 농구 대표팀에도 끼지 못했다. 농구를 그만두라고 충고하는 사람들도 있었다. 하지만 마이클에게는 꿈이 있었고 목표가 있었다. 그 꿈을 이루기 위해 온갖 도전들을 이겨냈다.

이 얘기가 어떻게 가슴에 와닿는가? 물론 오프라나 마이클 조던처럼 되고 싶어할 필요는 없다. 지금 당장 세상을 바꾸라거나 '가장 위대한' 누군가가 되라는 것도 아니다. 단지 배우자와 당신이 마주 앉아서 2단계에 설명된 다섯 가지 가치들을 규명하고, 앞으로 1년 이내에 이루고자 하는 다섯 가지 확실한 목표를 세우라는 것뿐이다(그 목표 중 적어도 하나는 당신의 경제 상황과 관련되어 있어야 한다). 이런 식으로 당신은 목적에 맞는 경제 계획을 수립할 수 있을 것이다.

### 목적에 맞는 경제 계획을 세우기 위한 7가지 규칙

목적에 맞는 경제 계획이란 무엇인가? 바로 당신에게 가장 중요한 가치들과 맞물려 인생을 살아나갈 수 있도록 하는 행동들의 목록이다. 여기에 그 목표들을 찾아내는 일곱 가지 요령이 있다.

가치를 기본으로 목표를 정하라.

2단계에서 얘기했다시피 당신의 최우선 가치 다섯 개를 규명하는 간단한 훈련이 인생을 바꿔줄 수 있다. 가치가 명확할수록 목표를 세우는 일도 수월해진다. 그 목표가 가치를 기본으로 하고 있을 때 이루어질 가능성도 높아진다. 당신에게 진실로 중요한 것을 위해 소비와 투자 계획을 세울 때 가장 신나게 진행할 수 있지 않겠는가?

물론 가치를 기초로 해서 살아가는 것이 저절로 이루어지는 건 아니다. 당신이 그 일을 이루어지게끔 만들어야 한다. 당신이 디자인해야 한다. 2단계에서 설명한 가치 고리를 사용하여 당신의 다섯 가치들을 확실하게 규명하라는 뜻이다. 완벽함에 너무 매달리지 마라. '완벽한' 가치 혹은 '올바른' 가치란 없다. 당신에게 가장 중요한 것을 기초로 미리 생각하고 계획하라는 것뿐이다.

각각의 가치에 하나씩의 목표를 적을 수만 있다면 가장 이상적이다. 가치 하나를 적고 나서, 그 옆에 그와 관련해 시간과 에너지를 쏟고 싶은 목표를 적어넣으라.

목표들을 명확하고 구체적으로 세워라. 마감 시간도 적자.

가능한 한 명확하게 다섯 개의 목표를 정하는 것이 무엇보다도 중요하다. 작업을 돕기 위해 다섯 개의 칸으로 나누어진 연습 도표를 만들었다(112쪽).

어떤 부부들은 부자가 되고 싶어한다. 또 어떤 부부들은 낭만적으로 살고 싶어한다. 어떤 사람은 탄탄한 가정을 이루고 싶어한다. 현실에서 우리 모두는 현재 갖지 못한 무언가를 갖고 싶어한다.

하지만 안타깝게도 무언가를 원하는 것과 얻어내는 것과는 전혀 별개이다. 목표를 이루기 위해서는 당신이 추구하는 것이 무언지 정확하게 알아야 한다.

마음속에 담긴 희미한 생각들을 구체적으로 밝혀내야 한다.

예를 들자면 나는 별장 하나를 갖고 싶다. 이제 나의 목표는 별장을 사는 것이다. 그래서 나는 종이에 그 내용을 적는다. '별장을 사자.' 그것으로 어떤 결과를 끌어낼 수 있을까? 별다른 결과가 없다. '별장을 사자'와 같은 포괄적인 문장으로는 원하는 것을 얻기 위해서 어떤 행동을 해야 하는지 알 수 없다. 어디에 별장을 사고 싶은가? 얼마의 비용이 필요할까? 어떤 모습의 별장이 좋을까? 언제 그것을 사야 할까? 구입 자금을 모으려면 얼마의 기간이 걸릴까?

반면에, 내가 아내와 함께 곰곰이 생각해본 후에 이러한 목표를 적었다고 생각해보자.

"3년 안에 침실 다섯 개와 욕실 세 개가 있는 별장을 타호 호수 근처에 마련하자."

이제는 목표가 확실하게 눈에 드러난다. 우리는 그 별장이 어떤 모습일지 상상할 수 있다. 그런 별장의 가격이 얼마일지도 짐작할 수 있다. 목표가 현실적인 꿈인지 아닌지에 대해서도 파악할 수 있다. 그 목표를 위해 저축을 준비할 수도 있다.

우리는 시간표를 만들 수도 있다. 예를 들어 2005년 봄까지 그 별장을 구입해서 그해 7월, 8월, 12월을 그곳에서 보내기로 결정할 수도 있다.

이제 우리의 목표가 현실적으로 느껴지기 시작하고 흥분도 생겨난다. 게다가 시간표를 만들었기 때문에, 그 일을 위해 노력하고 있는지에 대해서도 확인할 수 있다. 2004년 중반이 되었는데도 비용이 마련되지 않고 있거나, 그 지역의 괜찮은 주택을 알아보지 않고 있다면, 우리가 과연 진심으로 별장을 원하는지 다시 생각해야 할 것이다.

당연히 당신의 목표가 타호 호숫가의 별장일 필요는 없다. 당신에게는 열두 달 내에 카드빚을 청산하는 것이 구체적이고 의미있는 목표일 수 있다. 2년 안에 하와이로 여행을 떠나는 것일 수도 있고, 아니면 3개월 안에 집안을 구석구석 대청소하는 것일 수도 있다.

다섯 개의 목표를 종이에 적어라.

진부하게 들릴지라도 이것은 진실이다. 경제적인 목표를 적은 사람이 부자가 된다. 연구 결과에서도 목표를 적은 사람이 성공 확률이 높았다. 설사 목표가 적힌 종이를 서랍에 넣어둔 채 1년간 들춰보지 않았더라도, 그 목표가 이루어질 가능성은 쓰지 않았던 사람보다 더 크다.

그 행동의 효과는 사실 놀랍다. 그 행동이 무의식적으로 당신을 목표로 이끌어간다. 우선은 목표가 더 명확해진다. 또한 당신의 목표를 더 현실적인 것으로 일깨워준다. 목표가 현실적으로 다가온다면 그것을 이루고자 하는 의욕도 클 것이며, 의욕이 클수록 결승 지점에 도착할 가능성도 더 높아진다.

당신의 목표를 종이에 쓰면서, 그것을 중요하게 여기라. 그 중요한 목표들을 적을 때 당신의 인생에도 목적이 생긴다.

48시간 이내에 행동을 시작하라.

목표를 적는 것만으로는 충분치 않다. 행동에 옮겨야 한다. 48시간 이내에 목표를 이루기 위해 행동하라. 즉시 행동을(작은 행동이라도) 시작하지 않으면 결코 행동에 옮기지 못할 수도 있다.

"원인이 행동을 유발하고 행동이 인생을 규정한다"라는 말이 있다. '목적에 맞는 경제 계획' 연습 도표에 '48시간 내의 행동 단계'를 적으라는 것도 그런 이유에서이다. 그것이 무엇이든 상관없지만, 반드시 무엇이든 되어야 한다.

타호 호숫가에 별장을 사고자 했던 나의 목표로 돌아가보자. 5년 내에 그런 별장을 살 만한 현실이 안 된다 해도, 지금 당장 그 목표를 위해 할 수 있는 행동들은 있다. 인터넷을 뒤져서 타호 호수에 대한 자료를 읽어볼 수 있다. 그 지역의 몇몇 부동산업자에게 연락해서 정보를 보내달라고 부탁할 수도 있다. 부동산 광고를 점검하기 위해 타호 신문을 구독할 수도 있다. 만족도를 미리 알아보기 위해 몇 주일 정도 타호의 집을 빌려볼 계획을 세워도 될 것이다.

요점은 '무엇이든 할 수 있다'는 것이다. 그 행동을 48시간 내에 착수하라. 이렇게 구체적이고 즉각적인 행동을 취함으로써, 목표가 더 현실적으로 느껴질 것이고 흥분감도 커질 것이다. 그 흥분감이 궁극적으로 목표를 이루기 위한 에너지를 지속적으로 제공해준다.

규칙 5

도와줄 사람을 찾아라.

여기서 한 가지 부숴뜨려야 할 착각이 있다. '자수성가'한 사람들에 대한 착각이다. 사람들은 흔히 자신이 이룬 성공이나 부에 대해서 말할 때 이런 단어를 사용한다. 돈과 위치를 상속받은 사람들과 차별화를 두기 위해서도 자주 이 단어를 사용한다. 그것이 나쁘다는 것은 아니다. 하지만 혼자 힘으로 성공한 사람은 없다. 다른 사람의 도움없이 커다란 목표를 이룰 수 있는 사람은 아무도 없다. 어떠한 상황에서든지 인간이란 앞으로 전진하기 위해 다른 인간의 도움을 필요로 한다.

그렇다면 당신의 목표를 이루기 위해서도 잠시 멈춰서 생각해보자. 다섯 가지 목표를 이루려면 누구에게 도움을 청해야 할까? 당신과 배우자 둘이서만이 모든 일을 해내야 한다고 생각하지 마라. 당신에게 도움을 주고자 기다리고 있는 사람들이 있다. 당신의 집 바로 안에 살고 있을지도 모른다. 자녀가 있다면, 그 아이들이 당신을 도울 수도 있을 것이다. 기꺼이 협력해주고자 하는 친구들은 또 어떤가? 그 다음으로는 당신이 아는 사람들을 넘어 알아야 할 사람들에 대해서도 생각해볼 수 있다.

사랑하고 신뢰하는 사람들과 그 꿈을 함께 나누는 것도 중요하지만, 모르는 사람들에게 알린다고 해서 나쁠 것은 없다. 디너 파티 도중 옆자리에 앉은 사람이나 강연회 하나가 기막히게 도움의 손길을 내밀어줄지도 모르는 일이다. 당신의 목표를 당신만이 간직한다면, 커다란 기회를 놓쳐버릴 수도 있다.

세미나에 참석했던 한 여성에게도 그런 일이 일어났다. 사회교육 센터에서 일하고 있었는데 사실 진짜 꿈은 애니메이션 아티스트가 되는 것이었다. 내가 설명한 규칙들을 듣고 나서, 그녀는 자신의 목표를 구체적으로 세우고 종이에 적은 다음, 만나는 사람 모두에게 얘기하기 시작했다. 어느 날 파티에서 만난 사람이 그녀에게 그 기회를 열어주었다. 그리고 4주일 후 그녀는 온라인상의 카드를 디자인하는 회사에 취직이 되었다. 이것은 요행이 아니었다. 그녀가 자신의 꿈을 남들에게 알렸기 때문에 가능한 일이었다. 당신도 두려워하지 말고 꿈을 밝히라.

뒷부분에서 우리는 은퇴 계좌와 유언장, 보험, 체계적인 투자 계획, 단 9주일 안에 소득을 올리는 방법 등등에 대해서 살펴보게 될 것이다. 그런 일에도 협력자의 목록이 필요하다. 남에게 도움을 청하는 것은 전혀 잘못된 일이 아니다. 그러므로 다섯 가지 목표를 이루는 데 도움이 될 만한 사람들의 목록을 연습 도표에 꼭 적어놓으라.

목표를 이루기 위해 얼마의 비용이 필요할지 가늠해보라.

당신의 다섯 가지 목표 중에서 돈과 관련되지 않은 것도 있을 테고, 전적으로 돈에 관련된 것들도 있을 수 있다. 어떤 목표는 저축하는 과정이 거의 필요치 않고, 또 어떤 목표는 오랜 시간의 투자가 필요할 수도 있다. 이처럼 각각의 특성을 알아야 하기 때문에, 경제 계획을 세울 때 다섯 가지 목표에 들어갈 비용도 계산해보아야 한다.

당신 자신에게 물어보라. 이 목표에는 얼마의 돈이 필요할까? 매주 혹은 매달 얼마의 돈을 별도로 떼어야 할까?

돈이 있어야 하는 목표인데도 당신이 저축하지 않는다면 그 목표는 이루어지지 않을 것이다. 7단계에서 목표에 따른 투자 형태에 대해서 설명할 테지만, 지금은 연습 도표의 칸에 대략적인 비용을 적어놓기만 하라(당장 숫자가 떠오르지 않는다 해도 걱정하지 마라. 나중에 채울 수 있다).

이 칸을 채워가다 보면 거의 돈이 들지 않는 목표도 발견할 수 있을지 모른다. 돈이 필요치 않다면 당장 그 목표에 착수할 수 있다. 반면에 어떤 목표에 대해서는 너무 액수가 커서 종이에 적는 것조차 부담스러워진다. 그 목표를 포기하라고 말하지는 않겠다. 다만 그것이 다시 생각해봐야 할 신호일 수는 있다. 언뜻 보기에 엄청난 돈이 들어갈 것 같은 목표 중에서도, 자세히 살펴보면 더 값싼 해결책이 생기기도 한다. 예를 들어, 해변가의 집을 갖고 싶은데 너무 비싸서 복권에 당첨되지 않는 한 그걸 살 수 없을 것 같다고 가정해보자. 굳이 사지 않고도 매년 몇 주일씩 그런 집을 빌린다면 비용은 훨씬 줄어든다. 또한 이것이 궁극적인 목표를 향하는 첫걸음이 될 수도 있다.

여러 목표들에 들어갈 비용을 산출해보는 것에는 두 가지 유익한 점이 있다. 첫째로 당신의 목표들이 얼마나 현실적인지(혹은 비현실적인지) 알 수 있다. 둘째로 필요한 돈을 모으기 위해 체계적인 저축과 투자를 시작할 수 있다.

당신의 목표가 부부 공동의 가치와 부합되는지 확인하라.

당신의 목표는 당신과 배우자 양쪽이 다 원하는 것이어야 한다. 나는 아까 타호에 별장을 갖고 싶다고 했었다. 그것은 내가 열여덟 살 때 거기서 여름을 보내고 난 후부터 쭉 간직해왔던 소망이었다. 하지만 결혼한 이상, 나 혼자만의 목표를 세울 수는 없다. '우리'의 목표를 세워야 한다. 내가 간절히 원하는 일이라고 해서 미셸 또한 그 일을 원한다는 보장은 없다(그 반대도 적용된다).

미셸과 나에게는 아직 아이가 없기 때문에 부모가 되기 전에 여행을 자주 다니자고 얘기하곤 했다. 그 결과가 어떻게 되었을까? 다른 부부들과 마찬가지로 여행에 대해서 얘기만 했을 뿐 실천에 옮기지는 못했다. 우리는 각자 너무 바쁘게 일하느라 근 2년간 단 두 주일의 휴가밖에 내지 못했다. 최근에 우리의 다섯 가지 목표를 의논했을 때 미셸이 문제점을 제기했다. "우리는 점점 나이가 들어가고 있다. 여행을 하고 싶다면 빠른 시일 내에 해야 할 것이다."

그렇다면 3년 내에 별장을 사겠다는 나의 목표는 이치에 맞지 않는다. 미셸과 함께 상의한 결과 그 꿈은 좀더 미뤄야 한다는 쪽으로 결정이 되었다. 지금으로서는 여행하겠다는 꿈에 초점을 맞춰야 하기 때문이다.

많은 부부들이 서로의 꿈을 얘기하거나 목표를 함께 세우지 않는다는 현실을 볼 때 나는 항상 놀라움을 금치 못한다. 가장 진실한 꿈과 생각들을 함께하지 못한다면 같이 사는 것이 무슨 의미일까? 물론 서로에게 협조적이지 않은 부부도 있고 서로의 꿈과 목표가 너무 달라서 합의를 보지 못하는 부부도 있다. 당신이 그런 경우라면 그것은 이 책에서 해결하지 못할 문제이다. 하지만 다행스럽게도, 배우자의 비협조를 하소연하는 사람들 중 대부분은 사실 그런 상황이 아니었다. 그들이 배우자를 충분히 믿어주지 않았을 뿐이었다.

그러므로 다섯 가지 목표를 혼자만의 생각에 묻어두지 마라. 배우자에게 얘기하라. 자녀가 있다면 그들에게도 당신의 꿈을 얘기해주라. 그들의 소중한 가치에 대해서 물어보고, 가족으로서 함께 이루고 싶은 다섯 가지 목표를 작성하라. 함께 계획을 세우는 과정에서 가족이 더 끈끈하게 연결될 수 있다. 목표와 가치와 꿈을 함께 의논함으로써, 미셸과 나도 우리의 미래를 만들어가기 시작했다. 당신도 가족과 같이 미래를 만들어볼 수 있을 것이다.

이제 요령에 대해서는 충분히 말했다. 지금부터는 실제 목표를 세워보기로 하자.

### 함께 만든 목표를 축하하자

목적에 맞는 경제 계획 연습 도표를 이용해서 당신이 앞으로 열두 달 내에 이루고 싶은 다섯 가지 목표들을 생각해보자. 당신에게 의미 있는 목표를 명확하게 세워야 한다. 카드 빚을 청산한다거나 융자금을 갚는 등의 목표를 예로 들 수 있을 것이다. 273쪽의 부록 4에 두 개의 연습 도표가 첨부되어 있다. 하나는 당신의 배우자에게 주고 다른 하나는 부부가 함께 작성해보라.

당신이 그 공백을 채우는 동안 당신의 배우자도 도표를 작성하고 있어야 한다. 그 일이 다 끝나면 함께 앉아서 세 번째 도표에 부부 공동의 목표를 적어보자.

명확한 질문을 사용하는 것이 바람직하다. 나는 세미나에서도 다음과 같은 식으로 질문한다.

> "지금부터 열두 달 후에 당신이 명백한 경제적 진전을
> 이루었다고 느끼려면, 어떤 구체적인 일들을 성취해야 할까요?"

다음 단계로 넘어가기 전에, 여기까지 읽어온 분들에게 축하를 전하고 싶다 (도표도 다 만들었다면 더욱 축하할 일이다). 흔히 투자서를 읽는 사람들은 '사실'로만 달려가고 싶어한다. 어떤 투자를 할까, 어떤 뮤추얼 펀드를 사야 할까, 보험은 제대로 선택한 걸까 등등.

이런 것들도 모두 중요하지만, 이 책에는 투자보다 더 많은 내용을 실어놓았다. 인생의 계획에 대한 것들이다. 지난 두 단계를 거치는 동안 당신이 인생에 대해서 보다 깊이 생각했기를 바란다.

이 계획의 목표는 다음 열두 달간 에너지를 집중시켜나갈 일에 대해서 적는 것이다. 아래의 여섯 단계를 명심한 후에 다음 쪽의 도표를 채워보라.

1_ 당신의 가장 중요한 다섯 가지 가치를 적어라. 3단계에서 가치의 고리를 이미 만들어두었다면 그것을 써넣자. 행동이나 소유가 아닌 가치여야 한다는 점을 기억하라.

2_ 다섯 가지 가치들을 바탕으로 당신이 하고자 하는 일을 명확하게 적으라. 그것이 곧 다음 열두 달 동안 해야 할 다섯 가지 목표가 될 것이다.

3_ 이제는 그 목표들을 명확하고 의미있는 것으로 만들어야 한다. 구체적이고 상세할수록 좋다.

4_ 네 번째 칸에는, '실천 계획'을 적어야 한다. 목표로 나아가기 위해 48시간 내에 할 수 있는 행동은 무엇인가? '모르겠다'는 대답은 적당치 않다. 48시간 내에 어떤 일을 시도해볼 것인지 결정하라.

5_ 누구에게 도움을 청할 것인가? 이것도 명확하게 적어라. 당신의 목표가 진정으로 추구할 가치가 있는 것이라면 도와줄 사람이 필요하다. 목표를 이루는 데 도움을 줄 수 있는 사람을 이 칸에 써넣으라.

6_ 언제 시작할 것인가? 언제 마감할 것인가? 이것을 결정하라.

# 목적에 맞는 경제 계획표

| 다섯 가지<br>소중한 가치 | 다섯 가지<br>경제적 목표 | 구체적이고<br>상세하게 만들자 | 48시간 계획<br>48시간 내에 어떤<br>행동에 착수할까? | 협력자 선정<br>나의 목표를 누구에게<br>말할까? | 시작과 마감 시간<br>언제 시작할까?<br>언제까지 할까? |
|---|---|---|---|---|---|
| 예: 경제적 안정 | 2004년 내에<br>자산 10% 증가 | 퇴직 적립금을 6%<br>에서 12%로 늘린다 | 금요일까지 담당자<br>에게 변경 사항을<br>연락한다. | 피터(금융 상담자)에게<br>전화, 퇴직금 투자<br>선택권 검토 | 시작: 내일 2003.12.<br>15. 마감: 금요일<br>2003. 12. 19. |
|  |  |  |  |  |  |
|  |  |  |  |  |  |
|  |  |  |  |  |  |
|  |  |  |  |  |  |
|  |  |  |  |  |  |

# 4 | 카페라테 한 잔의 유혹에서 벗어나자

현실적으로 미국의 모든 사람들은 부자가 될 수 있을 만큼
의 충분한 돈을 벌고 있다. 그런데 왜 모두 부자가 되지 못하는 걸까? '이 책
에서 기억해야 할 것을 한 가지만 택하라고 한다면 바로 이 문장이 될 것이다.
문제는 우리의 소득이 아니라 소비에 있다.'

대개의 사람들이 힘들게 번 돈으로 무엇을 할까? 바로 낭비이다. 그들은
'사소한 것'에 매일매일 너무 많은 돈을 허비하고 있다. 소위 '사소한 것'이
라고 불리는 돈들이 어마어마하게 커다란 액수로 불어날 수 있는데 말이다.

이번 4단계에서는 소득이 있다면 어떤 사람이든 부자가 될 수 있는 법을 배
워볼 것이다. 또한 당신의 돈이 지닌 힘과 힘들게 번 돈의 중요성을 이해하게
될 것이다.

우리 중 대부분은 소비 행태에 대해 별로 생각지 않는다. 생각한다 해도 큰
액수에만 신경을 쓴다. 지갑에서 알게 모르게 빠져나가는 작고도 지속적인 비
용에 대해서는 무시해버린다. 우리가 그 돈을 벌기 위해 어떻게 노력했는지

생각지 않는다. 그 돈을 투자한다면 어느 만큼의 부를 이룰 수 있는지에 대해서도 깨닫지 못한다.

내가 부부의 카페라테 계수라고 부르는 개념을 이해한다면 당신의 그러한 생각들이 바뀔 것이다. 당신은 그 돈을 벌기 위해 힘들게 노력했다. 그러니 당신의 돈도 당신을 위해서 열심히 노력해주어야 한다!

### 작고 사소한 비용부터 관리하라

당신에게는 소비적인 문제가 없다고 생각하는가? 만약에 그렇다면 당신의 친구나 이웃에게라도 소비의 문제가 있을 것이다. 현재 미국 국민들이 진 빚을 다 합하면 1조 3천억 원 이상에 이른다고 한다. 1년에 백만 명 이상의 사람들이 파산 신고를 한다.

그렇게 많은 사람들이 파산하는 이유는 어렵지 않게 짐작할 수 있다. 요즘은 세상이 좋아 값을 지불하지 않고서도 무언가를 살 수가 있다. 최소한 한참 후까지는 돈을 내지 않아도 된다. 만약 가구를 다 새것으로 바꾸고자 마음만 먹으면 가구점의 그 상냥한 사람들은 18개월 동안 청구서를 보내지 않을 것이다. 자동차를 사거나 보트를 구입한다 해도 마찬가지이다. 아무런 문제가 없다. 자동차 전시장에 가서 미소 한 번만 지으면 윤기가 자르르 흐르는 새 BMW나 메르세데스를 할부로 구입할 수 있다.

집 한 채라도 돈 없이 구입할 수 있다. 기꺼이 융자를 해주는 은행들이 있고 거기서 카드 사용액을 메꿀 수 있도록 추가 현금까지 빌려준다(이런 자금의 이자율은 대단히 높다).

이러한 기회들이 — 이 모든 유혹들이 — 사방에 널려 있는데 누군들 무너지지 않겠는가? 우리는 열심히 일하고 있다. 세상은 고달픈 곳이다. 근사한 것 하나쯤 가질 자격이 있다. 지금 당장 가질 자격도 있다! 저축 같은 건 잊어버리자. 오늘 그 물건을 나에게 선물하자. 신용카드를 사용하면 마일리지 포인트까지 더해주지 않는가. 이번 달에 신용카드사에서 특별 행사를 한다던데 조금 더 써볼까?

내 말이 어리석은 헛소리라고 생각되는가? 그 말도 맞다. 바보 같은 말이다. 하지만 왠지 익숙하게 들리지 않는가? 당신도 이런 사람들을 알고 있지 않은가? 그런 사람이 혹시 아주 가까운 곳에 있지 않은가?

물론 모든 사람이 그 정도로 심각하지는 않다. 모두가 2년마다 새 BMW를 장만하는 것은 아니다. 당신도 아마 그 정도는 아닐 것이다. 하지만 그런 이유로 당신의 등을 자랑스레 두들겨줄 수 있을까?

너무나 자주, 커다란 일들에 조심하며 신경쓰다가 작은 일쯤은 상관없다고 느껴질 때가 있다. 인정하고 싶지 않겠지만 그것이 사실이다. 자신에게 이렇게 말하곤 할 것이다. "난 돈을 낭비하는 편이 아니야. 하지만 적어도 아침에 커피 한 잔과 베이글 하나쯤은 사먹을 수 있어야겠지. 적어도 오늘 밤에 비디오 몇 편 빌리고 피자 한 판은 사먹을 수 있어. 여기서 5달러 저기서 5달러쯤은 별것도 아니야, 그렇지?"

그런데 그것이 별것이 될 수도 있다. 여기저기 가볍게 쓰는 5달러가 제대로 투자된다면 백만 달러가 될 수 있다.

흥미가 생기는가? 내 말은 절대로 과장이 아니다. 그 5달러를 저축하는 것이 커다란 결과를 가져오는 확실하고도 간단한 방법이다. 이것이 바로 카페라테적인 요소이다.

## 부부의 카페라테적인 요소

카페라테적 요소란 무엇일까? 내가 세미나를 진행하던 도중, 어떤 부부가 은퇴 자금으로 하루에 5 ~ 10달러를 저축할 형편이 아니라고 말했을 때 생겨난 개념이다. 우리의 대화를 읽어가다 보면 이 부부에게 부자가 될 만큼의 충분한 소득이 있다는 점을 알게 될 것이다. 이 장의 초반부에 말했다시피 문제는 소득이 아니라 소비에 있었다.

내가 3일간의 강좌를 열었을 때 일어난 일이다. 짐이라는 남자가 마지막 3일째 되는 날 자리에서 일어나더니 단 몇 마디 말로 나의 9시간 강좌를 허무하게 만들어버릴 뻔했다.

짐은 30대 중반이었고 그의 아내 수지와 같이 수업에 참가했다. 그의 말은 이랬다.

"데이브, 당신의 수업은 훌륭했어요. 이야기도 재미있었고 퇴직 자금을 모아야 한다는 생각도 일리 있어요. 하지만 현실적으로는 그게 가능하지가 않아요. 당신은 하루에 5달러나 10달러쯤 모으는 게 별것 아닌 것처럼 말하지만 현실적으로 우리는 하루에 단 10달러도 저축할 여유가 없습니다. 대부분의 사람들이 월급으로도 한 달을 빠듯하게 살아요. 우리는 파산하기 직전이에요."

나는 완전히 낙심한 채 그를 바라보았다. 자산 관리자로서의 머리가 회전하기 시작했다. '설마, 농담이겠지. 누구든 하루에 10달러쯤은 모을 수 있어.'

하지만 강연장을 둘러보았을 때 많은 사람들이 짐의 말에 동의하듯이 고개를 끄덕이고 있는 것을 알았다. 그들 또한 하루에 10달러를 저금할 방법이 없다고 생각하는 것이었다.

내가 틀렸을까? 하루에 은퇴 자금으로 10달러씩 저축하는 것이 그렇게도 비합리적인 일일까? 그 점을 알아낼 수 있는 방법은 한 가지뿐이었다. 나는 짐에게 시선을 돌려 어떤 하루를 보내며 어떻게 돈을 쓰는지 말해달라고 부탁했다.

"아침부터 시작하기로 하지요."

내가 말했다.

"출근하기 전에 커피를 드십니까?"

짐이 어려운 질문이라도 받은 것처럼 불안하게 주위를 둘러보고 나서 대답했다.

"네."

"어디서 드시나요? 집인가요, 아니면 직장인가요?"

짐이 자리에 앉으며 옆에 앉은 아내를 흘끗 바라보았다.

"아내와 같이 회사에 가는 도중에 잠깐 마십니다."

"두 분 다 출근하는 도중에 마신다고요? 근사한 데 들르시나요?"

짐이 대답하기 전에 수지가 입을 열었다.

"당연히 아니죠. 우리는 스타벅스에 가요!"

사람들이 웃음을 터뜨렸다.

"좋습니다. 근사한 데가 아니라 그냥 스타벅스로군요. 거기서 무얼 드시나요?"

그들은 둘 다 우유 섞은 카페라테를 마신다고 했다.

"그럼 매일 아침 그 커피 한 잔에 얼마의 돈을 내십니까?"

수지가 카페라테 두 잔을 합쳐서 6달러라고 대답했다.

"커피 이외에 드시는 것이 있나요?"

내가 물었다.

"보통은 베이글이나 머핀을 같이 먹어요."

"그 가격은 얼마죠?"

"머핀이 1.75달러니까, 둘이 합하면 3.5달러예요."

"그 후에 신문도 사 보시나요?"

수지가 고개를 끄덕였다.

이제 내가 합산을 했다.

"모든 가격을 더해보겠습니다. 카페라테 두 잔에 6달러, 머핀 두 개에 3.5달러, 나머지 50센트는 신문을 산다고 칩시다. 두 분은 직장에 도착하기도 전에 이미 10달러를 쓰셨군요."

그 후로 몇 분간 우리는 짐과 수지가 나머지 하루 동안 사용하는 돈의 흐름도 살펴보았다. 내가 그 각각의 비용을 화이트보드에 적었다. 그들의 사용 내역은 다음과 같다.

---

**짐**

카페라테 큰 것으로 한 잔 : 3.5달러

저지방 머핀 : 1.75달러

신문 : 50센트

점심식사 전에 초콜릿 바와 콜라 한 잔 : 2달러

점심식사(보통 부리토[밀가루로 만든 토티아 안에 고기, 콩, 치즈 등의 속재료를 넣은 음식], 감자튀김, 콜라 한 잔) : 8달러

주차료 : 하루에 10달러

아이들을 위해 비디오 두 편 대여 : 7.5달러

---

* 짐과 수지는 미국에 사는 평범한 맞벌이 부부의 사례를 잘 보여주고 있다. 하지만 미국과 문화가 다르고 물가 수준도 낮은 우리 나라의 맞벌이 부부에게 똑같이 대응시키기에는 무리가 있다. 최근 통계청이 조사한 2003년 3/4분기 도시근로자가구의 월평균 소비지출은 195만원으로 하루에 6만 5천원 정도 지출하는 것으로 나타났다.

비용을 다 더하자 총 85.75달러가 나왔다. 부가세까지 고려하면 짐과 수지는 하루에 90달러 이상을 쓰는 셈이었다.  모두가 작고 사소하다는 품목으로!

그즈음 강연장의 나머지 사람들은 그들을 엄청난 향락주의자라도 되는 듯이 바라보았다. 하지만 그 당시 스타벅스의 커피잔을 손에 들고 있었던 사람이 최소한 여섯 명이었다. 그것을 홀짝이면서 그들 또한 웃고 있었다.

여기서 말하는 핵심은 커피를 마시지 말라거나 스타벅스 같은 곳에 드나들지 말라는 것이 아니다. 나도 개인적으로 스타벅스에 자주 간다. 문제는 돈 한 푼 저금할 여유가 없다고 생각했던 부부가 사치스러운 품목에 90달러 이상을 소비한다는 것이었다.

물론 내가 이런 말을 했을 때 짐과 수지는 발끈 화를 냈다.

"그게 무슨 뜻이죠, 사치스럽다니요? 언제부터 모닝 커피와 점심식사가 사치로 둔갑했습니까?"

"진정하세요."

내가 대답했다.

"두 분더러 아무것도 먹지 말라는 것이 아닙니다. 다만 커피를 마시고 머핀을 사는 대신 집에서 사과를 먹는다면 어떻게 될까요? 스타벅스에는 10달러를 낼 필요 없이 하루에 50센트 정도로 충분하겠지요. 1주일에 몇 번쯤 회사에 도시락을 가져가는 것도 고려해볼 수 있을 겁니다. 밤마다 비디오를 빌려 보는 것도 이틀에 한 번으로 줄이면 어떨까요? 그리고 비디오를 빌렸으면 최소한 제시간에 반납을 해야겠지요."

짐은 나에게 주먹을 날려야 할지 고맙다고 말해야 할지 고민하는 사람처럼 복잡한 표정으로 날 쳐다보았다.

내가 계속 말을 이었다.

"저는 두 분의 생활 패턴을 비난하는 게 아닙니다. 두 분이 돈 관리에 좀더 엄격해진다면 하루에 10달러 정도는 소비 대신 저축으로 돌릴 수 있다는 점을 말하는 겁니다."

마침내 그 두 사람이 나의 의견을 수긍한 것은 하루 10달러가 어느 만큼 불어날 수 있는지를 내가 계산해주었을 때였다. 하루 10달러 저축이(주말은 제외) 한 달이면 대략 200달러로 합산된다. 1년이면 2,400달러가 된다. 짐과 수지가 (두 사람 모두 30대 중반이었다) 그 돈을 연수익 12%의 퇴직금 계좌에 넣는다면 65세 때쯤 그들은 230만 달러의 목돈을 쥘 수 있었다!

내가 그 숫자를 칠판에 적어놓자 짐과 수지는 날 쳐다보다가 다시 서로를 마주 보았다. 마침내 수지가 입을 열었다.

"데이브, 우리의 카페라테 한 잔이 2백만 달러가 될 수 있다는 말인가요?"

사람들이 웃어젖혔지만 수지의 말은 정확히 맞았다.

### 카페라테를 마시도록 유혹하는 사회

많은 사람들이 카페라테에 자신의 미래를 써버리는 데에는 그만한 이유가 있다. 그것이 너무나 쉽기 때문이다. 어느 도시를 보아도 패스트푸드점이나 주스 가게나 커피 전문점을 지나치지 않고서는 두 블록 이상 가기가 힘들다. 정기적으로 그 중 한 곳에만 들러도 하루에 5달러를 소비하기란 쉬운 일이다. 퇴근 후에 술집에 들러 칵테일 한 잔이라도 마시면 금세 하루에 10달러가 소비된다.

돈을 쓰기는 참으로 쉽다. 작은 일에 써버리기가 더더욱 쉽다. 이것이 카페라테적인 요소이다. 우리가 작은 일에 소비하는 돈. 그런데 그 적은 돈이 적은 돈으로만 끝나지 않는다는 것이 문제이다. 그 적은 돈이 합해졌을 때가 문제이다. 당신이 모르는 사이에, 당신은 백만 달러를 소비하고 있는 것이다.

### 일주일만 가계부를 작성해보라

이 내용을 염두에 두고서 내가 제안하는 훈련을 시행해보라. 내일부터 시작해서 7일 동안 쓰는 비용을 종이에 적어보라. 복잡할 것 없다. 큰 액수이든 작은 액수이든 당신이 쓰는 경비를 간단하게 적어놓기만 하면 된다.

이 훈련으로 효과를 얻기 위해서는 나에게 ― 그리고 당신 자신에게 ― 두 가지 약속을 해야 한다.

1_ 일주일 동안 쓰는 돈을 빠짐없이 기록하겠다
2_ 특별한 기간이라는 부담감에 소비 습관을 바꾸지는 않겠다. 평소 늘 하던 대로 소비하겠다

내가 굳이 7일간만 해보라고 제안하는 이유는 1주일 정도가 당신의 소비 방식을 규명하기에 충분한 시간이기 때문이다. 또한 이를 적는 데 지루해지지도 않을 만큼의 기간이기 때문이다.

일주일이 지난 후에 당신의 배우자와 같이 앉아서 그 내용들을 검토해보라. 습관적인 소비 패턴에서 줄일 수 있는 부분들을 유심히 살펴보자. 하지만 당신의 비용부터 자발적으로 삭감해가야 할 것이다. 배우자의 비용부터 삭감하려 들면 곤란하다. 식초보다 꿀이 더 효과적이라는 명언을 여기서도 기억해야 한다!

## 세상에서 가장 멍청한 아이디어

7일간 가계부를 쓰는 행동도 너무나 간단하다는 이유로 자칫 무시해버리기가 쉽다. 하지만 절대 그러지 마라. 우선 다음의 이야기를 들어보기 바란다.

얼마 전에 나는 수백만 명의 청취자를 자랑하는 한 라디오 프로그램에 초대받았다. 대화를 나누던 도중, 그 프로그램의 진행자가 7일간의 가계부 아이디어를 자신이 들어본 중에서 제일 멍청한 아이디어라고 비난했다. 그는 도저히 믿을 수 없다는 표정이었다.

"데이브, 7일 동안 가계부만 쓰면 우리의 경제 인생이 바뀔 수 있다는 겁니까? 맙소사, 정말 바보 같은 말이로군요."

"그런가요?"

내가 대답했다.

"당신이 한번 시도해보시지요. 1주일 후에도 그게 바보 같다고 생각되면 내가 백 달러를 드리겠습니다."

1주일 후에 그에게서 전화가 왔다. 불행히도 이 대화가 방송으로 나가지는 못했지만 내용인즉슨 이러했다.

"너무나 당황스럽지만 당신 말이 맞았어요. 1주일 동안 내가 쓴 돈을 써보고 나니까 정말 기가 막히더군요."

"왜죠?"

"지난 한 주일 동안 나는 먹는 데만 500달러를 썼습니다."(어떻게 1주일 만에 먹는 데 500달러나 쓸 수 있느냐고 의아해하시는 분들이 많을 텐데, 이 라디오 진행자가 사는 맨해튼에서는 충분히 가능한 일이다.)

어쨌든 그는 계산을 해보니 1주일의 500달러가 한 달이면 2,000달러가 되더라고 했다. 다시 말하면 1년에 2만 4,000달러가 식사 값으로 소비된다는 뜻이었다! 그리고 그는 방송국에서 제공하는 401(k)* 이나 자사주 배당 프로그램에도 참여하지 않고 있었다. 이유는 10만 달러 이상을 벌면서도 항상 돈이 부족하다고 느꼈기 때문이었다!

가계부의 결과를 보고 문제점을 깨닫게 되자, 그는 1주일에 6일 외식하던 것을 3일로 줄였고 401(k) 연금 서류에도 서명을 했다.

당신도 이 이야기로 분명히 깨달았을 것이다. 간단한 아이디어라고 해서 무시하지 말아야 한다는 것을. 한번 시도해보라. 당신이 매일 얼마의 돈을 낭비하고 있을까? 매주에 얼마, 한 달에는 얼마가 낭비되고 있을까? 배우자가 쓰는 돈까지 합하면 또 얼마나 낭비될까?

몇 분간만 시간을 내서 여기에 대해 생각해보라. 이 개념이 매우 중요한 이

---

*401(k) : 확정갹출형 기업 연금의 일종. 소득세를 공제받은 상태로 급여를 저축한 다음 은퇴 후에 낮은 이율을 내고 이를 인출하는 저축 제도이다.

유는 당신이 퇴직금 계좌에 하루에 10달러씩 더 부을 수 있다면 '복리 이자의
마술'로 이득을 볼 수 있기 때문이다.


### 마술 같은 복리 이자의 위력

20세기 최고의 물리학자 A. 아인슈타인에게 누군가가 질문을 던졌다.
"가장 놀랍게 느꼈던 현상은 무엇인가요?"

그는 복리이자의 위력이라고 대답했다. 그걸 바라보는 것만으로도 '마술'
같으며 실제로 경험하면 더더욱 경이롭다고 말했다.

아인슈타인의 말은 농담이 아니었다. 복리 이자의 마술이 간단하면서도 놀
랍게 인생을 변화시킨다. 다음의 글귀처럼.


시간이 지나면서 돈이 불어난다.
더 많은 시간이 흐르면 돈은 더욱 극적으로 불어난다!


내 말이 믿어지지 않는다면, 127쪽에 그려진 도표로 확인해보라. 그것을 보
면서 당신 부부의 카페라테 요소를 찾아내보라. 지금쯤은 당신이 하루에 5달
러에서 10달러 정도 저축할 방법을 찾아냈으리라 믿는다. 이 '적은' 저축의
양이 당신의 미래를 어느 정도로 바꿔줄 수 있을지 알아보자. 투자 방법에 대
해서는 걱정하지 말고(나중에 알게 될 것이다), 단지 매달 '체계적으로' 저축한
돈이 어떤 결과를 가져오는지만을 살펴보라.

(단위 : 천원)

| 월 투자액 | 나이 | 65세까지의 투자 총액 | 수익률 4% | 수익률 7% | 수익률 9% | 수익률 12% |
|---|---|---|---|---|---|---|
| 100 | 25 | 48,000 | 118,590 | 264,012 | 471,643 | 1,188,242 |
|  | 30 | 42,000 | 91,678 | 181,156 | 296,385 | 649,527 |
|  | 40 | 30,000 | 51,584 | 81,480 | 112,953 | 189,764 |
|  | 50 | 18,000 | 24,691 | 31,881 | 38,124 | 50,458 |
| 150 | 25 | 72,000 | 177,294 | 393,722 | 702,198 | 1,764,716 |
|  | 30 | 63,000 | 137,060 | 270,158 | 441,268 | 964,644 |
|  | 40 | 45,000 | 77,119 | 121,511 | 168,168 | 281,827 |
|  | 50 | 27,000 | 36,914 | 47,544 | 56,761 | 74,937 |
| 200 | 25 | 96,000 | 237,180 | 528,025 | 943,286 | 2,376,484 |
|  | 30 | 84,000 | 183,355 | 362,312 | 592,770 | 1,299,054 |
|  | 40 | 60,000 | 103,169 | 162,959 | 225,906 | 379,527 |
|  | 50 | 36,000 | 49,382 | 63,762 | 76,249 | 100,915 |

이제는 다른 식으로 생각해보자. 당신이 연금 계좌에 이 돈을 집어넣으면 어떻게 될까? 다음 차트를 살펴보라. 이 차트대로 되기 위해서는 하루에 단 5,500원만 저축하면 된다! 별로 어려운 일이 아니다. 당신이 실행하기만 한다면!

(단위 : 천원)

| 빌리<br>14세에 투자 (연수익 10%) | | | | 수잔<br>19세에 투자 (연수익 10%) | | | | 킴<br>27세에 투자 (연수익 10%) | | |
|---|---|---|---|---|---|---|---|---|---|---|
| 나이 | 투자액 | 총가치 | | 나이 | 투자액 | 총가치 | | 나이 | 투자액 | 총가치 |
| 14 | 2,000 | 2,200 | 차 | 19 | 2,000 | 2,200 | 차 | 27 | 2,000 | 2,200 |
| 15 | 2,000 | 4,620 | 이 | 20 | 2,000 | 4,620 | 이 | 28 | 2,000 | 4,620 |
| 20 | 0 | 16,252 | 를 | 25 | 2,000 | 20,871 | 를 | 29 | 2,000 | 7,282 |
| 25 | 0 | 26,174 | | 30 | 0 | 36,834 | | 30 | 2,000 | 10,210 |
| 30 | 0 | 42,153 | 보 | 35 | 0 | 59,322 | 보 | 35 | 2,000 | 29,874 |
| 35 | 0 | 67,888 | | 40 | 0 | 95,540 | | 40 | 2,000 | 61,544 |
| 40 | 0 | 109,334 | 라 | 45 | 0 | 153,868 | 라 | 45 | 2,000 | 112,550 |
| 45 | 0 | 176,083 | | 50 | 0 | 247,806 | | 50 | 2,000 | 194,694 |
| 50 | 0 | 283,358 | | 55 | 0 | 399,094 | | 55 | 2,000 | 326,988 |
| 55 | 0 | 456,715 | | 60 | 0 | 642,745 | | 60 | 2,000 | 540,048 |
| 60 | 0 | 735,543 | | 65 | 0 | 1,035,148 | | 65 | 2,000 | 883,185 |
| 65 | 0 | 1,184,600 | | | | | | | | |

총투자액= 1,000만원

투자액 제외 소득= 11억 7,460만원

빌리의 소득 11억 7,460만원

총투자액= 1,600만원

투자액 제외 소득= 10억 1,915만원

수잔의 소득 10억 1,915만원

총투자액= 7,800만원

투자액 제외 소득= 8억 518만원

킴의 소득 8억 518만원

**빌리가 킴보다 6,800만원 적게 투자했고 3억 6,942만원 더 벌었다!**

**일찍 투자를 시작하라!**

이젠 의욕이 생기는가? 충분한 자극이 되었는가? 이 차트를 복사해서 친구들에게 보여주어도 좋다. 좀더 젊었을 때 누군가 이런 것을 보여줬다면 얼마나 좋았을까. 나는 열여섯에 돈을 벌기 시작했지만, 스물네 살까지 은퇴 계좌를 만들지 않았었다.

### 의욕이 생긴 것을 축하하라

진심으로 의욕이 생겼다면, 다음 장으로 넘어가보자(5단계). 이제부터는 카페라테적인 요소의 돈이 어디로 가야 할지 알아볼 것이다. 돈을 덜 쓰고 저축하는 것만으로는 충분하지 않기 때문에 저축으로 생성된 자금을 어떻게 해야 할지 알아야 한다. 5단계에서는 부자가 되기 위한 두 가지 개념을 논해볼 것이다. 첫 번째는 '자신에게 먼저 지불하라' 는 말의 위력이며, 두 번째로는 이 돈이 실제로 가야 할 곳, 특히 납세가 연기되는 퇴직금 계좌에 대한 것이다. 카페라테적 요소와 5단계의 힘을 결합시키면 당신은 막힘없이 전진할 수 있다. 계속 가라. 잘하고 있다!

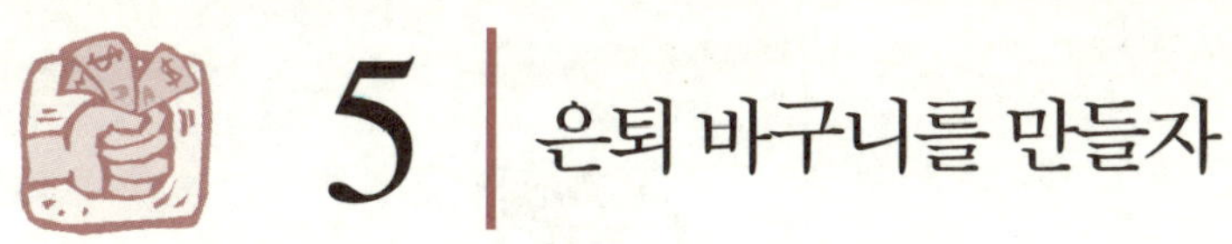

5
은퇴 바구니를 만들자

Balance
7,708.78
7,765.42
Money in
8,465.42
56.64
8,465.42

지금쯤 당신이 미래를 위해 돈을 따로 챙길 수 있다는 점을 깨달았으리라 믿는다. 이제는 그 생각을 넘어서 행동으로 옮길 시간이다. 전에도 말한 바와 같이, 이 책은 긍정적인 사고에 대해서가 아니라 긍정적인 행동에 대한 것이다. 부자가 되는 방법을 생각하는 것만으로는 아무것도 되지 않는다. 부자가 되는 방법을 실천으로 옮겨야 한다.

나의 할머니는 한 바구니에 모든 계란을 담지 말라고 늘 말씀하셨다. 그 말이 옳다. 당신도 당신의 계란들을 세 개의 바구니에 나눠 담아야 한다. 은퇴 바구니, 안전 바구니, 꿈의 바구니가 바로 그것이다. 은퇴 바구니는 당신의 미래를 안전하게 해준다. 안전 바구니는 당신과 당신의 가족을 예기치 못한 상황으로부터 보호해준다(심각한 질병이나 사랑하는 사람의 죽음, 직업의 상실 등). 그리고 꿈의 바구니는 당신의 인생을 가치있게 만들어줄 소망을 채워줄 수 있다. 이 세 개의 바구니를 적절히 채운다면, 풍요롭고 안정된 경제 인생을 만들어갈 수 있다.

우리가 제일 먼저 얘기할 바구니는 은퇴 바구니다. 특별히 5단계에서는 10 억의 은퇴 자금을 비축하기 위한 행동 방법을 알아볼 것이다. 당신네 부부에게 적정한 액수가 얼마이든간에, 우리의 목표는 똑같다. 이 장을 통하여 당신의 은퇴 바구니를 채워가는 방법을 알아내는 것이다.

### 노후생활에 필요한 자금규모는 얼마일까?

은퇴 설계(retirement planning)란 개인이 생산 활동을 마치고 퇴직한 다음에도 인간다운 삶을 계속 누릴 수 있도록 해주는 가계의 경제 계획을 말한다. 흔히 노후생활설계 또는 퇴직설계라 하여 연금제도와 연계하여 생각하고 있다.

한 직장에서 정년 퇴직 때까지 계속 일하는 시대는 지나가고 자의든 타의든 중도에 직장을 그만두는 경우가 일반화되고 있다. 이처럼 정년 퇴직의 가능성이 줄어들고 평생 직장의 개념이 희박해지면서 노후 준비에 대한 필요성은 더욱 높아지고 있다.

특히 IMF 이후 한층 증가하고 있는 조기 퇴직과 평균 수명의 연장으로 인생의 3분의 1 정도를 퇴직 후의 생활로 보내야 하는데, 퇴직 후에도 원하는 생활 수준을 유지하기 위해서는 보다 많은 자금을 준비해야 한다.

통계청 조사에 따르면 우리 나라는 2000년을 기준으로 총인구에서 65세 이상의 고령 인구가 차지하는 비중이 7.2%를 기록함으로써 이미 고령화 사회에 진입했다. 더욱이 고령화가 빠른 속도로 진전될 것으로 보여 2019년에는 고령 사회, 2026년에는 초고령 사회에 도달할 전망이다.

(단위: 천명, %)

| 연도 | 2000<br>(고령화사회) | 2002 | 2010 | 2019<br>(고령사회) | 2026<br>(초고령사회) |
| --- | --- | --- | --- | --- | --- |
| 전체인구 | 47,008 | 47,640 | 49,594 | 50,619 | 50,610 |
| 65세 이상 인구 | 3,395 | 3,772 | 5,302 | 7,034 | 10,113 |
| (구성비) | 7.2 | 7.9 | 10.7 | 14.4 | 20.3 |

＊ 통계청, 「장래인구추계」, 2001

이처럼 사회의 고령화가 급속하게 진전되고 있는 것은 20대 미혼율의 상승에 따라 출산율이 하락하였고 의학의 발달과 식생활 개선으로 평균 수명이 연장되었기 때문이다. 고령화에 따라 퇴직 후 생활 기간이 늘어났고 이에 못지않게, 연금제도의 취약성과 퇴직금제도의 퇴직 후 생활 준비 기능이 미흡한 상황에서 퇴직 설계의 중요성은 더욱 부각되고 있다.

그러나 언제 퇴직하고 몇 살까지 살 것인지 등 퇴직 후의 생활을 예측하고 계획하는 데는 사실상 어려움이 많다. 물가상승률이나 자금운용수익률을 감안한 노후생활자금 규모를 예측하기란 더욱 어려운 일이다. 따라서 은퇴 설계의 중요성이 더욱 강조되고 있다.

국민연금관리공단은 보건복지부가 매년 발표하는 기초생활비와 통계청이 5년마다 산출하는 가계소비지출비, 연간 물가상승률, 평균 기대수명 등을 근거로 노후에 필요한 생활자금을 추산했다. 이 결과 만 60세인 부부가 평균 기대수명(남자는 77.5세, 여자는 82.2세)까지 살려면 국민기초생활보장 수급자 수준의 기초생활비(월 58만 9,000여 원)와 월 50만원의 여유생활비만 써도 총 2억 6,141만원이 필요한 것으로 집계됐다. 또 소비 수준을 좀더 높여 60세 이상 2

인 가구의 평균 소비지출액인 월 96만여 원을 기초생활비로 쓰고 월 100만원의 여유생활비를 쓰려면 총 4억 7,049만원이 필요한 것으로 추산됐다.

여기서 월 여유생활비를 200만원 수준으로 높이면 필요한 자금은 7억 1,049만원으로 늘어난다. 기초생활비는 생계비와 주거비, 의료비, 세금 등 기본적인 생활에 필요한 비용을, 여유생활비는 여행이나 경조사비, 긴급예비자금 등을 포함한 것으로 개인별 소비수준이나 기대에 따라 노후에 필요한 생활자금 규모는 다를 수밖에 없다. 만약 장기 간병비나 자녀교육 또는 결혼자금, 상속을 위한 자금 등까지 고려한다면 노후에 여유 있는 생활을 하기 위해 필요한 자금은 이보다 훨씬 많아진다.


### 은퇴 준비, 언제 어떻게 시작할 것인가?

"늙어서 자식에게 괄시받지 않으려면 돈이 최고야." 대기업 임원으로 근무하다 퇴직한 김정년 씨가 상담실에 들어서면서 이내 불편한 심기를 털어놓기 시작한다. 개발시대의 주역답게 김정년 씨 역시 특별한 준비 없이 저축과 퇴직금을 합쳐 4억원의 목돈을 가지고 은퇴해서 지금은 집 근처 거래은행에서 이자를 받아 생활하고 있다. 그런데 저금리로 이자가 줄어들어 경제적으로 쪼들리고 얼마 전 장남과 딸을 출가시키면서 저축의 일부를 헐어 쓰면서 마음이 편치 않은 모양이다.


아마도 주변에서 심심찮게 볼 수 있는 준비 없는 노후의 모습일 것이다. 더욱이 평균수명은 급속히 늘어나는 데 비해 은퇴 시기는 오륙도에다 사오정도 모자라 이제는 38선까지 위협한다. 이런 상황에서 젊어서부터 노후를 대비하지 않는다면 큰 낭패를 볼 수 있다.

　매달 급여에서 공제되는 국민연금이 있지만 국민연금의 소득대체율은 70% 수준에 훨씬 못 미치고 지급시기도 늦어지는 추세여서 이것만으로는 안락한 노후 생활을 꾸려나가기 어려운 실정이다. 따라서 직장인의 경우 30대부터는 국민연금과 별도로 노후자금을 마련해나가야 한다.

　연령별로 적합한 금융상품을 활용한다면 '준비된 노후'가 이룰 수 없는 꿈은 아니다.

### 1_ 20~40대는 연금신탁 또는 연금보험을 활용하라

　우리 나라 55세 이상 도시근로자가구의 가구당 월 평균 가계지출은 198만 8천원으로 나타났다. (통계청, 2003년 3/4분기 도시근로자가구의 가계수지동향) 55세에 퇴직한 사람이 80세까지 살 경우 필요한 자금 규모는 4억 2,000만원 (월 생활비 140만원 가정) 이다. 국민연금으로 매달 80만원을 받아 총 2억 4,000만원의 연금을 수령한다고 해도 1억 8,000만원은 별도로 준비해야 한다.

　개인이 노후 자금을 마련하기 위해 가입해야 할 금융상품 1순위는 연금저축이다. 연금저축은 연말정산시 연간 240만원 한도 내에서 소득공제 혜택이 주어지고 연금 수령시 세금우대 혜택도 있어 일석이조의 효과를 거둘 수 있다. 개인의 성향에 따라 안정성과 수익성을 동시에 추구하는 경우에는 은행의 연금신탁, 적극적인 투자로 높은 수익을 기대한다면 투신사의 연금신탁, 불의의 사고나 재해에 대비한 보장 또는 종신연금을 원할 경우에는 보험사의 세제 적격 연금보험이 유리하다.

　은행별로 차이는 있지만 은행권 연금신탁의 수익률은 4~6% 수준으로 잘만

고르면 정기예금 이상의 수익을 거둘 수 있다. 또한 노후대비상품의 가장 중요한 선택기준이 원금보장이라는 점을 감안하면 예금자보호대상인 연금신탁에 가입해두는 게 유리하다.

### 2_ 50~60대는 즉시연금형 상품에 가입하라

이미 50대에 들어서 연금신탁 가입 시기를 놓쳤다면 한꺼번에 목돈을 넣은 다음 매달 원금과 이자를 나누어 받는 방법을 찾아보는 게 좋다. 각 은행에서 판매하는 즉시연금형 신탁 또는 즉시연금형 예금과 보험회사의 일시납 즉시 지급식 연금보험이 대표적인 상품이다.

조흥은행의 즉시연금신탁은 1,000만원 이상 목돈을 넣은 뒤 바로 매달 연금을 받을 수 있도록 설계돼 있으며 신탁상품이면서도 1인당 5,000만원까지 예금자보호를 받는다. 1억원을 예치하고 10년 동안 매달 연금을 받도록 선택하면 첫해는 83만원 마지막 해인 10년차에는 145만원을 받을 수 있다.

기업은행, 하나은행, 신한은행의 연금예금은 500만원 이상이면 가입할 수 있고 가입 금액에 따라 연 4.2% 안팎의 이자와 함께 원금을 나누어 받을 수 있다.

### 3_ 기타 노후대비상품

실버시장의 급성장과 함께 노인들에게 우대금리를 지급하거나 재산을 관리해주는 다양한 금융상품이 판매되고 있다. 국민은행의 생활안정 정기예금은 가입일 현재 근로소득이 없는 만 50세 이상의 세대주로서 5년 이내 퇴직한 거주자가 생계형저축, 세금우대로 가입할 수 있다. 예치기간은 1년이고 1인당

최저 1,000만원 이상 3억원까지 예치할 수 있고 예치 금액 범위 내에서 3회까지 분할인출 가능하다.

이 밖에도 은행들이 판매하는 유언신탁에 가입하면 유언서 작성 및 집행과 관련한 총체적인 서비스를 제공받을 수 있다. 그리고 임대용 부동산 보유자를 대상으로 부동산관리 및 처분 서비스를 제공하는 것은 물론이고 해외 유명 병원과 제휴하여 의료서비스를 제공하는 은행도 있다.


### 은퇴 설계의 7가지 기본 원칙

최근 통계청이 발표한 「생명표」에 의하면 2001년 현재 우리 나라 국민의 평균 수명은 남자는 72.8세, 여자는 80.0세로 평균 76.5세로 나타났다. 이렇게 늘어난 평균 수명으로 퇴직 후의 제2의 인생이 더욱 중요해지고 있다.

근로자들이 은퇴 설계를 시작하는 시기는 개인별로 다르겠지만 한 가지 확실한 것은, 미리 준비하면 그만큼 부담이 적어진다는 사실이다. 즉, 노후 대비에서는 ‘조조익선(早早益善)’의 법칙이 적용된다고 할 수 있다.

흔히 사람들은 퇴직 후의 필요 자금을 과소평가하여 퇴직금 정도면 충분하겠지 하는 막연한 생각을 가지고 있거나, 아니면 자식들이 어느 정도 해결해 주겠지 하는 안일한 생각을 하는 경우가 많다. 그러나 퇴직 후 자신의 경제 생활을 스스로 미리 대비해야 한다는 사실은 정말 중요하다.

일반적으로 퇴직을 대비한 재정 설계를 위해서는 목표 설정, 필요 자금 파악, 예상 급여 산출, 퇴직 후 거주지역 선택, 의료 및 기타 보험 문제 결정 등 5단계를 거치며, 이러한 과정에서 산출된 재무 목표와 예상 급여와의 차이는 각자가 저축(개인연금)을 통해서 준비해야 한다.

일반적으로 은퇴 설계시 지켜야 할 기본 원칙으로는 다음 7가지를 들 수 있다.

### 1_ 20/20 규칙을 지켜라

언제부터 퇴직 설계를 해야 하는가? 이는 매우 중요한 문제이지만 단정적으로 말할 수는 없다. 다만 그 하나의 지침이 바로 20/20 규칙이다. 즉 20년 동안의 퇴직 후 생활을 계획하기 위해서는 최소한 퇴직하기 20년 전부터 자금을 모으기 시작해야 한다는 뜻이다.

퇴직 설계를 일찍 시작하는 만큼 투자에 필요한 돈의 액수가 적어지고 또한 높은 수익률에 대한 부담도 줄어든다. 그러나 은퇴 자금 준비를 뒤로 미루면 미룰수록 동일한 금액의 노후 자금을 마련하기 위해 더 많은 돈을 투자해야 하며 투자에 대해 더 높은 수익률을 필요로 한다. 따라서 퇴직 연령을 감안하면 사회 생활에 첫발을 내딛는 그 순간부터 퇴직 설계를 시작해야 하는 것이다.

### 2_ 인플레이션을 고려하라

퇴직 설계에서 인플레이션을 무시해서는 안 된다. 인플레이션은 퇴직 후 자금의 구매력을 빼앗아가는 요인이기 때문이다. 따라서 이를 적절하게 예상하고 대응하지 못하면 자칫 은퇴 설계를 망칠 수 있다.

### 3_ 금리 변화에 대비하라

모든 자산을 같은 시기에 만기가 되도록 확정 금리 상품이나 유가 증권 등에 투자하는 것은 바람직하지 않다. 다양한 만기를 가진 상품에 기간별로 분산 투자하거나 변동 금리 상품을 활용하는 것이 이자율 변화에 따라 신축적으로 대응할 수 있는 방법이다.

### 4_ 안전하게 투자하라

퇴직 후 자산 운용에서 가장 중요한 것은 안전성이다. 퇴직 후 추가적인 수입이 없는 상황에서 투자 원금에 손실이 발생하면 회복하기가 매우 어렵기 때문이다. 투자의 실패로 인한 손해는 금전적 손실에 그치지 않고 투자자의 건강까지 해칠 수 있다는 점에서 투자의 안전성은 더욱 중요하다.

### 5_ 비상금을 항상 준비하라

퇴직 후에는 본인 또는 배우자의 질병이나 사고 등으로 예기치 않은 위험에 노출될 가능성이 높아진다. 따라서 유동성을 고려하지 않고 자금을 운용하다 보면 재산이 있어도 막상 필요할 때 사용할 수가 없어서 낭패를 보거나 손실을 감수하고서도 찾아 써야 하는 상황이 올 수도 있다. 전문가들은 최소한 3~6개월 이상의 생활비에 해당하는 여유 자금을 즉시 인출이 가능한 상품에 운용하는 것이 바람직하다고 조언한다.

### 6_ 증여 및 상속 계획을 미리 세우고 대비하라

본인이 상속세 과세 대상에 해당될 것으로 예상된다면 전문가의 도움을 받아 사전에 증여 및 상속 계획을 준비하는 것이 필요하다. 현행 상속증여세법에 따르면 상속세의 경우 통상 배우자가 있는 경우 10억원까지, 배우자가 없는 경우는 5억원까지 과세 대상에 포함되지 않으며, 증여세의 경우 배우자간 3억원까지, 성인 자녀 1인당 3,000만원(미성년자 1,500만원)까지 가능한 증여 공제를 최대한 활용하여 절세 대책을 수립하는 것이 중요하다.

## 7_ 금융 자산은 절세 상품을 최대한 활용하라

금융 자산을 운용할 때는 안전성과 함께 수익성을 고려하는 것이 좋다. 수익률을 높이기 위해서는 비과세 상품과 세금 우대 상품 등 절세 상품을 활용할 필요가 있다. 비과세 상품에는 생계형 저축과 7년 이상 저축성 보험, 2003년 말까지 가입이 가능한 장기 주택 마련 저축, 비과세 투자 신탁 등이 있다. 세금 우대는 상품에 관계없이 1인당 4,000만원 한도 내에서 가입이 가능하다. 다만, 미성년자인 경우는 1인당 1,500만원, 노인(남자는 만 60세, 여자는 만 55세)은 6,000만원까지 세금 우대가 가능하다.

### 한국형 3층 보장 제도

스스로 노후를 준비할 능력이 없는 저소득층의 경우 결국은 국가의 보조에 의존하게 되기 때문에 개인의 노후보장은 국가 차원에서도 매우 중요한 문제이다. 기업도 평생을 근무하다 퇴직하는 종업원을 위해서, 또는 우수한 인재를 유치하기 위해서 매력적인 기업연금을 가질 필요가 있는 것이다. 그러나 궁극적으로 퇴직 후 안정된 생활을 하기 위해서는 개인연금저축이 절대적으로 필요하다.

이와 같이 노후생활을 보장하기 위해서는 국가와 기업, 개인 3자가 함께 준비하는 3층 보장 제도가 필요하다. 국가에서는 국민연금 등을 통한 사회보장을 우선적으로 고려하여 그 밑바탕을 받치고, 두 번째로는 퇴직금제도에 근거하여 기업에서 부담하는 기업연금이, 그리고 마지막으로 보다 여유로운 노후생활을 보장받기 위해서 개인 스스로가 저축 형태로 보장하는 개인연금이 있는 것이다.

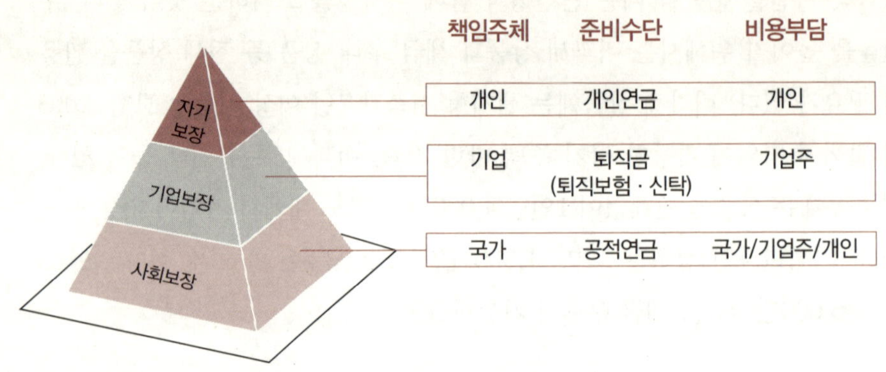



우리 나라도 사회보장(국민연금)과 기업보장(퇴직금, 퇴직 보험), 자기 보장(개인연금) 등 3층 보장 체계가 노후보장 체계의 근간을 이루고 있다. 그러나 기업연금 대상이 아닌 개인사업자나 공무원, 군인, 사립학교 교직원처럼 자체 연금제도가 국민연금을 대체하는 일부 계층은 3층 보장이 아닌 2층 보장에 의존해야 한다.

국민연금과 개인연금은 정착 단계에 있다고 할 수 있고 기업연금은 도입 단계라고 할 수 있는데, 선진국일수록 기업연금과 개인연금의 역할이 증가하는 추세이다.

### 국민연금이 불안하다?

대전에서 슈퍼마켓을 운영하는 김소득 씨(46)는 월 평균 순수입으로 360만원가량을 번다. 하지만 국민연금관리공단에는 월 소득을 200만원으로 신고했다.

"곧 연금이 바닥난다는데 타지도 못할 곳에 무엇 하러 돈을 많이 넣어요? 대신 40만원짜리 개인연금을 들고 종신보험도 들었으니 훨씬 더 좋은 셈이지요."

그렇다면 김씨의 노후설계는 과연 성공적일까?

결론부터 말하면 '빠듯하다.' 김씨는 65세부터 국민연금 45만원과 개인연금 40만원을 합쳐 다달이 85만원을 타게 된다. 2003년 3/4분기(7~9월) 기준으로 55세 이상 근로자 가구의 월 평균 소비지출은 168만원. 5,000만원 가량의 예·적금과 1억원 상당의 부동산까지 헐어 쓴다면 앞으로 30년 간 먹고사는 데는 큰 지장이 없다.

하지만 김씨 부부가 함께 매월 한두 차례 음악회에 가고 1년에 한 번 종합건강검진을 받고 매년 해외여행도 하는 품위 있는 노후생활을 꿈꾼다면 그 꿈을 이루기엔 재산이 꽤 모자란다. 가급적 수익성 높은 투자 대안에 목돈을 몰아넣고 불려야 하는 처지다.

이런 면에서 보면 김씨의 허위 소득 신고는 '패착(敗着)'이다. 수익률로 치면 국민연금이야말로 최고의 노후대비 상품이기 때문이다.

실제로 연금제도가 처음 실시된 지난 1988년부터 지난해 12월까지 연 평균 누적수익률은 9.05%다. 특히 주식투자를 시작한 1993년부터 지난 6월 말까지 거둔 수익은 총 2조 339억원으로 연 평균 7.27%의 누적수익률을 달성했다. 이 가운데 올해 6개월만 따져보면 7,000억원의 수익을 올려 11.9%의 높은 수익률을 기록했다. 같은 기간 종합주가지수 등락률 6.8%에 비해 5.1% 포인트나 높다.

소득이 219만원인 35세 근로자가 30년 동안 다달이 19만 7,100원을 국민연금에 넣으면 65세부터 매월 평균 80만 4,580원(현재가치)을 탄다. 개인연금에 들면 30만원밖에 못 받는다.

'재테크'의 'ㅈ'자도 모른다는 김씨 같은 이들의 노후 문제를 국가 차원에서 해결해 주려고 나온 게 국민연금이다. 그럼에도 불구하고 국민연금이 버림받는 이유는 머지않아 재원이 고갈될지도 모른다는 불안감 때문이다. 하지만 우리 나라의 경우 국가가 법으로 주겠다고 약속하고 있기 때문에 연금을 주지 않거나 지급을 미룰 가능성은 크지 않다.

우리 나라의 공적연금제도는 일반 국민 대상의 국민연금제도와 공무원, 군인, 사립학교 교직원 대상의 특수직역 연금제도로 구분된다. 1960년에 공무원연금이 최초로 도입되었고, 1963년에는 군인연금, 1975년에는 사립학교 교직원연금이 도입되었으며, 가장 늦게 전 국민 대상의 국민연금이 1988년부터 도입되어 시행되고 있다.

국민연금은 노령이나 장애, 사망 등으로 소득 능력이 상실되거나 또는 감퇴된 경우 본인이나 그 가족에게 일정액의 급여를 지급하여 안정된 생활을 할 수 있도록 국가가 운영하는 장기적인 소득 보장 제도로서 국민건강 보험과 함께 우리 나라 사회보장 제도의 근간을 이루고 있다.

국내에 거주하는 18세 이상 60세 미만의 국민을 가입 대상으로 하고 있으며, 가입자의 종류는 사업장 가입자, 지역 가입자, 임의 가입자로 구분된다.

국민연금 도입 초기에는 10인 이상 사업장 근로자를 대상으로 실시하던 것이 1992년에는 5~9인 이상 사업장 근로자까지 확대되었으며, 1999년 4월부터는 도시 지역 자영업자까지 확대 적용됨으로써 이른바 전 국민의 연금시대가 열리게 되었다.

## 기업연금은 퇴직금제도의 대안

정부가 2004년 7월 도입할 예정인 기업연금제가 어떻게 운영되는지를 가상 사례를 통해서 살펴보자.

진자회사 입사 2년차인 주전자 씨(27)는 회사의 기업연금 위탁운용사인 한양투자신탁운용의 투자상품안내서를 찬찬히 훑어내린다. 9개의 추천 펀드 중 '성장주펀드'와 '해외시장펀드'를 선택했다. 며칠 전 한양투신운용이 이메일로 보내준 운용보고서를 살펴보니 지난 6개월 동안 투자했던 '채권펀드'와 '가치주펀드'의 수익률이 형편없어 펀드를 갈아탄 것이다.

주씨는 올해 3월 1일 회사의 기업연금 프로그램에 가입하고 1~12% 중에서 선택할 수 있는 보험료 납입률을 4%로 정했다. 회사측은 월 평균 급여 250만원의 4%인 10만원을 다달이 떼어 주씨 명의의 연금 계좌에 넣는다. 실제 주씨 계좌에 매월 쌓이는 돈은 15만원이다. 회사측이 종업원 납입액의 50%를 얹어주기 때문이다.

현행 퇴직금제도는 실직했을 때의 생계 보장과 퇴직 후의 소득 보장을 목적으로 1953년 제정된 근로기준법에 의해 도입되었다. 5인 이상 사업장 근로자에 대해 퇴직시 법정 퇴직금 이상을 받을 수 있는 제도이다.

하지만 현실은 5인 이상 사업장 근로자가 전체 근로자의 30% 정도밖에 되지 않으며 회사가 도산할 경우 퇴직금에 대한 수급권을 보장받을 수 없는 실정이다. 또한 퇴직금 중간 정산 제도를 실시함으로써 퇴직금의 보장 기능을 약화시키고 있다.

이러한 퇴직금제도의 한계로 말미암아 기업연금제도 도입이 논의되고 있다.

기업연금(Corporate Pension)이란 기업이 근로자가 재직 중에 그 재원을 마련하여 퇴직하는 근로자에게 연금 또는 일시금을 지급하는 제도이다.

이는 국민의 기초 생활 보장을 목적으로 하는 공적 연금제도를 보완하여 근로자의 노후생활 보장을 강화하기 위한 사적 연금제도이다. 기업연금은 국민연금, 개인연금과 함께 노후생활을 보장하기 위한 3층 보장 제도를 구성하는 중요한 요소이다.

선진국에서는 기업연금이 국민연금을 완전히 대체(오스트레일리아, 칠레, 홍콩)하거나, 또는 부분 대체(스위스, 프랑스, 네덜란드), 혹은 보완(미국, 영국)하는 기능을 한다. 만일 국민연금을 대체하는 역할을 기업연금이 해낸다면 사회보장 제도로서 기능이 클 것이고, 보완 역할을 한다면 근로자의 인센티브로서 기능을 할 수 있을 것이다. 또한 기업연금은 연금 기금의 관리와 운용을 외부 기관에 위탁하도록 의무화될 예정이므로 기업의 도산이나 폐업으로 퇴직금 지급 능력이 사라진 상황에서도 수급권이 보장된다.

현재 우리 나라에는 기업연금제도가 도입되지 않고 있으나 정부에서는 기존의 퇴직금제도를 대체할 수단으로 이 제도를 빠른 시일 내에 도입할 예정이다. 하지만 노후 소득의 체계를 강화하고, 증시의 안정적인 수요 기반 확충 등을 목적으로 하는 기업연금제도의 도입에 관해서 정부와 노동계, 경영계의 의견이 모아지지 않고 있는 실정이다.

우선 증시의 장기적인 수요 기반 확충의 목적으로 기업연금을 도입하자는 정부의 입장에 대해 노동계는 국내 증시와 같이 불안정한 시장에 퇴직 자금을 맡기는 것은 무리라며 적극적으로 반대 의견을 표명하고 있다. 경영계 역시 현재 종업원에 대한 퇴직 비용 이상의 추가적인 비용 지출이 따른다면 기업 경쟁력이 악화될 것으로 우려하고 있다.

정부는 우선 기업연금제도를 선택적으로 도입하도록 할 예정이며 과세 혜택 등을 통해 퇴직금에서 기업연금제로 이행되도록 유도할 방침이다.

## 퇴직금제도와 기업연금제도의 비교

| 구분 | 퇴직금제도 | 기업연금제도 |
| --- | --- | --- |
| 부담주체 | 기업주 | 기업주 |
| 기금적립 | 사내유보 | 사외위탁 |
| 기금운용 | 소극적 | 적극적 |
| 연금수급권 | 보장안됨 | 보장 |
| 급여지급형태 | 일시금 | 연금 |
| 전직시 연금이관 | 불가능 | 가능 |
| 연금세제 | | |
| 기업부담 | 일부 손금 산입 | 전액 손금산입 |
| 운용수익 | 비과세 | 비과세 |
| 급여 | 저세율과세 | 과세 |

### 종류별 기업연금 비교

그렇다면 기업연금에는 어떤 것이 있는지 알아보자. 먼저 크게 확정 급여형과 확정 기여형으로 구분된다. 확정 급여형 기업연금은 연금액이 최종 급여 또는 퇴직 전 일정 기간 기준 급여의 일정 비율로 정해져 있어 연금 기금 운용에 대한 위험을 기업이 부담하는 제도이다.

연금 기금을 잘 운용해서 이익이 남으면 기업의 이익이 증가하는 반면, 운용 성과가 기준에 미치지 못하면 연금 손실을 인식해야 하므로 기업 실적이 악화될 가능성이 있다. 또한 기금 운용의 안정성을 위해 감독 당국의 규제와 감독이 많이 요구된다. 기업의 존속 및 금융 기관의 도산에 대비하여 근로자의 퇴직금 수급을 보장할 수 있는 제도적 장치가 함께 마련되어야 한다. 미국의 경우 **PBGC** (Pension Benefit Guaranty Corporation)와 같은 기관이 기업연금의 지급을 보장하고 있다.

한편 확정 기여형 기업연금은 매달 급여 중 일정 비율을 기업연금기금에 적립하여 퇴직시까지 투자수익률에 근거하여 연금액이 달라질 수 있는 것으로 투자 수단을 종업원이 선택할 수 있도록 하는 제도로 투자 위험을 종업원이 부담하게 된다. 이직률이 높은 회사의 젊은 층이 선호하는 제도이다.

확정 급여형의 경우 임금이나 물가상승률 등 거시 경제 지표가 불안정한 경우 연금 기금 자산의 가격 하락으로 기업의 부담이 크게 늘고 지급 불능 등을 초래할 가능성이 있으므로, 최근 확정 급여형보다는 확정 기여형 기업연금제도가 많이 증가하고 있는 추세이다.

## 확정급여형과 확정갹출형 비교

| 구분 | 확정급여형(DB형) | 확정갹출형(DC형) |
| --- | --- | --- |
| 갹출금 | 변동가능 | 확정 |
| 갹출의 주체 | 기업주 | 기업주 또는 기업주 / 근로자 공동 |
| 기금운용책임(위험부담) | 기업 | 근로자 |
| 기업부담 | 운용수익률에 따라 변동 | 고정 |
| 연금급여 | 확정 | 기금운용실적에 비례 |
| 연금 이관성 | 복잡 | 용이 |
| 규제 및 감독 | 많이 요구됨 | 많이 요구되지 않음 |
| 선호계층 | 연공서열급여체계하의 장기근속자 | 연봉계약자 및 단기근속자 |

그렇다면 종업원의 수령액은 퇴직금과 기업연금 중 어떤 경우가 더 많을까? 이를 살펴보기 위해 다음과 같은 가정하에 두 가지 수령액의 차이를 계산해보았다. 26세부터 55세까지 30년 동안 근무하고 초봉이 월 100만원이라고 가정했다. 현재 근로기준법상 법정 퇴직금과 임금인상률과 연금 운용 수익 변화에 따라 받을 수 있는 확정 기여형 연금 금액간의 차이를 비교하였다.

임금인상률을 3~6%로 하고 운용수익률을 4~9%인 경우를 가정하여 퇴직금과 확정 기여형 연금액 가치를 계산해보면 임금인상률이 3%인 경우 운용수익률이 5% 이상이라면 확정 기여형 기업연금이 퇴직금보다 유리하다는 것을 알 수 있다.

마찬가지로 임금인상률이 4%인 경우 운용수익률이 6% 이상, 임금인상률이 5%인 경우 운용수익률이 7% 이상, 임금인상률이 6%인 경우 운용수익률이 10%인 경우 퇴직금보다 확정 기여형 연금이 유리하다는 것을 알 수 있다. 다만 매년 동일한 수익률과 임금인상률을 실현한다고 가정했기 때문에 현실과 동떨어지는 측면이 있다.

하지만 미국의 모범적인 연금 운용 기관으로 알려진 CalPERS(The California Public Employees & Retirement System)의 1984년부터 2001년까지 운용수익률을 살펴보면 매년 차이가 있기는 하지만 평균 12.92% 정도라는 점에서 연금 기금이 잘 운용된다면 퇴직금보다 기업연금이 보다 유리하다는 것을 알 수 있다(http://www.calpers.ca.gov/ 참조). 하지만 현재 거시 경제의 여건을 살펴볼 때 낮은 성장 국면에 진입해서 저금리 기조가 계속된다면 퇴직금이 더 유리할 수 있다.

예전엔 퇴직금제도 덕분에 별다른 준비 없이도 은퇴 후에 어느 정도 여유 자금을 만질 수 있었지만 본격적인 연봉제 시대로 접어들면서 이젠 노후 자금도 스스로 준비하지 않으면 안 된다. 매달 빠짐없이 급여에서 공제되는 국민연금이 있지만 이것만으로는 노후생활을 꾸려나가기가 어렵다.

실제로 정부가 최근 발표한 국민연금 개편안을 보면 평생 평균 소득 대비 연금액의 비율을 나타내는 소득대체율을 현재의 평균 60% 수준에서 오는 2008년부터는 50%로 낮추고, 보험료율은 현행 월소득의 9%에서 2030년까지 15%로 높이는 방향으로 개편안을 마련해놓고 있는 상태이다.

게다가 퇴직금의 경우도 조기 퇴직과 퇴직금 중간 정산 제도 도입으로 실제 퇴직시 받게 될 금액은 미미한 수준에 그치는 경우가 많아지고 있어 근로자 스스로 더 많은 노후 자금을 마련해야 하는 실정이다.

### 1_ 개인연금

개인연금제도는 일찍부터 생명 보험 회사에서 연금 보험 형태로 판매해왔으나 연금 시장의 여건이 아직 성숙되지 못했고, 세제 혜택 등 국가의 정책적 지원 부족 등으로 활성화되지 못했다. 그러던 중 1994년 6월에 처음으로 개인연금저축에 대한 정부 차원의 세제 지원이 이루어짐으로써 개인연금제도 발전의 계기가 마련되었다.

이처럼 정부 차원에서 개인연금을 정책적으로 지원하는 이유로는 노후 소득의 보장이라는 명분 외에 노령자 부양에 필요한 사회 총비용의 경감과 공적 노령 연금을 위한 비용의 절감, 저축 증대에 따른 자본 축적, 퇴직 후 소득 수준 향상 등의 효과를 기대할 수 있기 때문이다.

## 2_ 개인연금저축

　　개인연금저축은 원칙적으로 민간 기관인 금융 기관에 의해 운영되며, 가입 여부도 전적으로 가입자의 자유 의사에 맡기는 일종의 사적 연금제도이다.

　　개인연금제도의 주요 특징을 살펴보면 다음과 같다.

• 정부 차원의 조세감면 혜택이 주어지는 연금제도

　　당해연도 저축 불입액의 40%에 해당하는 금액을 종합 소득에서 공제하는데, 공제 금액이 연 72만원을 초과하는 경우에는 72만원을 공제한다. 또한 가입자가 저축 내용에 따라 저축 불입 기간 만료 후인 55세 이후부터 5년 이상 연금으로 지급받는 경우에는 당해 저축에서 발생한 소득에 대해서는 소득세를 부과하지 않는다.

• 중도 해약시 이자소득세 부과 및 해지 추징세액 납부

　　불입기간 중 중도 해약하거나 불입 기간 만료 후라도 연금 이외의 형태로 지급 받는 경우에는 이자 부분에 대해 이자소득세를 부과한다. 또한 소득 공제를 받고 5년이 지나기 전에 중도 해약한 경우 그때까지 저축 불입액의 4%에 해당하는 금액(연간 72만원 한도)을 해지 추징세액으로 반납해야 한다.

• 노후생활을 풍요롭게 하기 위한 장기 저축제도

　　개인연금저축은 20세 이상 국내 거주자면 누구나 가입할 수 있다. 저축 기간은 10년 이상으로 3개월마다 300만원의 범위 내에서 55세 이상까지 불입해야 55세 이후에 지급받을 수 있다는 점에서 일반 저축 상품과는 차이가 있다.

• 개인연금 저축제도는 2000년 12월 말일까지만 신규 판매가 가능하다.

　　2001년 1월부터는 새로이 도입된 연금 저축이 판매되었지만 이미 개인연금 저축에 가입한 계약의 경우는 계약 종료시까지 유지가 가능하며 세제 혜택도

계속 받을 수 있다.

### 3_ 연금저축

2000년 9월 연금에 관련된 세제가 전면적으로 개편되어 국민연금을 비롯하여 공무원연금과 퇴직연금 등 모든 연금에 대하여 종전과 같이 소득 공제 혜택은 계속 부여하는 대신 연금 수령시 비과세하던 것을 과세하는 것으로 변경하였다.

이는 소득세율이 상대적으로 높은 시기인 재직 기간 중의 각종 연금 불입액에 대해 소득 공제 혜택을 부여함으로써 세금을 경감해주는 대신에 상대적으로 소득이 줄어드는 퇴직 후 연금 수령기에는 연금 소득에 대해 과세한다는 의미가 있다.

이처럼 연금 소득 세제가 변경됨에 따라 기존의 개인연금저축 대신에 2001년 1월부터는 변경된 연금 소득 세제를 적용받는 연금 저축 제도가 새롭게 도입되었다.

연금 저축이 기존의 개인연금저축과 어떻게 다른지 살펴보면 다음과 같다.

- 가입 연령이 기존의 만 20세 이상에서 만 18세 이상으로 낮아졌다.
- 취급 기관이 확대되어 기존의 생명보험회사와 손해보험회사, 은행, 농·수협, 투자운용회사, 우체국 등에서 추가로 증권투자회사, 신용협동조합중앙회 등이 포함되었다.
- 소득 공제 한도가 기존의 연간 불입액의 40%(연간 72만원 한도)에서 연간 불입액의 100%(최고 240만원 한도)로 확대되었다.
- 연금 수령시 연금 소득 전체에 대하여 5%(주민세 별도)의 연금 소득세를 부과

하고 연간 연금 소득 총액이 600만원 초과시 종합 소득세를 신고해야 한다.

• 계약 기간 중 중도 해지시 중도 해지 수령액에 대하여 20%(주민세 별도)를 기타 소득세로 부과하고 연간 기타 소득 금액이 300만원 이상이면 종합 소득세를 신고해야 한다.

• 가입 후 5년 이내에 해지하는 경우 불입금액(최고 240만원)의 2%를 해지가산세로 납부해야 한다.

## 연금저축과 기존 개인연금저축과의 내용 비교

| 구분 | | 연금저축 | 기존의 개인연금저축 |
|---|---|---|---|
| 가입대상 | | 만 18세 이상 국내 거주자 | 만 20세 이상 국내 거주자 |
| 취급기관 | | 생명보험회사, 손해보험회사, 은행의 신탁계정, 투신운용회사, 우체국 보험, 농·수협 생명공제, 증권투자 회사, 신협 생명공제 | 생명보험회사, 손해보험회사, 은행의 신탁계정, 투신운용회사, 우체국보험, 농·수협 생명공제 |
| 소득공제 | 범위 | 연간 불입금액의 100% | 연간불입금액의 40% |
| | 한도 | 240만원 | 72만원 |
| 소득세 | 적용세율 | 연금소득세 10% 원천징수 | 이자소득세 비과세 |
| | 과표 | 연금소득(정산시) | 이자 |
| 중도해지 일시금 수령시 | 적용세율 | 기타 소득세 20% 원천징수 | 이자소득세 15% 부과 |
| | 과표 | 기타 소득(정산시) | 이자 |
| 5년 이내 중도해지시 | | 해지금액(연간 240만원 한도)의 5%의 해지가산세 부과 | 납입금액의 4% 소득공제 추징 (연간 7.2만원 한도) |
| 계약기간 | 적립기간 | 10년 이상 만 55세(이후)까지 | 좌동 |
| | 연금급기간 | 만 55세(이후)부터 5년 이상 | 좌동 |
| 납입금액 | | 분기 300만원 이하 | 월 100만원, 분기 300만원 이하 |
| 근거법 | | 조세특례제한법 제 86조의 2 | 조세특례제한법 제 86조 |
| 적용기준 | | 2001년 1월 이후 가입분 | 2000년 12월말까지 가입분 |

# 6 | 안전 바구니를 만들자

당신은 이제 소득의 몇 %를 따로 떼어 부자가 될 수 있는 은퇴 바구니를 만들었다. 처음 이 여행을 시작했을 때보다 미래에 대해서 더 안전한 느낌이 생겨났을 것이다. 하지만 그것만으로 느긋하게 쉴 수는 없다. 이제 인생의 예기치 못한 문제들에 대한 계획을 세워볼 시간이다.

### 인생이란 때때로 꼬이게 마련이다

긍정적인 사람으로서 나는 당신에게 모든 일이 잘될 거라고 말해주고 싶다. 하지만 불행히도 현실이란 때때로 마음먹은 대로 흘러가지 않는다. 예기치도 않게 상황이 틀어져버리는 것이 인생이다. 완전히 잘못될 수도 있다. 직장을 잃고, 결혼이 깨지고, 사업체가 도산하고, 집안의 가장이 병들거나 심지어 죽기도 한다. 인생에선 온갖 일들이 일어난다.

어쩔 도리가 없다. 이런 일들은 언제나 일어났고, 당신이 똑똑해지기로 결심했다는 이유만으로 사라지지 않는다. 하지만 낙심할 필요는 없다. 상황이 잘못될 수도 있음을 안다면, 그런 상황을 대비하여 준비하면 되는 것이다. 상황이 당신의 바람대로 흘러가지 않을 경우를 대비하여 '제2의 계획'을 세워둔다면 훨씬 안정감이 생겨날 것이고, 그것이 실제로 당신을 안전하게 만들어준다. 물론 제2의 계획은 당신의 안전 바구니이다. 그것은 당신 가족의 경제적인 집을 짓기 위해서 기반을 다지는 것과도 같다. 당신은 어마어마하게 큰 집을 지을 수 있다(은퇴 바구니를 잘 실행함으로써). 하지만 단단한 기반 위에 세우지 않으면(안전 바구니를 설치하지 않으면) 그 아름다운 집이(당신의 경제적인 행복이) 당신과 당신의 사랑하는 사람들을 짓밟을 수도 있다.

## 최선을 기대하되 최악을 대비하라

안전 바구니의 목적은 간단하다. 예기치 못한 경제적 장애물이 생겼을 경우 당신과 배우자와 자녀를 보호하기 위한 조치이다. 이런 장애물로는 직업을 잃거나 가족 한 사람의 죽음처럼 커다란 일일 수도 있고, 아니면 자동차나 세탁기가 고장났을 때처럼 사소한 일일 수도 있다. 하지만 어떤 식으로든 예상치 못한 문제란 생기게 마련이다. 그러한 일을 정확하게 예측할 수는 없다 해도 문제를 다룰 수 있는 능력을 취할 수 있다.

나는 그 안전 바구니를 자동차의 '수동적 저항 시스템'에 비유하곤 한다. 요즘 거의 모든 차에 장착되어 있는 안전 벨트와 에어백 같은 것들이 그런 것이다. 새 차를 구입할 때 에어백 비용을 내고, 운전할 때 반드시 안전 벨트를 맬 것이다. 물론 사고가 날 예정이기 때문이거나 사고가 나길 바라서가 아니다. 당신이 똑똑하기 때문이다. 만약의 사고가 날 경우를 대비하여 자신을 보호하려는 것이다. 우리가 지금 하려는 일도 이와 같다. 경제적인 '에어백'을 설치하려는 것이다.

### 자신을 보호하기 위해 해야 할 3가지 안전 장치

자신을 보호하기 위해서 당신은 다음의 3가지 안전 장치로 안전 바구니를 채워야 한다.

현금 쿠션을 만들어두라.

어렸을 때 할머니는 이렇게 말씀해주셨다.

"데이브, 언제든 비상금이 있어야 돼. 상황이 궂을 때는 돈이 힘이란다!"

이 말은 예전이든 지금이든 현명한 충고이다. 어려운 처지에 처했을 때 사용할 수 있는 현금 쿠션이 있다면 기분이 한결 가벼워진다. 누구든 마찬가지이다. 그러므로 내 할머니의 충고대로 비상금을 만들어두라. 이것을 현금의 '에어백'이라고 생각하자. 어떤 이유로든(직업 상실, 신체 장애, 불경기 등) 소득의 일부 혹은 전부가 사라질 경우 이 쿠션이 강한 타격을 부드럽게 완충시켜 줄 것이다.

그렇다면 문제는 '얼마의 현금 쿠션을 만들어야 할까' 이다. 예기치 못한 일이 일어났을 경우, 당신이 안전한 느낌을 가질 수 있으려면 얼마의 돈이 필요할까?

그것은 당신과 배우자의 한 달 소비액에 따라 달라진다. 여기서 중요한 단어는 '소비액' 이다. 당신이 버는 돈과는 상관없다. 한 달에 500만원을 번다고 해서 당신의 손에서 500만원이 흘러나가는 것은 아니다. 어차피 퇴직 바구니에 최소한 10%를 넣어야 하고, 그 나머지 중에서도 세금으로 한 뭉치 정부에 내놓아야 한다.

우선은 4단계(부부의 카페라테적 요소) 내용을 통하여 당신 부부가 한 달에 얼마를 쓰는지 파악해야 한다. 그 당시에 계산해보지 않았다면 지금 당장 계산해보라(부록1의 '우리의 돈이 어디로 가는가?' 작성표를 이용해볼 수도 있다).

그 수치를 알아내면 당신의 현금 쿠션이 얼마나 두꺼워야 하는지를 계산할 수 있다. 당신이 따로 비축해야 하는 최소한의 액수는 3개월 치의 경비이다. 즉 당신 부부가 한 달에 200만원을 소비한다면, 안전 바구니에 최소한 600만원의 현금을 넣어두어야 한다는 뜻이다.

하지만 이것은 최소한의 액수일 뿐이다. 사람에 따라서 24개월 치의 비상금을 준비해두고 싶을 수도 있다. 그 비상금의 액수는 문제의 종류에 따라서 달라질 수 있다. 예를 들어, 만약 당신이 갑자기 직장을 잃었다면 다시 직장을 찾기까지 얼마의 시간이 걸릴 것인가? 전문가들은 당신이 버는 한 해 소득 중에서 매 1,000만원마다 한 달 치의 경비를 따로 떼어놓아야 한다고 충고한다(다시 말해서 두 사람 공동으로 버는 연소득이 5,000만원이라면, 소비할 수 있는 소득의 5개월 치를 따로 준비해야 한다는 뜻이다).

물론 경제가 호황이라면 당신이 직장을 잃었다 해도 1주일 만에 다섯 곳에서 새 취업 제안이 들어올 수도 있다. 하지만 꼭 그렇게 되리라는 보장이 어디 있는가. 경기 호황이 엄청난 속도로 차갑게 식어버릴 수도 있기 때문이다. 이런 일에 대해서는 일반화하여 말하기가 어렵기 때문에, 당신과 배우자가 소비에 대해서 진지하게 얘기해볼 필요가 있다. 한 사람이 직장을 잃었을 경우 소득의 흐름을 유지할 수 있는 다른 한 사람의 능력에 대해서도 얘기해보아야 할 것이다.

### 1_ 마음 편히 지내려면 얼마의 돈이 필요할까

이 질문에 대한 해답은 사람마다 달라질 것이다. 당신과 배우자 사이에도 이견이 있을 것이다. 분명히 두 사람 중에서 더 큰 안전 바구니를 지녀야만 비로소 안심할 수 있는 쪽이 있을 것이다. 내가 최소한의 금액을 3개월 치 소비액이라고 제안하였지만, 24개월 치의 소비액을 저축하기로 선택하는 사람들도 많다. 두 사람이 대화를 통하여 적당한 수준을 결정해야 할 것이다.

하지만 한 가지 일반적인 규칙은 있다. 당신의 안전 바구니에 24개월 치 이상의 비용을 넣을 필요는 없다는 것이다. 그보다 더 많이 넣어두는 것은 공급 과잉이다. 또한 안전 바구니에 얼마의 현금을 넣어야 할지 모르기 때문에 더 많이 저축하는 실수를 저지르는 것일 수 있다.

### 2_ 은행이 아니라 당신을 부자로 만들어야 한다

안전 바구니에 돈을 넣어두는 것만이 중요한 것은 아니다. 그 돈을 어디에 저축할 것인지도 알아야 할 필요가 있다. 대부분의 사람들은 그 비상시 현금 쿠션을 잘못된 장소에 놓아둔다. 바로 은행의 당좌 예금이나 저축 예금에 놓아둔다는 뜻이다. 정말 현명치 못한 결정이다. 이런 계좌들은 거의 이자가 없기 때문이다.

일반적인 당좌나 저축 예금에 돈을 넣어두면 은행만 부자가 된다. 그곳에 들어간 당신의 돈은 은행을 위해서 일할 뿐, 당신에게는 거의 아무런 이득도 가져다주지 못한다. 얼마 전에 이 나라에서 가장 크다는 K은행에 찾아가 보통 예금의 이자를 물어보았다. 대답은 0.1%였다. 다른 은행들의 평균 이자율도 0.1% 정도였다. 정말이지 이것은 미친 짓이다!

당신을 위해서, 부디 은행이 당신에게 낮은 이자를 제공하는 걸 참지 말라. 당신은 은행이 아니어도 어떤 증권사라도 갈 수 있다. 인터넷으로도 얼마든지 가능하다. 그곳에서 머니마켓펀드(MMF)를 열면 연수익 3~4%는 받을 수가 있다. 사실 당좌 예금에 0.1%의 이자를 주는 은행들도 3% 이상의 이자를 주는 시장금리부 수시 입출식 예금을 제공하고 있다. 당신은 물어보기만 하면 된다.

여기에는 커다란 차이가 있다. 당신이 3% 대신 0.1%만 주는 당좌 예금에 1,000만원을 넣는다면, 1년에 29만원의 이자를 손해보는 셈이다. 그냥 내버리기에는 꽤나 아까운 금액이지 않은가. 대개의 경우, 시장금리부 수시 입출식 예금은 신용카드로도 사용할 수 있는 직불카드와 당신의 돈이 흘러간 곳을 보여주는 연말 계산서, 온라인 공과금 지불 서비스를 제공한다(마일리지 포인트를 더해주는 경우도 있다). 그 점을 생각해보라. 당신은 유리한 혜택과 더 많은 이자를 받을 수 있다.

게다가 이 시장금리부 수시 입출식 예금은 안전하다. 여러 투자 종류들 중에서 아마 가장 안전할 것이다. 당신이 대단히 보수적인 성향이라면 예금자 보호 대상인 시장금리부 수시 입출식 예금에 가입할 수가 있다(보호 대상이 아닌 계좌보다 1~2% 이율이 적긴 하다). 다시 말하건대 많은 은행들이 이런 예금을 제공하고 있긴 하지만, 당신이 물어보아야 한다.

### 3_ 우리는 왜 이자가 3%인 수시입출식 예금이 있다는 걸 몰랐을까

시장금리부 수시 입출식 예금이 처음 들어보는 말이라 해도 걱정하지 말라. 그런 사람이 당신 혼자만은 아니다. 세미나와 강연회에서 내가 이런 말을 할 때마다 많은 사람들이 그런 것을 어디서 만들 수 있느냐고 물어온다. 은행이 알려주고 싶어하지 않았을 테니 모른다 해도 놀라운 일은 아니다.

사실 이런 예금들은 수년간 유지되어 왔다. 예전과 다른 점이 있다면, 그 계좌를 열기 위해 당신이 부자일 필요가 없다는 것이다. 전에는 시장금리부 수시 입출식 예금에 들기 위해서 500만원 이상의 기본 예치금이 필요했다. 하지만 요즘에는 최소한의 제한금액이 설정되어 있지 않은 경우도 많다.

은행 이외에도 이런 종류의 계좌를 제공하는 금융 기관들로는 종합금융회사(CMA)와 투자신탁(운용)회사(MMF) 등이 있다. 이 기관들을 추천하는 것이 아니라 당신에게 여러 시작 지점을 알려주고자 하는 것 뿐이다. 시장금리부 수시 입출식 예금 중에서도 더 높은 이자를 주는 곳을 이리저리 찾아다닐 필요까지는 없다. 3% 혹은 4%, 5% 등 몇 %의 이윤을 얻게 되든, 은행에서 지금 받고 있을 0.1%보다는 더 많을 것이다.

기억하라. 당신이 비상금으로 넣어둘 현금의 최적 장소는 이러한 시장금리부 수시 입출식 예금들 중 하나이다.

유언장이나 신탁서를 써두어야 한다.

세미나에 참석했던 사람들이 나를 찾아와서 하는 질문 중 하나이다.

"만약에 죽으면 어떤 종류의 유언을 남겨야 할까요?"

미안하지만, 우리 모두는 죽는다. 인간이 결코 피해갈 수 없는 진실이다. 현대에 이르러 평균 수명이 늘어나고 있긴 하지만, 조만간 우리 모두가 다른 세상으로 떠나게 될 것이다. 죽는다는 것은 슬프다. 하지만 진짜 비극이 무엇인지 아는가? 진짜 비극은 우리 중 3분의 2가 유언을 남기지 못한 채 죽는다는 점이다. 즉 우리의 돈과 재산을 어떻게 처리할 것인지, 누구에게 어떻게 배분할 것인지 명시하는 유언장을 쓰지 않는다는 뜻이다.

당신이 누군가를 사랑한다면 그런 식으로 떠나고 싶지 않을 것이다. 그러므로 반드시 유언장이나 신탁서를 써두어야만 한다!

이 점에는 논쟁의 여지가 없다. 당신이 결혼을 했든 안 했든 누군가와 장기적인 관계를 맺고 있다면, 한 사람 혹은 둘 다 무능력해지거나 죽는 경우를 대비하여 당신이 바라는 바를 법적인 서류로 작성해놓아야 한다. 살아가면서 무슨 일이든 일어날 수 있음을 기억하라.

법적인 서류에는 다음의 사항들을 밝혀놓아야 한다.

## 1_ 당신이 죽을 경우 당신의 자산을 어떻게 할 것인가

당신의 자산 모두를 배우자에게 남기고 싶은가? 어쩌면 부모나 형제 자매, 혹은 친구에게 얼마쯤 남기고 싶을지도 모른다. 자녀들은 어떻게 할까? 자선단체나 교회, 학교 등에 기증하고 싶을 수도 있다. 이런 사항들을 명시하는 법적 서류를 준비하지 않는다면, 당신은 사랑하는 사람들에게 심각한 혼란을 남겨주는 셈이다. 사소한 불편 정도가 아닌, 훨씬 심각한 혼란을 말이다. 이런 문제로 인해 뿔뿔이 흩어지는 가족을 우리는 수도 없이 보아왔다.

## 2_ 부부가 동시에 죽을 경우는 어떻게 하나

이 질문이 너무 잔인하다고 생각할지라도, 세상에서 일어나는 일이기 때문에 당신도 생각해두어야 할 필요가 있다. 특히 당신에게 자녀가 있다면 더욱 그러하다. 두 사람이 함께 죽을 경우 당신의 자산이 어떻게 되길 바라는가? 자녀가 있다면 그 아이들의 양육을 누구에게 부탁하고 싶은가? 그들의 돈을 누구에게 위탁하여 관리하고 싶은가? 이런 사항들을 미리 명시해놓지 않으면, 정부가 끼여들어 당신 대신 결정하게 될 것이다.

자녀들에 관한 결정을 정부에 맡기고 싶은가? 똑똑한 부부라면 이렇게 중요한 결정권을 정부에 넘기지는 않을 것이다. 똑똑한 부부라면 적절한 유언장을 확실히 준비해둘 것이다.

유언장이나 신탁서는 당신이 혼자 집에서 작성할 서류가 아니다. 우리 나라 민법은 유언의 방법과 효력에 관하여 상세하게 규정하고 있다. 유언은 반드시 법에서 정한 방식에 따라 가정법원의 인증 절차를 거쳐야 하는 요식성이 있다.

왜냐하면 유언은 사망자가 죽고 난 뒤에야 실현되므로 죽은 사람의 의사를 나중에도 명확히 확인할 수 있어야 하고 유언의 위조, 변조도 막아야 하기 때문이다. 이를 위해 민법은 자필, 녹음, 비밀 증서, 구수 증서, 공정 증서 등 다섯 가지 유언 방식을 규정하고 있다. 이 중 공정 증서에 의한 유언을 제외하고는 법적 절차를 밟은 것만 유효하다.

이처럼 유언에는 여러 가지 위험이 도사리고 있기 때문에 유언장과 신탁서를 전문으로 하는 변호사를 찾아 서류 작성을 부탁해야 한다. 유언장 작성에는 20~35만원 정도의 비용이 드는데, 저렴하지는 않지만 그럴 만한 가치가 있다.

사람은 죽어서 이름을 남긴다고 하지만 자손들의 입장에서는 재산을 남기길 더 바랄지도 모른다. 그러다 보니 거액의 재산을 남긴 고인을 앞에 두고 자손들끼리 다툼을 벌이는 경우도 심심치 않게 볼 수 있다.

이런 점에 착안해 은행들이 아이디어 상품으로 '유언신탁'이라는 상품을 내놓았다. 유언신탁은 말 그대로 유언에 의하여 설정되는 신탁을 말하며, 신탁법 제2조에서는 "신탁은 유언에 의하여 설정할 수 있다"라고 규정하고 있다. 그러나 은행이 일반적으로 홍보용 팸플릿 등에서 이용하고 있는 유언신탁이라는 용어는 신탁법상의 유언신탁 외에 유언 집행 업무와 상속 재산 정리 업무를 포함한 넓은 의미에서 이용되고 있다.

은행에서 판매하는 유언신탁은 재산 처분에 대해 사전에 상담을 통해 유언서를 작성하고, 은행이 그 유언서를 맡아서 보관한 뒤 사후에는 유언에 따라 법률 전문가가 집행하도록 한 상품이다.

유언신탁이 성립하기 위해서는 유언이 민법에 정하는 규정이나 양식을 모두 갖추고 있어야 한다. 그리고 유언자(위탁자)에게 유언 능력이 있어야 하는 등 유언이 유효하게 이루어져 있어야 한다. 또한 신탁 재산이 되는 재산은 유언자의 사망 당시 상속 재산에 속해 있지 않을 때 그 한도에서 신탁 행위는 무효가 되기 때문에 신탁 재산은 특정되어 있어야 한다. 그리고 은행이 영업으로 수탁하는 경우에는 금전, 유가 증권, 금전 채권, 동산, 토지와 그 정착물, 지상권·전세권 및 토지의 임차권으로 신탁 재산은 한정된다.

유언신탁은 유언자의 사망시부터 효력이 발생한다. 유언신탁은 소위 상대방이 없는 단독 행위이지만 수탁자로 지정된 자의 승낙이 필요하다. 수탁자로 지정된 자가 신탁의 인수를 원하지 않는 경우 또는 인수할 수 없는 경우 사익

신탁에서는 이해 관계인의 청구에 의하여 법원이 수탁자를 선임할 수 있다. 공익 신탁에서는 주무 관청이 이해 관계인의 청구에 의해 수탁자를 선임할 수 있는 외에 직권으로도 선임할 수 있다.

이처럼 유언신탁은 생전에는 안전하게 재산을 관리할 수 있고 사후에는 고인의 뜻에 따라 유산을 물려줄 수 있는 장점이 있다. 1년마다 유언을 바꿀 수도 있고, 시장 금리 정도의 이자도 불려 나갈 수 있는 매우 유용한 상품이다.

하지만 우리 나라에서는 아직까지 유언이라는 것 자체가 사회 정서상 쉽게 일반화되지 못하고 있고, 상품 특성상 은행 입장에서 적극적으로 섭외에 나서기 쉽지 않기 때문에 아직 대중적인 관심을 끌지는 못하고 있다.

유언신탁의 인기가 시들하자 최근 은행의 'PB센터' *에서는 일정 수수료를 받고 아예 유언 상속 서비스를 해주는 곳도 늘어나고 있다. 다음은 유언장과 신탁서를 준비하고 작성할 때 저지르기 쉬운 실수 세 가지이다.

### 1_ 제대로 훑어보지 않는다

한 부부가 유언장이나 신탁서를 만들기 위해 변호사와 상담을 한다. 변호사는 그들에게 생각하여 결정할 목록들을 건네준다. 하지만 그들은 집으로 돌아간 후에 그 목록들을 살펴보지 않는다. 결정을 하고 나서도 서류에 서명조차 하지 않는 경우도 있다. 고객 중에서 그 과정을 1년까지 끌고 간 사람도 있었다. 시간을 끌지 말라. 변호사와 약속하고, 스스로 마감 시한을 정해서 마무리 지으라.

---

* Private Banking Center : 금융자산 5~10억 이상의 초우량 고객군을 대상으로 종합자산관리서비스를 제공하는 은행 점포

## 2_ 아무도 찾을 수 없는 곳에 서류를 숨겨놓는다

유언장이나 신탁서를 작성하기 위해 시간과 비용을 다 들인 후에 사람들이 과연 어떻게 할까? 그 서류들을 숨겨놓는다! 때로는 너무 잘 숨겨놓아서 끝까지 찾지 못하는 수도 있다.

그런 경우가 아니라면 유언장이나 신탁서를 은행의 대여 금고와 같이 안전한 장소에 넣어둔 다음에 그 열쇠를 어떻게 하는지 아는가? 이번에는 열쇠를 숨겨놓는다.

이 일이 우습다고 생각하는가? 그렇지 않다. 당신을 사랑하는 사람들은 당신의 죽음만으로도 충분히 힘겹다. 그들의 고통을 줄여주기 위해서는, 유언장이나 신탁서를(기타 다른 중요한 서류들과 함께) 쉽게 찾을 수 있는 곳에 놓아두어야 한다. 그 후에는 당신이 사랑하는 사람들에게 그 장소를 말해두라!

또한 당신의 변호사가 그 유언장이나 신탁서의 복사본을 서류로 만들어 관리해놓았는지 확인해야 한다. 당연한 일이라 해도, 다시 한 번 확인하라.

## 3_ 갱신하지 않는다

가끔은 유언장이나 신탁서를 20년 혹은 30년 전에 작성하고 나서 그 후로 한 번도 수정하지 않는 사람들이 있다. 아이들이 이미 장성하여 40대의 나이가 되었는데도 부모가 죽을 경우 그 자녀들을 보살펴줄 사람을 지명해놓은 유언장을 그대로 남겨두는 사람들이 많다. 내가 이런 얘기를 할 때마다 세미나의 수강생들이 웃음을 터뜨리지만, 상상 외로 그런 경우가 대단히 흔하다.

인생의 상황이 변하면, 유언장이나 신탁서도 따라서 변해야 한다. 최소한 유언장이나 신탁서를 정기적으로 갱신할 필요가 있다. 5년에 한 번씩이든, 아니면 당신의 인생에 변화가 생겼을 때마다 해놓아야 한다.

생명 보험으로 당신에게 의지하는 사람을 보호하라.

대부분의 사람들은 생명 보험에 대해서 말하기를 꺼린다. 하지만 당신에게 경제적으로 의지하는 사람이 있다면, 당신에게 무슨 일이 생겼을 경우 그 사람을 위해 보호책을 마련해놓아야 할 필요가 있다. 생명 보험이 바로 그 보호책이 될 수 있다. 당신이 죽는다면 수혜자로 지정해놓은 사람이 사망 지급금을 받게 될 것이다. 물론 죽으면서 꼭 돈을 남겨야만 한다는 법은 없다. 하지만 당신에게 의지하는 사람이 있다면, 자녀나 소득이 없는 배우자 등에게 경제적인 고통을 안기지 말아야 하지 않는가.

남자로서 이런 말을 하기는 싫지만, 현실적으로 여자가 남자보다 더 오래 산다. 평균적으로 여자가 남자보다 7년 정도 수명이 길다고 한다. 게다가 여자들이 보통 자신보다 나이 많은 남자들과 결혼을 하기 때문에 남편 없이 혼자 보내야 하는 기간이 더욱 길어질 수밖에 없다.

미국에서 실시한 통계에 따르면 배우자와 사별하는 여성의 나이는 평균 56세이며, 또한 65세 이상의 여자들 중 거의 절반이 혼자 살아가고 있다. 이 내용만으로도 충분히 슬프지만, 남편이 보험에 들어있다고 생각했다가 나중에 그렇지 않다는 것을 발견하거나 그 보상금이 충분치 않다는 것을 발견하고 힘들어 하는 아내 쪽을 볼 때에는 더더욱 슬프다.

## 보험을 준비하기 위한 몇 가지 질문들

건강 보험과 마찬가지로, 생명 보험 또한 돈을 아껴서는 안 되는 부분이다. 그렇다면 과연 어느 수준의 보험을 들어야 할까? 당신에게 무슨 일이 일어났을 경우 당신의 사랑하는 사람들이 편안하게 살 수 있을 만큼의 보험금이라면 가장 이상적일 것이다. 하지만 그 액수가 과연 얼마일까?

그 해답을 얻기 위해서 자신에게 물어보아야 할 몇 가지 질문이 있다.

### 1_ 지금 우리의 소득에 의지하는 사람이 누구인가

가장 먼저 해야 할 질문은 당신이 죽을 경우 누가 경제적으로 큰 타격을 받느냐이다. 당신에게 자녀가 있다면, 다른 배우자가 경제적으로 혼자서 꾸려나갈 능력이 되는가? 부부가 함께 죽는다면 어떻게 될까?

당신의 부모님이나 형제 자매가 그 짐을 지어줄 거라고 생각하지 말라. 다른 사람에게 무거운 짐을 맡기는 것은 옳은 일이 아니다. 또한 당신이 재혼한 상태라면 첫 번째 결혼에서 얻은 아이들은 어떻게 할까? 그 아이들의 양육을 전 배우자가 책임질 수 있을까? 당신이 아이는 없는 상태이지만 좋은 집에서 풍족하게 생활해왔다면, 당신이 죽을 경우 남은 배우자가 그런 생활을 계속 유지할 수 있을까?

### 2_ 당신에게 의지하는 사람들이 1년간 생활하기 위해서는 얼마의 비용이 들까

이 계산을 할 때에는 모든 것을 고려해야 한다. 세금과 주택 융자금, 학자금, 의료비, 기타 등등 모든 것을 포함해야 한다.

### 3_ 갚아야 하는 빚이 있는가

당신이 초래할 수도 있는 뜻밖의 비용 부담은 얼마일까?

만약 당신의 배우자가 융자금이나 자동차 할부금, 신용카드 빚 등이 있었다면 그가 죽는다고 해서 그 빚이 사라지지는 않는다. 당신이 그 빚까지 넘겨받아야 할 경우가 대부분이다. 그러므로 당신이 생각하는 것보다 더 많은 보험금이 필요해질 수가 있다. 장례비나 유언 검인비, 상속세는 어떻게 해야 하나? 이런 비용들이 수만 달러에 이를 수도 있다. 당신의 배우자가 사업체를 소유하고 있다면 그 사람 없이 계속 운영할 수 있을까? 갚아야 하는 사업상의 빚은 없는가?


### 4_ 직장 보험에 가입되어 있는가

많은 회사들이 직원들을 위해 생명 보험금의 일정량을 지불해주고 있다. 당신의 회사에서는 어떤 식으로 보조하고 있는지 확인해보라. 또한 그 보험이 '이동할 수 있는 보험'인지 살펴보아야 한다. 당신이 그 보험의 소유자로서 직장을 떠날 경우에 그것을 가져갈 수 있는지 알아야 한다는 뜻이다. 직장 보험 증권을 꺼내서 보상 범위와 종류를 확인해보라.


### 정확한 견적을 내라

지금까지 당신의 죽음이 초래할 경제적인 공백에 대해 파악해보았다. 그럼 이제 당신이 얼마의 생명 보험에 들어야 할지 계산할 수 있다. 대개 연소비액의 6~20배 사이가 사망 지급금의 적정선이라고 할 수 있다. 예를 들어, 당신이 경제적인 책임을 다하며 소비하는 액수가 1년에 5,000만원이라면, 3억원에서 10억원 사이의 사망 지급금을 고려해볼 수 있을 것이다.

결정은 당신의 현재 자산과 갚아야 할 빚이 있다면 그 양에 따라 달라질 것이다. 당연히 사람마다 각기 다르다. 어떤 사람은 자신이 경제적으로 책임져야 할 그들이 평생 일할 필요가 없기를 바랄 수도 있고, 또 어떤 사람은 10년 정도만 보장해주면 충분하다고 생각할 수도 있다.

### 살림을 맡은 사람도 보험에 가입해야 한다

사람들은 대개 집에서 아이를 키우는 사람이 부모 중 누구이든 보험에 들지 않아도 된다고 생각한다. 하지만 당신이 결혼하여 아이를 기르고 있다면 집 밖에서 '일' 하는 사람에게만 보험에 드는 실수를 저지르지 말아야 한다. 남자들은 흔히 아내는 집안 살림을 하기 때문에 일하는 자신에게만 보험을 들어두면 된다고 생각한다. 과연 그럴까? 그 '엄마' 가 혹은 집에 머무는 '아빠' 가 잘못된다면 어떻게 될까? 누군가 그 아이들을 돌봐야 할 것이다. 보모를 고용하든지 종일 탁아소에 아이를 보내야 할 것이다. 어느 쪽이든 돈이 든다! 그러므로 똑똑하게 두 사람 모두 보험에 들어두라.

### 어떤 종류의 보험에 들어야 할까

생명 보험의 종류는 그야말로 수백 가지가 있다. 너무 많아서 당황스러울 수도 있다. 내가 어떤 종류의 생명 보험에 가입했는지 물어볼 때마다 대다수의 사람들은 잘 모르겠다고 대답한다. 하지만 일단 알고 나면 생명 보험도 그리 복잡하지 않다.

생명 보험은 기본적으로 보험 사고 유형에 따라 다음 세 가지로 구분할 수 있다.

### 1_ 사망 보험

사망 보험은 피보험자가 보험 기간 중에 사망했을 때 보험금이 지급된다. 보험 기간이 만료할 때까지 생존했을 때에는 보험금이 지급되지 않음은 물론 납입한 보험료도 환급되지 않는다. 이러한 사망 보험은 만기 보험금이 없기 때문에 저렴한 보험료로 사망시 고액의 보장을 받을 수 있는 장점을 지니고 있다.

또한 사망 보험은 다시 보험 기간을 미리 정해놓고 피보험자가 보험 기간 내에 사망하였을 때 보험금을 지급하는 정기 보험과, 일정한 기간을 정하지 않고 피보험자가 어느 때 사망하더라도 보험금을 지급하는 종신 보험으로 구분할 수 있다.

### 2_ 생존 보험

피보험자가 보험 기간이 끝나는 시점까지 생존했을 때에만 보험금이 지급되는 보험을 말한다. 사망 보험에서는 사망이라는 것을 조건으로 하여 보험금을 지급하는 것과는 정반대로, 어느 일정 시점에 피보험자가 생존하는 것을 조건으로 보험금을 지급하며, 피보험자가 보험 기간 중 사망했을 때에는 보험금이 지급되지 않고 납입한 보험료도 환급되지 않는 것이 원칙이다.

그러나 현재 우리 나라에서 판매되고 있는 생존 보험의 대부분은 피보험자가 보험 기간 중 사망하더라도 사망 보험금을 지급받을 수 있도록 각종 사망시 따르는 보장도 부가되어 판매되고 있다.

**3_ 생사 혼합 보험(양로 보험)**

피보험자가 일정 기간 내에 사망했을 때에 사망 보험금을 지급하는 정기 보험과 만기까지 생존했을 때에 만기 보험금을 지급하는 생존 보험을 합친 보험을 말한다. 생존 보험과 사망 보험의 장단점을 서로 보완한 것으로서, 사망 보험금의 보장 기능과 생존 보험의 저축 기능을 동시에 겸비한 생명 보험이라 할 수 있다.

이 밖에 생명 보험을 구분하는 또 다른 기준은 해약 반환금이 없는 보장성 보험과 해약 반환금이 있는 저축성 보험으로 구분하기도 한다.

**1_ 보장성 보험**

보장성 보험이란 생존시 지급되는 보험금의 합계액이 납입한 보험료를 초과하지 않는 보험으로, 보험이 본래 지니고 있는 기능인 각종 위험 보장에 중점을 둔 보험을 말한다. 암 보험이나 상해 보험 등이 보장성 보험의 대표적인 예이다. 이러한 보장성 보험은 다시 생존시 지급되는 급부금이 전혀 없는 순수보장성 보험과 만기까지 생존했을 경우에 이미 납입한 보험료 전액을 환급해주는 만기환급형 보험으로 구분된다.

순수보장성 보험 성격의 정기 보험과 종신 보험은 주로 외국 보험사에서만 판매되고 있으며, 우리 나라 보험사들은 순수보장성 보험보다는 만기시 기납입한 보험료를 돌려주는 기타 보장성 보험을 주로 판매하고 있다. 최근 판매되는 보장성 보험으로는 암 보험과 상해 보험, 질병 보험 및 종신 보험 등이 있다.

보장성 보험에는 어떤 사람이 가입해야 할까? 쉽게 대답할 수 있다. 당신이 생명 보험을 투자로 여기지만 않는다면(대개의 경우 그럴 것이다) 보장성 보험, 특히 균등한 조건의 보험 증권을 사는 것이 바람직하다. 그리고 기간을 20년 정도로 기록해두는 것이 현명하다.

## 2_ 저축성 보험

저축성 보험은 생명 보험의 고유한 기능인 위험 보장보다는 만기 생존시에 보험금이 지급되는 저축 기능을 강화한 상품으로 중·단기간에 목돈을 마련할 수 있도록 개발된 보험을 말한다. 연금 보험과 교육 보험 및 슈퍼재테크 보험 등과 같은 금리연동형 상품이 대표적인 예라 할 수 있다.

# 7 | 꿈의 바구니를 만들자

내 친구들은 대개 비슷한 또래의 어린 자녀를 두고 있다. 친구들의 집에 찾아가보면 집마다 장난감과 아이들용 완구들로 가득 차 있다. 매번 아이들이 무엇을 하고 있는지 정확히 파악하기가 힘들다. 단지 신나고 즐거워 보인다는 것만 알 뿐이다. 아이들은 청구서나 직장 문제, 대출금 상환, 이자율 등에 대해서 걱정하지 않는다. 오로지 하루 종일 재미있게 놀고 싶어 한다. 아이들의 가장 큰 고민거리는 점심을 언제 먹을 수 있을까 정도이다. 무엇보다도 그 아이들은 꿈꾸는 것을 좋아한다. 어린아이들에게는 꿈과 현실 사이의 차이가 거의 없다.

아이들을 그렇게 특별하게 만드는 것(우리를 어린 시절로 돌아가고 싶게 하는 것)은 그들이 항상 꿈을 꾼다는 점이다. 그리고 그들은 커다란 꿈을 꾼다. 아이들은 인생에서 바라는 것을 꿈꿔야 한다는 식의 강연회에 참석할 필요가 없다. 커서 무엇이 되고 싶냐고 물어보면 아이들은 조금도 망설이지 않고 거창한 대답들을 들려준다. 나는 어렸을 때 카레이서가 되고 싶다고 사람들에게 말하고 다녔다. 이 점이 아이들의 인생을 즐겁게 만드는 요소이다. 아이들은 무엇이든 되는 꿈, 무엇이든 하는 꿈을 꾼다.

나이 들면서 가장 슬픈 일 중 하나가 너무 쉽게 꿈을 접어버린다는 점이다. '아이처럼 행동' 하는 것을 너무 쉽게 그만두고 점점 현실적인 어른이 되기 시작한다. 지금 자신이 가진 것과 하는 일이 세상에서 기대할 수 있는 모든 것이라고 생각하며 인생을 너무 간단하게 받아들인다.

당신이 현재 가진 것과 지금까지 이뤄온 것들에 대해서 감사하지 말라는 것은 아니다. 그 반대로 나는 세상이 당신에게 준 것들에 감사해야 한다고 생각한다. 여기서 내가 말하려는 것은 당신의 마음속 깊은 곳에 채워지지 않은 꿈이 있다는 사실이다. 당신과 배우자가 하고 싶은 것들, 벽장 속에 묻어둔 채 잊어버렸던 꿈들 말이다. 어쩌면 그 꿈들을 잊지는 않았겠지만 단지 성취하기를 포기해버렸을지도 모른다.

사람들이 꿈을 이루지 못하는 이유는 거의 대부분 돈 때문이다. 이것이 가장 간단하고도 정직한 대답이다. 사람들은 꿈을 현실로 이룰 만한 돈이 없기 때문에 꿈꾸기를 그만둔다. 이제부터는 당신과 당신의 배우자에게 인생을 변화시킬 수 있는 방법을 알려줄 것이다.


### 인생에 활력을 줄 꿈을 가져라

현실을 직시해보자. 모든 사람들은 즐겁게 살고 싶어하고 또 부자가 되고 싶어한다. 세계 여러 나라에서 제일 인기 있는 오락은 야구나 축구가 아니라 복권을 사는 일이다. 수백만 명의 사람들이 매주 복권을 사며 1~2천원(혹은 1만원까지)을 규칙적으로 소비한다. 대박이 터지기를 바라는 마음으로. 왜일까?

아마 그 정도 돈이 생기면 다시 어린애가 되어 그들의 꿈대로 살아갈 수 있을 거라고 믿기 때문일 것이다.

물론 이런 일이 일어날 가능성은 극히 희박하다. 복권이나 카지노에서 횡재하는 것보다 하늘에서 떨어지는 벼락에 맞을 확률이 더 높다는 사실을 아는가. 하지만 이 확률은 중요치 않다. 많은 사람들이 복권을 사고, 돈 대신 스톡옵션을 제시하는 신생 회사에서 일하는 커다란 꿈을 꾸고 싶기 때문이다.

꿈은 행복의 열쇠이다. 꿈은 활력을 불러일으킨다. 인생이 즐겁다. 예전에 큰 꿈을 꾸곤 했던 때를 기억하는가? 이루고 싶은 것이 있고 그것을 주저없이 말하던 때를 기억하는가? 아무것도 책임질 필요가 없었던 그 느낌을 기억하는가? 소득이나 직업, 가족과 영수증과 현실에 찌들지 않았던 그때, 당신이 지루하지 않았던 그때를 기억하는가?

자, 우리 솔직해지자. 많은 어른들은 나이가 들면서 점점 더 지루해 한다. 너무 쉽게 재미없어진다. 틀에 박힌 일상에 빠져 '놀기'를 그만둔다. 이제 다음 몇 분 동안에 나는 당신이 '그냥 놀기'를 바란다. 현실적일 필요가 없다. 어른처럼 행동하지 말라. 다시 어린아이로 돌아가 무엇이든 할 수 있고 무엇이든 될 수 있는 척하라. 무엇을 할까? 어떤 사람이 될까? 당신의 배우자와 같이 무엇을 할까?


3단계에서 우리는 목표 설정에 대하여 얘기했다. 하지만 이번 단계는 다르다. 여기서는 돈 많이 버는 법, 살 빼는 법, 정리하는 법 등에 대해서 걱정하지 않을 것이다. 진짜로 즐겁고, 진짜 미칠 만하고, 진짜 굉장한 것, 그것이 무엇일까를 생각해볼 것이다. 세계를 여행하고 싶은가? 이탈리아의 투스카니에서 와인을 마셔보고 싶은가? 하와이에서 돌고래와 헤엄치고 싶은가? 환상적인 부엌이 있는 꿈의 집을 짓고 싶은가? 아니면 50인치 텔레비전, 칵테일바, 당구대가 갖춰진 으리으리한 집을 바라는가?

나는 당신의 꿈이 무엇인지 전혀 모른다. 하지만 당신이 부부로서 함께 꿈꿀 자격이 있다는 것은 안다. 이제 그 꿈을 꾸기 시작할 시간이다!


## 꿈을 계획하자

살아오면서 배운 것 중 가장 큰 교훈은, 계획을 세우기만 하면 거의 무슨 일이든 가능하다는 것이다. 계획의 중요성은 아무리 강조해도 지나치지 않다. 목표를 이루기 위해서는 그것을 구체적이고 명확하게 만들어야 한다. 목표를 종이에 적은 다음 그곳으로 향하는 과정을 도표로 만드는 것이다. 다른 일들과 마찬가지로 꿈을 이루기 위해서도 이 방법이 효과적이다.

어떤 꿈들은 돈을 필요로 하지 않는다. 그런 꿈은 계획을 세우는 것만으로도 실현이 가능하다. 하지만 대개의 꿈에는 돈이 필요하다. 이 점을 생각하면서 꿈의 바구니를 만드는 방법에 대하여 배워보기로 하자.

어떤 식으로 시작할까? 당신과 당신의 배우자가 동시에 이 책을 읽지는 않을 것이므로, 지금 이 책을 읽는 쪽이 먼저 자신의 꿈을 목록으로 적어보기 바란다. 179쪽의 계획표를 참고로 다섯 가지 꿈을 생각해보라. 그런 다음 당신의 배우자도 똑같은 과정을 밟도록 하라.

각자의 꿈을 적은 후에는 함께 앉아서 '우리의 꿈' 목록을 만들어보라. 그 '우리의 꿈'이 함께 이뤄나갈 목표가 된다. 한 팀으로서 꿈을 계획하는 작업이 두 사람의 유대감을 굳게 다져줄 것이다. 두 사람이 특별한 시간을 만들어 이 목록을 작성하는 것이 좋다. 적어도 30분 정도 따로 시간을 정해야 한다.

저녁 식사를 준비하다가 혹은 아이를 재우다가 갑자기 배우자에게 걸어가 이렇게 말할 수는 없는 일이다.

"당신은 꿈이 뭐예요? 우리 한번 종이에 적어보자고요."

이렇듯 가볍게 다루기에는 당신의 꿈이 너무 중요하다. 진지하게 생각하라. 시간 약속을 정해서 달력에 표시해두라. 이번 주 안에 실행해보라!

## 꿈의 계획표

꿈의 계획표는 당신이 인생의 즐거움에 초점을 맞출 수 있도록 하기 위해 만드는 것이다. 당신이 즐거울 수 있을 만한 일을 다섯 가지 적어보라. 현실은 고려하지 말고 진심으로 하고 싶은 일을 정하는 것이다.

아래의 여섯 단계를 읽어보고 나서 179쪽의 도표를 채워보라.

1. 당신의 다섯 가지 꿈을 적으라. 어른처럼이 아니라 어린아이처럼 즐겁게 생각하자.
2. 이 꿈들을 가능한 한 구체적이고 현실 가능한 것으로 만들라.
3. 다음 48시간 안에 할 수 있는 행동이 무엇일까? '모르겠다'는 대답이 되지 않는다.
4. 누구와 그 꿈을 함께 나눌까? 당장은 믿어지지 않을지라도 당신이 사랑하고 존경하는 사람과 함께 꿈을 나누는 시기가 빠를수록 현실로 이루어지는 시기도 빨라진다.
5. 이 꿈이 당신의 어떤 가치를 채워줄까?
6. 비용이 얼마나 들까? 정확한 비용을 모르겠다면 대략의 금액을 적어보라.

# 나의 꿈들

내 인생의 즐거움을 디자인하자!

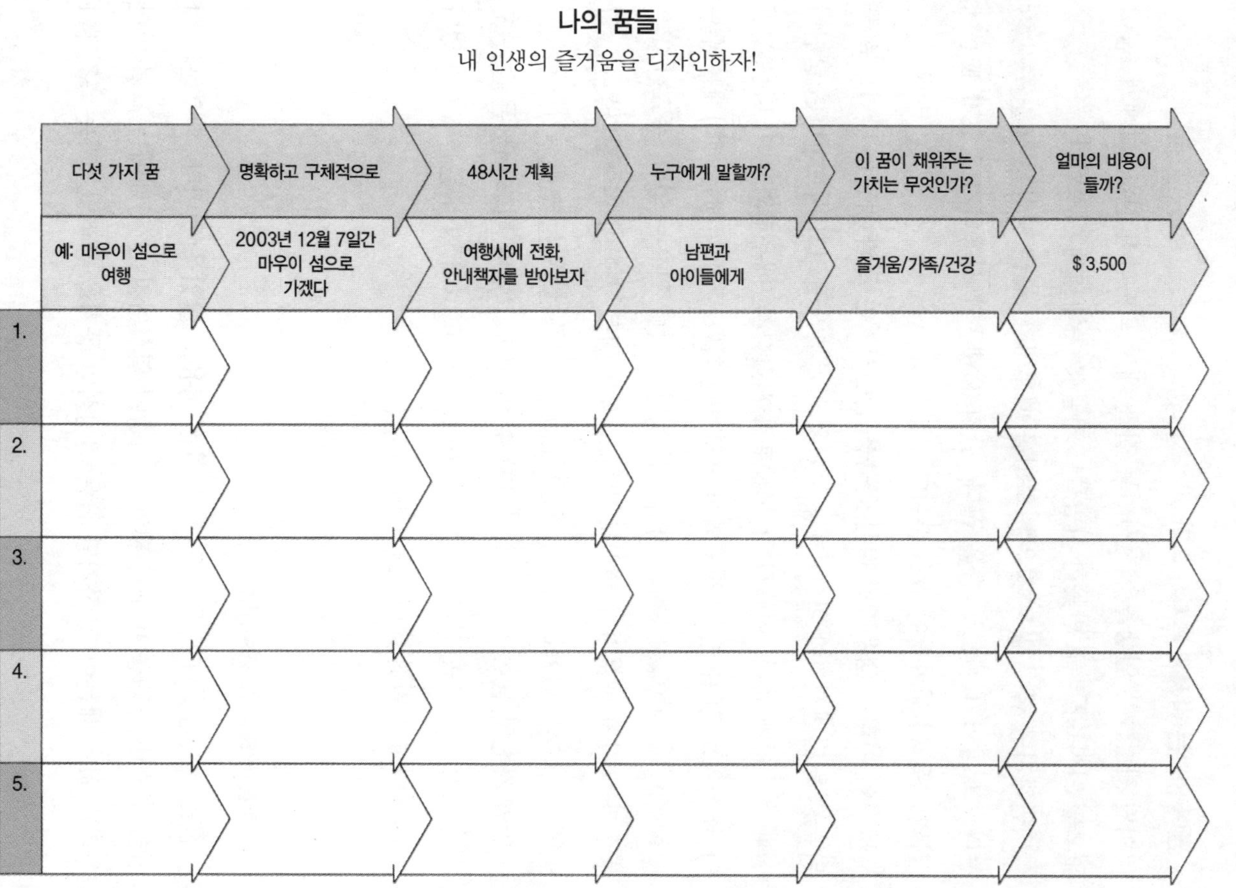

### 꿈이 없다는 함정에 빠지지 마라

어떤 사람들은 인생을 개선시키는 길을 애써 회피하려 한다. 나에게 "꿈이 없으면 어쩌죠?"라고 반문한 사람들도 지금껏 수십 명에 이르렀다.

미안하지만 꿈이 없는 경우는 죽었을 때뿐이다. 죽은 사람은 꿈을 꾸지 않는다. 그 나머지는 모두 꿈을 꾼다. 단지 오랫동안 사용하지 않았기 때문에 '꿈의 근육'이 퇴화되어 있을 뿐이다.

당신이 이러한 경우라면 다른 근육을 단련시키는 것과 똑같은 방법으로 꿈의 근육을 단련시켜야 한다. 가장 무거운 역기부터 들려고 시도한다면 당연히 실패할 수밖에 없다. 비교적 작은 꿈부터 시작하자. 배우자와 같이 비용 부담이 적고 차로 갈 수 있는 정도의 곳으로 낭만적인 주말 여행을 계획해볼 수도 있을 것이다. 굳이 짜릿하고 자극적인 것만 생각할 필요는 없다. 중요한 것은 당신과 당신의 배우자가 현실로 만들고 싶은 꿈을 종이에 적어간다는 것, 그 후에 그 돈을 마련하는 것이다. 이것이 꿈의 바구니를 만드는 과정이다.

만약 자신의 꿈이 무엇인지 확신할 수 없다면, 그렇다 해도 어쨌든 돈을 모으기 시작하라. 조만간 그 꿈을 깨닫게 될 것이고 그때 미리 돈을 모아두었다는 사실에 즐거워질 테니까.


### 규칙적인 투자가 중요하다

꿈을 적어넣었다면 투자를 해야 하는 이유도 알았을 것이다. 대부분의 사람들이 소비 습관을 바꾸지 않거나 저축에 열심이지 않을 때에는 그럴 만한 동기가 없기 때문이다. 하지만 꿈은 열성적인 동기를 불러일으키는 촉진제가 된다.

이제 당신은 자신의 꿈을 알았다. 그것을 현실로 만들 수 있다는 기대감에 흥분될 것이다. 그럼 '그 비용을 어떻게 마련할 것인지' 가 다음 질문이다. 대답은 간단하다. 꿈의 바구니로 들어갈 규칙적인 투자 계획을 세우면 된다.

나는 이것을 꿈의 바구니를 채우는 과정이라고 부른다. 당신이 소득의 일정 비율을 은퇴 바구니에 넣기로 결정함으로써 안정된 미래를 확보한 것처럼 소득의 일정 비율을 꿈의 바구니에 넣음으로써 꿈의 자금을 마련할 수 있다.

물론 꿈의 자금을 마련하려면 '규칙적인 투자' 가 필요하다. 한 달에 한 번, 일주일에 한 번, 혹은 매일이라도 좋다. 특정 투자에 일정량을 집어넣는 것이다. 요즘에는 많은 수익증권이나 뮤추얼펀드들이 작은 액수의 규칙적인 투자를 받아들이고 있다. 규칙적인 투자 계획을 설정해놓으면 투신운용사나 뮤추얼펀드사가 당신의 예금 계좌에서 예정된 날 예정된 액수의 돈을 자동적으로 인출해간다. 그 자동 인출이 이 계획을 꾸준히 유지시켜줄 수 있다.


### 어느 정도면 충분할까

꿈의 바구니에 넣을 액수는 전적으로 당신이 결정할 문제이다. 개인적으로 세후 소득의 3%를 넣는 것으로 시작하라고 권유한다. 청구서를 지불하기 전에 집으로 가져오는 소득의 최소한 3%를 꿈의 바구니 안으로 집어넣는 것이다. 어째서 3%일까? 소득의 3% 정도는 누구에게든 부담스럽지 않기 때문이다. 그 정도도 저축할 여력이 없다고 말하는 사람은 많지 않다.

청구서를 지불하기 전에 자동적으로 저축을 하게 되면, 금세 그 일이 일상으로 변해버린다. 그 돈이 얼마나 빨리 쌓여가는지도 알게 될 것이다. 당신의 배우자가 유달리 꿈에 대해 냉소주의자라면 소득의 1%를 불입하는 것부터 시작할 수도 있다. 하지만 6개월 내에 1%를 증가시키겠다는 목표를 잡아야 한다. 6개월에 1%씩 늘려간다면 2년 후 당신은 그 꿈의 바구니에 소득의 4%를 저축하고 있을 것이다. 게다가 생활상의 변화도 거의 느끼지 못할 것이다!

### 어떻게 투자해야 하나

투자하는 방법은 그야말로 수천 가지가 있다. 개별적으로 주식과 채권을 살 수도 있고 양도성 예금증서를 살 수도 있다. 우선주나 전환 사채, 금이나 은, 예술품이나 우표 등등 투자 대상은 무궁무진하다.

이렇게 투자 선택의 폭이 넓기 때문에 오히려 사람들은 더 헷갈려 한다. 그 결과 아무 일도 하지 않는다. 꿈의 자금을 모으는 일에서 당신이 당황해 하지 않기를 바란다. 그 당혹감 때문에 즉각적인 행동을 취할 수 없거나, 취하지 않으려는 일이 생기기를 바라지 않는다. 그래서 수익증권이나 뮤추얼펀드와 같이 전문가에 의해 운용되는 간접투자를 제안한다.

### 1년 이내의 단기 상품들

금융상품의 종류를 투자기간별로 나누어 보면 1년 미만의 단기금융상품과 1년 이상의 장기금융상품으로 구분할 수 있다.

**1_ 시장금리부 수시 입출식 예금**(MMDA : Money Market Deposit Account)

시장의 실세 금리에 의한 고금리가 적용되고 자유로운 입출금과 각종 이체 기능이 결합된 단기 고수익 상품이다. 개인용은 통상 500만원 이상의 목돈을

1개월 이내의 초단기로 운용할 때 유리하다. 기업용은 1억원 이상을 7일 이상 운용할 때 유리하다.

- 상품 특징 : 수시 입출식, 월/분기 복리 이자 지급
- 취급 기관 : 은행
- 가입 대상 : 개인, 법인, 개인 기업
- 예치 기간 : 제한 없음
- 가입 한도 : 제한 없음
- 적용 금리 : 매일의 예치 잔액 규모별로 차등 적용
- 이자 계산 : 매월(개인용) 또는 3개월마다(기업용) 이자를 원금에 가산

- 참고 사항

종합금융회사의 어음관리계좌(CMA), 투자신탁회사의 단기금융펀드 (MMF) 등과 경쟁 상품이며, 500만원 미만의 소액 예금은 다른 저축 상품 보다 금리가 낮다.

(개인용)

| 금액 | 500만원 이상 | 1,000만원 이상 | 5,000만원 이상 | 1억원 이상 |
|---|---|---|---|---|
| 금리(연%) | 0.25 | 2.0 | 3.0 | 3.3 |

## 2_ 어음관리계좌(CMA : Cash Management Account)

종합금융회사가 고객의 예탁금을 어음 및 국공채 등 단기 금융 상품에 직접 투자하여 운용한 후 그 수익을 고객에게 돌려주는 단기 저축 상품이다. 금액 의 제한 없이 수시 입출금이 허용되면서도 실세 금리 수준의 수익을 올릴 수 있어 6개월 이내의 여유 자금을 운용할 때 적합하다.

- 상품 특징 : 수시 입출 가능, 실적 배당

- 취급 기관 : 종합금융회사

- 가입 대상 : 제한 없음

- 예탁 금액 : 제한 없음

- 예탁 기간 : 180일 이내

- 수익률 : 실적 배당

- 이자 계산 : 인출시 원금과 배당금 지급

- 세금 우대 : 없음

- 예금 보호 : 상시 보호

- 참고 사항
  - 통장으로만 거래되며 만기 후 인출하지 않으면 예탁 기간이 자동으로 연장된다.
  - 은행의 MMDA와 투자신탁회사의 MMF와 경쟁 상품이며 예금자 보호 대상이다.

### 3_ 신종 단기금융 펀드(신종 MMF : Money Market Fund)

투자신탁회사가 여러 고객이 투자한 자금을 모아 이를 주로 양도성예금증서(CD), 기업어음(CP), 잔존만기 5년 이하의 국채 및 만기 2년 이하의 통안채 등에 투자하여 얻은 수익을 고객에게 돌려주는 단기 실적 배당 상품이다. 최저 가입 금액에 제한이 없고 환금성이 높은 데다 시중 실세 금리 수준의 수익을 올릴 수 있어 소액 투자는 물론 단기 자금을 운용하는 데 유리하다.

- 상품 특징 : 수시 입출 가능, 실적 배당, 채권 시가 평가 제외(장부가 평가)

- 취급 기관 : 투자신탁회사, 증권회사(대행 판매)

- 가입 대상 및 거래 금액 : 제한 없음

- 저축 기간 : 제한 없음(보통 30~180일 이내)

- 수익률 : 실적 배당

- 수익 계산 : 인출시 원금과 배당금 지급

- 세금 우대 : 없음

- 예금 보호 : 비보호

- 참고 사항

  - 1999년 3월 22일부터 신규 판매된 수익증권의 일종으로, 종전의 MMF
    와는 달리 환매수수료가 부과되지 않는다.

  - 은행의 MMDA, 종합금융회사의 CMA 및 단기 공사채형 수익증권과 경
    쟁 상품이며, 증권 계좌와 연결하여 대기 자금을 예치시 상대적으로 높
    은 수익을 얻을 수 있다.

  - 투자 대상에 대한 제한을 강화(채권 A - 이상)하고 가입일로부터 30일
    이내에 환매하는 경우 이익금의 70% 이상을 환매수수료로 부과하는 클
    린 MMF도 있다.

### 4_ 단기공사채형 수익증권

고객의 투자 금액을 전문 펀드매니저가 국공채 및 회사채 등에 투자한 후
그 수익금을 고객에게 돌려주는 단기 실적 배당형 상품이다. 주로 위험도가
낮은 공사채에 운용되며 6개월 이내의 단기 여유 자금을 안정적으로 운용하
는 데 적합하다.

- 상품 특징 : 3개월 경과시 환매수수료 없이 수시 출금 가능, 실적 배당

- 취급 기관 : 투자신탁회사, 증권회사, 은행(대행 판매)

- 가입 대상 및 투자 금액 : 제한 없음

- 투자 기간 : 6개월 이내

- 수익률 : 실적 배당

- 수익 계산 : 인출시 원금과 배당금 지급

- 세금 혜택 : 없음

- 예금 보호 : 비보호

> - 참고 사항
>
> 1999년부터 일부 은행에서도 판매하고 있으며, 3개월 이상 예치시에는 환매수수료 없이 수시 출금이 가능하다.

## 5_ 가계우대 정기 적금

- 상품 특징 : 세금 우대 및 적금 담보 대출 가능, 만기 해지시 우대 이율 가산

- 취급 기관 : 은행, 상호신용금고, 농·수협 단위조합, 신협, 새마을금고, 우체국

- 가입 대상 : 개인

- 예치 기간 : 6개월 이상 6년 이내(1개월 단위로 예치)

- 가입 한도 : 1만원 이상 제한 없음

> - 참고 사항
>
> 질권 설정된 경우 해당 일수만큼 우대 이율 적용 배제

**6_ 아빠보다 부자 적금**

- 상품 특징 : 세금 우대 가능, 다양한 부대 서비스
- 취급 기관 : 기업은행
- 가입 대상 : 미취학 아동과 초 · 중 · 고등학생 및 만 18세 이하 실명 개인
- 예치 기간 : 1년(해지 요청이 없는 경우 1년 단위 자동 재예치)
- 적립 방법 : 초입금 제한 없고, 2회차 이후 월 500만원 이내 자유적립
- 분할 인출 : 재예치 기간 중 3회까지 분할 인출 가능
- 적용 금리 : 신규(재예치) 당시 '가계우대 정기 적금' 1년제 이율

> - 참고 사항
>
> 기타 다른 조건은 일반 정기 적금과 동일하며 가입 후 3년 이내 1인당 500만원 이상 저축시 축하 금리 제공, 이메일을 통한 경제교육 실시, 사이버 공부방 제휴 할인 등 다양한 부대서비스 제공

## 1년 이상의 장기 상품들

### 1_ 추가형 금전신탁

펀드별로 다수의 고객으로부터 금전을 신탁받아 대출 및 주식 · 채권 등에 운용하고 운용수익을 배당하는 상품이다. 단위형 금전신탁과는 달리 추가신탁이나 중도해지가 가능하다.

- 상품 특징 : 추가신탁 가능, 중도해지 가능, 실적 배당
- 취급 기관 : 은행
- 투자 금액 : 개별식 100만원 이상, 적립식 1만원 이상

• 투자 기간 : 1년

• 저축 방식 : 개별식(입금, 해지 자유) 또는 적립식

• 수익률 : 실적 배당(기준가격 방식)

• 예금 보호 : 비보호

• 중도해지 수수료 : 3개월 미만－이익금의 70%, 6개월 미만－이익금의 50%, 1
　년 미만－이익금의 30%


## 2_ 장기공사채형 수익증권

고객이 투자한 돈을 주로 국공채 및 회사채 등에 투자하여 그 수익을 고객에게 돌려주는 실적 배당형 상품으로, 6개월 이상의 중장기 자금을 안정적으로 운용하는 데 유리한 장기 저축수단이다. 펀드의 운용 방법에 따라 원본의 추가 설정이 불가능한 단위형과 추가형으로 구분된다.

• 상품 특징 : 실적 배당, 세금 우대 가능

• 취급 기관 : 투자신탁회사, 증권회사, 은행(대행 판매)

• 투자 금액 : 제한 없음

• 투자 기간 : 6개월 이상

• 수익률 : 실적 배당

• 수익 계산 : 인출시 원리금 일시 지급

• 예금 보호 : 비보호

---

• 참고 사항

1년 이상 보유시 세금 우대 가능하며 증권회사 및 일부 은행이 대행 판매하고 있다.

---

### 3_ 주택청약부금

분양받고자 하는 주택 규모에 맞추어 매달 저축하면 거래 기간과 저축 실적에 따라 주택관련 자금을 대출받을 수 있고, 지역별·평형별 청약 예금 예치 금액 이상이면 전용면적 85㎡ 이하의 민영주택 또는 60㎡ 초과 85㎡ 이하 민간건설 중형 국민주택 청약권이 주어지는 저축이다.

- 상품 특징 : 민영주택 및 민간건설 중형 국민주택 청약권 부여, 정기 적금
- 취급 기관 : 전 은행(산업·수출입 은행 제외)
- 가입 대상 : 20세 이상 국민 또는 20세 미만 세대주(단독세대주 제외), 외국인 거주자
- 계약 기간 : 2~5년
- 적립 방법 : 월순에 의한 회차당 50만원 이내에서 자유 적립 또는 정액 적립
- 청약 순위
- 1순위 : 납입인정 금액이 지역별 청약가능 금액 이상이고 2년이 경과된 자
- 2순위 : 납입인정 금액이 지역별 청약가능 금액 이상이고 6개월이 경과된 자

---

- 참고 사항

2000년 11월 1일 이전에 청약부금에 가입한 자는 2005년 12월 31일까지 납입금액 기준 연 240만원 한도 범위 내에서 납입금액의 40%까지 소득공제 가능

- 지역별 청약 가능 납입 금액

(단위 : 만원)

| 지역 | 서울·부산 | 기타 광역시 | 기타 시·군 |
| --- | --- | --- | --- |
| 금액 | 300 | 250 | 200 |

---

## 4_ 장기주택마련저축

자유적립식 장기저축 상품으로, 일정 요건을 갖추면 비과세 혜택이 주어지고 주택 구입이나 신축 자금을 장기로 대출받을 수 있는 비과세 저축 상품이다.

- 상품 특징 : 가입 대상 제한, 비과세 및 소득공제 혜택, 장기주택자금 대출 가능
- 취급 기관 : 은행, 상호신용금고
- 가입 대상 : 만 18세 이상 무주택자 또는 전용면적 85㎡ 이하의 1주택 소유자
- 계약 기간 : 7~50년
- 적립 방법 : 분기별 300만원 이내에서 1만원 단위로 불특정 금액을 입금
- 금리 : 은행별 자유화(5.2%~6.0%)
- 세금 혜택 : 비과세(7년 이상)

> - 참고 사항
>
> 2003년 12월 31일까지 가입자에 한하여 연간 납입액의 40%, 최고 300만원까지 소득 공제가 가능하다. 비과세 및 소득 공제 효과를 감안하면 실효 수익률이 높은 편이다

## 5_ 주식형 수익증권

고객으로부터 모은 돈을 투자 전문가(펀드매니저)가 주식 위주로 투자하고 여기서 발생하는 배당과 시세차익을 고객들에게 나누어주는 계약형 투자신탁 상품이다. 주식편입 비율에 따라 안정형 펀드(주식편입 비율 30% 이하), 안정성장형 펀드(30% 초과 ~ 70% 미만), 성장형 펀드(70% 이상) 등으로 나뉘며, 목표 수익률이 달성되면 자동 환매되는 '스폿펀드', 적절한 시점에 주식형과 채권형 간에 전환이 가능한 '전환형 펀드' 등 다양한 상품이 있다.

- 상품 특징 : 간접적인 주식 투자 상품, 실적 배당

- 취급 기관 : 투자신탁회사, 증권회사, 은행

- 가입 대상 및 저축 한도 : 제한 없음

- 저축 기간 : 제한 없음(보통 6개월, 1년)

- 운용 수수료 : 투자 금액의 1% 내외

- 중도 환매 : 가능(환매수수료 : 단위형은 180일 미만, 추가형은 90일 미만일 경우 이익금의 70% 수준)

- 세금 우대 : 불가

- 예금 보호 : 비보호


## 6_ 뮤추얼 펀드(Mutual Fund)

주식을 발행하여 투자자로부터 모은 자본금을 전문가(자산운용회사)에게 맡겨 주식이나 채권, 선물, 옵션 등 유가증권에 투자하도록 한 뒤 그 운용 성과를 배당금 형태로 투자자에게 돌려주는 회사형 투자신탁을 말한다. 펀드 자체가 주식회사로 설립되며 투자자는 회사의 주주로 참여하게 된다는 점이 수익증권과 다르다.

- 상품 특징 : 수익증권과 유사 상품

- 취급 기관 : 증권회사, 은행

- 최소 가입 금액 : 100 ~ 500만원

- 펀드 만기 : 통상 1년

- 수익률 : 실적 배당

- 중도 환매 : 폐쇄형은 불가능, 개방형은 가능

- 세금 혜택 : 없음(일반 과세)

• 예금 보호 : 비보호



## 수익증권과 뮤추얼 펀드 비교

| 구분 | 수익증권 | 뮤추얼 펀드 |
| --- | --- | --- |
| 설립형태 | 신탁계약 | 펀드 자체가 주식회사 |
| 발행증권 | 수익증권 | 주식 |
| 투자자의 지위 | 수익자 | 주주 |
| 설립규제 | 사전인가 받은 투신사에 한함 | 설립이 자유로움(자본금 8억원 이상) |
| 통제제도 | 감독기관의 감독 | 주주에 의한 자율규제, 이사회 운영 |
| 중도환매 | 중도환매 가능 | 주식매각을 통한 현금화 가능 |
|  | (환매수수료 징구) | 개방형펀드는 중도환매 가능 |
| 취급기관 | 투자신탁회사, 증권회사, 은행 | 증권회사, 은행 |

### 7_ 해외 투자 펀드

말 그대로 해외에 투자하는 간접 투자 상품이다. 즉 국내 투자자를 대상으
로 수익증권을 판매하여 조성한 투자 자금으로 해외 유가증권 시장에 상장된
주식 및 채권 등 유가증권에 투자하여 그 수익을 투자자에게 분배하는 실적
배당 상품을 말한다.

- 투자 대상 : 해외 주식, 해외 채권 및 유동성 자산, 국내 채권 및 유동성 자산 등에 투자한다. 투자 지역의 경우 유럽이나 아시아 지역 등 특정 지역으로 제한하는 펀드가 있는가 하면 전세계 주요국으로 범위를 넓힌 펀드도 있다. 투자 대상이 해외라는 점을 제외하면 국내 증권사나 투신사들이 그동안 판매해 온 주식형 수익증권과 비슷하다.

- 상품 종류 : 2000년 3월 한국투신운용의 글로벌 하이테크 펀드, 대한투신운용의 대한 월드밸런스 트러스트, 현대투신운용의 바이 글로벌 밀레니엄 펀드 등이 판매되었다. 한국투신운용의 글로벌 하이테크 펀드는 펀드 자산의 45%까지 해외 기술주에, 그리고 대한투신운용의 대한 월드밸런스 트러스트는 선진국 시장의 주식에 70%까지 투자하는 해외투자 펀드로 추가 설정은 이루어지지 않고 있다. 그러나 국내 투신운용사들은 향후 해외 시장 추이에 따라 해외투자 펀드를 적극 판매할 계획이다.

- 투자시 유의점 : 해외 시장에 투자하는 만큼 모든 펀드가 그 나라 사정에 밝은 외국 운용사의 자문을 받는다. 명목상 운용 회사는 국내 투신운용사로 돼 있지만 실제 펀드 운용은 자문 회사인 해외 자산운용사들이 맡는 경우가 많다. 따라서 국내 운용회사의 과거 능력뿐만 아니라 외국 자문회사의 운용 능력도 함께 고려해야 한다.

해외 투자 펀드에 투자하는 가장 큰 장점은 분산 투자이며, 신탁 기간은 3년이지만 일정한 수수료를 내면 언제든지 중도환매할 수 있다. 또 가입 후 6개월이 지나면 환매수수료 없이 원금을 찾을 수도 있다. 그러나 보다 높은 수익을 얻으려면 최소한 1년 이상 투자하는 것이 유리하다.

환매할 경우 국내 펀드는 신청 후 늦어도 3일 뒤에는 돈을 받지만, 해외 투자 펀드는 환매 청구일부터 7일째 지급된다. 해외 증시에 투자하는 만큼 투자

자금을 회수하는 데 그 정도의 시간이 걸리기 때문이다.

이 밖에 해외 투자 펀드는 환율 변화에 따라 펀드의 수익률이 달라진다는 점
에 유의해야 한다. 해외 투자를 잘했다 하더라도 환율 상승(원화가치 하락)으
로 수익률이 떨어질 수도 있기 때문이다.

### 8_ 국내 판매 해외 펀드

해외 펀드라고도 하며 외국의 투자 기관에 의해 외국에서 설립되어 전세계
의 투자자로부터 자금을 모아 전세계를 투자 대상 지역으로 투자 운용되는 펀
드를 말한다.

- 상품의 종류 : 국내 증권사가 미국 등 외국 금융 기관의 해외 펀드를 위탁 판
  매하고 있다. 한국투자신탁증권의 피델리티 펀드, 대한투자신탁증권은 슈로
  더 SIS 펀드, 현대투자신탁증권은 템플턴 펀드, 제일투자신탁증권과 미래에
  셋증권은 피델리티 펀드를 판매하고 있다. LG투자증권은 메릴린치 펀드의
  판매를 대행하고 있다.

  투자 목적에 따라 성장형, 소득형, 균형형으로 구분되며, 자산 구성에 따라 주
  식형, 채권형, 합성형으로 나눌 수 있다. 또 투자 대상 지역에 따라 전세계 투
  자펀드, 북미 투자 펀드, 유럽 투자 펀드, 일본 투자 펀드, 아시아 투자 펀드
  등이 있다.

  국내에서 판매되는 해외펀드는 거의 대부분 개방형 뮤추얼 펀드의 구조를 가
  지고 있으며, 모두 판매 수수료를 선취하는 방식이다.

- 투자시 유의점 : 해외 펀드는 국내 투자에 비해 정보 부족, 환 위험 등의 투자
  위험 요소를 가지고 있다. 따라서 해외 펀드에 투자할 때는 분산 투자를 통한

위험 관리 차원에서 투자하는 것이 바람직하다. 즉 국내 투자에 대해 정반대의 상관관계를 가지거나 상관관계가 적을 경우 효율적인 포트폴리오라고 할 수 있다.

• 과세 방법 : 해외 뮤추얼 펀드에서 발생하는 소득은 기준가 상승으로 발생하는 소득과 환차익이다. 이 중에서 기준가 상승분에 대해서만 배당 소득으로 과세가 되고 환율 변동으로 생긴 이익이나 손해는 세금과는 전혀 관계가 없다. 따라서 기준가는 많이 상승했으나(해당 주식시장은 많이 올랐으나) 환에서 손실이 컸다면, 실제 원화로 평가한 수익은 작지만 과세·대상이 되는 금액은 이보다 훨씬 커질 수 있다.

# 8 | 똑똑한 부부의 가장 흔한 10가지 실수

이번 단계에서 우리는 경제적인 문제에 관하여 부부들이 가장 자주 저지르는 실수들을 살펴볼 것이다. 이런 실수들을 미리 알면 골치 아픈 상황을 피할 수 있고 많은 돈을 절약할 수도 있다. 열 가지 중 어떤 것은 너무 뻔하게 느껴질지도 모른다. 그래서 "그게 멍청한 짓이라는 걸 누가 모르겠어"라고 말할지도 모르겠다. 하지만 기억하라. 멍청한 짓이라는 걸 아는 것과, 그렇게 행동하지 않는 것은 별개의 문제이다.

열 가지 실수들을 주의 깊게 읽어보고 부부가 함께 토론해보기를 바란다. 당신이 그 중 몇 가지 실수를 하고 있었음이 밝혀진다면, 자신을 비난하지 말고 오히려 행복해 하라. 앞으로 큰 재산을 아낄 수 있는 지식이 생겨났기 때문이다. 하지만 지식보다 행동이 더 중요하다. 알았다고 고개를 끄덕인 다음 행동하지 않는다면 아무 쓸모가 없다. 당신의 실수가 발견되면 그 점을 수정하라. 미처 깨닫지 못했던 해결책을 알게 되었다면 그 방법을 이용하라.

## 30년짜리 융자를 얻는다

내 집 마련을 위해 가장 흔하게 사용되는 방법이 아마 30년쯤 되는 장기 융자일 것이다. 그것은 사람들이 저지르는 가장 흔한 실수이기도 하다. 나는 30년 융자가 단순한 실수보다 더 심각하다고 생각한다. 은행과 정부가 나라 전체에 퍼뜨려놓은 신용 사기극이라고까지 생각한다. 그런데 이제 은행들은 50년짜리 융자까지 선보이기 시작하고 있다.

30년 융자가 왜 나쁘다는 걸까? 그 이유는 간단하다. 당신이 30년 동안 갚기로 하고 2억 5,000만원을 융자해 집을 구입했다고 치자. 연이율이 8%라면 어떻게 될까? 당신이 은행에 내야 하는 돈은 총 6억 6,000만원이 된다. 융자받은 원금보다 두 배 반이나 더 많다. 당신은 2억 5,000만원의 원금 이외에도, 4억 1,000만원의 이자를 은행에 지불해야 한다.

은행이란 돈을 벌기 위해서 생겨난 곳이다. 그들이 30년 융자를 파는 이유는 당신에게 유리한 거래를 만들어주기 위해서가 아니라 그들이 아주아주 많은 이득을 볼 수 있기 때문이다.

정부 또한 당신의 30년 융자로 이득을 본다. 물론 정부가 융자금 이자를 세금공제 대상으로 만들어주기는 했다. "쯧쯧, 국민들의 생활이 너무 고달프겠어. 융자 상환금을 깎아주자고." 그 당시에 정부가 이렇게 말했을 거라고 생각하는가? 그럴 수도 있겠지만 그렇지 않을 수도 있다.

어쩌면 정부측 전문가들이 국민에게 30년 융자를 제공했을 경우에 얻게 될 장점을 계산해보았을 수도 있다. 30년간 융자를 갚아나가야 한다면 당신의 은퇴 시기는 언제가 될까? 대략 60대쯤이 될 것이다. 그것이 바로 정부가 바라는 당신의 은퇴 시점이다.

정부가 왜 우리의 이른 은퇴를 바라지 않을까? 은퇴하고 나면 우리가 지불하는 소득세와 건강보험료가 줄어들기 때문이다. 모든 사람들이 일찌감치 은퇴를 시작한다면 정부의 세금 수입원이 현저히 줄어들 것이다.

내 말을 오해하지는 마라. 나는 무정부주의자도 아니고 은행과 정부가 공동으로 음모를 꾸몄다고 비난하는 것도 아니다. 하지만 중요한 것은, 은행과 정부에게 유익한 일이라고 해서 항상 당신이나 나에게 유익한 것은 아니라는 점이다.

### 1_ 이미 30년 융자를 받았다면?

당신이 이미 융자를 받은 상태라면 어떻게 할까? 그대로 유지하라. 융자를 받고자 하는 분이라면 30년짜리 융자를 받으라. 사실 그 30년짜리 융자가 당신에게 융통성을 제공해준다.

이제 당신은 나에게 무슨 미친 소리냐고 물어보고 싶을 것이다. 아니면 책의 한두 쪽이 빠져버린 것은 아닐까 당황스러울 수도 있다. 방금 전에 30년짜리 융자를 사기극이라고까지 주장했으면서 이제는 그대로 유지하라니?

이제부터 그 이유를 설명하겠다. 30년짜리 융자를 받는 것은 좋다. 하지만 30년 동안 갚지는 마라. 30년 동안 융자를 갚아나간다면 당신은 모든 시간과 돈을 이자 갚는 데 낭비하게 된다. 그러므로 융자금을 더 일찍 갚아야 한다.

우선 당신의 대출금 통장을 꺼내서 지난번 지급액을 확인해보라. 그 숫자를 확인한 후에는 거기에 10%를 더하라. 그것이 다음달부터 당신이 은행에 내야 할 액수이다. 즉 당신이 지금까지 한 달에 100만원씩 갚아가고 있었다면 이제부터 110만원을 갚으라는 것이다. 은행에 이 결정을 알리고 추가로 내는 10만원를 원금에서(이자가 아니라) 제해달라고 요구하라.

이런 식으로 계속한다면 30년 융자를 22년 안에 갚을 수 있다. 지급액을

20%로 늘리면 18년 안에(융자의 종류에 따라서) 융자금을 상환할 수 있다! 이것이 수만 혹은 수억원을 아낄 수 있는 간단한 방법이다.

만약 현재의 상황을 잘 모른다면 은행이나 융자 회사에 전화해서 계약 기간보다 더 일찍 융자금을 갚고 싶다고 말하라. 그리고 15년, 20년, 25년 내에 융자금을 다 갚기 위해서 한 달에 얼마를 더 내야 하느냐고 물어보라. 융자금의 빠른 상환에 위약금을 물어야 하는지도 확인해보라(그럴 가능성은 거의 없다). 그 다음에 관련된 정보를 서면으로 보내달라고 하라. 대부분의 경우 그들은 기꺼이 당신을 도와주려 할 것이다. 금액과 기간을 계산하는 데에도 그리 오랜 시간이 걸리지 않을 것이다.

> **• 머니 코치**
>
> 추가 지불금을 내는 동안 내역서를 유심히 살펴야 한다. 은행들이 융자 계좌를 적절하게 기재하지 않는 경우도 있다. 나도 두 번이나 그런 경우를 당했다. 그 중 한 번은 우리가 8개월 동안 추가 지불을 했는데 그 돈이 원금 항목에 기재되지 않았다. 그 사실을 나중에야 깨닫고 항의를 하자 은행측에서는 우리의 지불금이 이자에 대한 것인 줄 알았다고 대답했다. 맙소사, 우리가 그 상황을 정리하는 데 자그마치 3개월이 걸렸다. 그러니까 당신은 추가 지불을 하지 않더라도 내역서만은 날카롭게 주시해야 한다!

## 2_ 세금공제의 허실

지금쯤 내가 중요한 측면 하나를 간과했다고 생각하는 분들이 있을 것이다.

"융자 이자가 세금공제 대상이라는 사실을 잊으셨나요?"

그렇다면 이제 30년 융자로 과연 얼마의 돈을 공제받을 수 있을지 알아보자. 당신이 융자 이자를 1,000만원 지불했다면 공제받을 수 있는 세금액은 세율에 따라 99만원~396만원이다. 어떻게 생각하는가? 세금 공제 396만원을 받기 위해서 1,000만원의 이자를 내야 한다고 생각하는가?

게다가 두 사람이 그 돈 때문에 걱정해야 하는 시간들은 어떤가? 당신은 대개의 부부들처럼 청구서에 대해 돈을 지불할 것이다. 그 중에서 제일 큰 청구요금이 무엇인가? 집을 소유하고 있다면 융자 상환금일 가능성이 크다. 그 돈을 낼 필요가 없어지는 날을 상상해보라. 대개의 사람들이 가장 중요하게 여기는 가치는 안정이다. 융자금을 다 갚고 난 후에 느끼게 될 그 안정감을 상상해보라.

온전한 자신의 집을 갖기 위해선 노력할 가치가 있다. 월 지불액을 10~15% 늘리는 정도로 그 목표를 10년쯤 일찍 달성할 수가 있다. 30년 대신 15년 만에 갚는다면 당신에게 또 다른 기회도 찾아온다. 일찍 은퇴를 꿈꿀 수 있다. 7년에서 10년까지 일찍 생활 전선에서 물러나 노후를 즐길 수 있는 것이다.

증권사나 보험사의 직원들은 흔히 그 집의 순가치를 이용해서 뮤추얼 펀드나 보험 상품에 투자하라고 권유한다. 그러면 더 빠르게 돈이 불어날 거라고. 하지만 이런 함정에 걸려들지 마라. 영업사원들이 그런 제안을 하는 이유는 어리숙한 당신 덕분에 수수료를 챙길 수 있기 때문이다. 기억하라. 뮤추얼 펀드에서는 잠을 잘 수도, 자동차를 주차시킬 수도 없다. 당신의 집이 그 필요를 채워줄 수 있다. 그러니 모험을 감행하지 마라.

### 3_ 융자금을 당장 갚으면 어떨까

당신에게 그 정도의 목돈이 있다면 — 유산 상속을 받았거나 직장에서 막대한 보너스를 받았다면 — 융자금을 한꺼번에 갚아버리고 싶을 수도 있다. 하지만 결정하기 전에 전문적인 금융 상담가와 의논해볼 필요가 있다. 융자금을 일찌감치 갚는 것도 좋지만, 한 번에 다 갚아버리는 것이 항상 유익한 것은 아니다. 여러 가지 변수를 고려해보아야 한다. 융자금의 이자율, 당신이 그 집에서 살고자 하는 기간, 모아둔 돈의 액수, 은퇴하려는 시기 등등을 꼼꼼히 따져보아야 한다.


## 카드 빚을 심각하게 받아들이지 않는다

신용카드 빚이 결혼을 망칠 수도 있다. 두 사람의 사랑이 아무리 깊다 해도, 그 중 한 사람이 빚을 불려나간다면 결국 그 관계는 깨어지기 십상이다. 두 사람 모두 빚 문제를 안고 있다면 파국은 훨씬 빠르게 찾아온다.

이런 말을 하는 이유는 카드 빚이 스트레스를 유발시키기 때문이다. 회사에 빚을 진 상태이거나 20%나 되는 이자를 감당하고 있다면 아무리 느긋한 사람이라도 걱정하지 않을 수 없다. 또한 그런 걱정거리는 여간해서 사라지지 않는다. 빚을 다 갚을 때까지 매일매일 계속된다. 그 걱정거리가 부부 관계에도 영향을 미친다. 스트레스를 주고받는 관계는 행복하지 않다. 그리고 불행한 관계는 대개 오래가지 못한다.


### 1_ 당신의 신용도를 확인해보라

당신이 중요한 자금을 빌리려 할 때 배우자의 신용 때문에 좌절을 겪어야 한다면 어떨까? 예를 들어 처음으로 집을 사겠다고 마음먹었다 치자. 그때의 흥분감은 이루 말할 수가 없을 것이다. 이제 집주인이 될 수 있다는 생각에 은

행으로 대출 신청서를 써넣는다. 그런데 이럴 수가! 그들이 당신의 신용 정보
와 당신이 전혀 몰랐던 배우자의 신용도를 자격 불충분 요건으로 내놓는다.

이런 일이 친한 친구에게도 일어났다. 앨런이라는 친구였는데, 르네라는
여자와 재혼을 한 후에 집을 장만하려 했다. 그래서 대출을 받으려고 융자 담
당자에게 전화를 걸었다. 스스로 생각하기에 문제될 일은 전혀 없었다.

그런데 며칠 후 그 담당자가 전화를 걸어와 대출이 힘들겠다고 말했다.

"무슨 문제가 있나요?"

앨런이 물었다.

"부인에게 신용상의 문제가 있더군요. 부인의 신용도가 너무 나빠서 대출해
드리기가 힘듭니다."

앨런은 정말이지 기가 막혔다.

"어떻게 그럴 수 있죠? 내 신용은 괜찮지 않습니까?"

"물론입니다. 하지만 부인의 신용도가 그렇질 못합니다."

문제는 지나치게 상냥한 회사들이다. 그런 회사들은 학생 신분의 당신에게
무료 티셔츠를 나눠주며 신용카드를 만들라고 권유한다. 르네도 대학교 시절
에 그런 식으로 신용카드를 몇 개 만들었고, 그 후에는 잊어버렸다. 하지만 불
행히도 그 상냥한 신용카드 회사는 그 사실을 잊지 않는다. 그녀의 기록에 '미
지급' 이라는 딱지를 붙여놓는다. 문제의 금액이 비교적 소액(두 개의 계좌에 20
만원 이하)이라 해도 그녀의 신용도를 망쳐버리기에는 충분하다. 남편과 같이
융자받을 기회조차 망쳐놓았다.

다행히도 앨런의 신용이 혼자 대출받을 수 있을 만큼 탄탄했기 때문에 집을
구입할 수는 있었다. 어쨌든 여기서의 요점은 신용도에 대한 무지로 인해 큰
파급이 미칠 수 있다는 점이다.

## 2_ 지금 즉시 당신의 신용도를 알아보라

　뒤통수를 맞게 될 때까지 기다리지 마라. 1주일이 지나가기 전에 당신의 신용정보조회표를 받아보라. 어려운 일도 아니다. 신용도를 관리하는 회사가 크게 세 군데 있으며 — 한국기업평가(주), 한국신용정보(주), 한국신용평가정보(주) — 요청만 하면 그 회사들이 1만원 이하의 가격으로 당신의 개인적인 신용 보고서를 제공해줄 것이다(어떤 경우에는 무료로 제공하기도 한다. 하나은행, 농협, 제일은행 거래자들은 무료 신용 보고서를 한 부씩 받을 수 있다).

　당신의 신용 평가에서 부정확한 점이나 실수를 발견한다면, 즉시 수정을 요구하라. 이 과정은 비교적 간단하며, 각각의 회사에서 필요한 서류를 제시할 것이다. 당신이 신용 평가 회사에 부정확한 정보가 있음을 통보하면, 그 회사는 당신의 주장을 검토하고(대개 30일 이내) 제출한 관련 증거들을 그 정보의 제공자에게 보낸다. 이런 식으로도 분쟁이 해결되지 않는다면, 간단한 진술서를 신용 파일에 첨부시켜 앞으로의 보고서에 포함시킬 수 있다.

　그 신용 기록의 벌점이 정당한 것으로 판단된다면(오래 전에 지불하지 않았던 청구서를 지금 알게 된 경우 등등) 그 상황을 수정할 수 있는 방법을 찾으라. 일반적으로는 오래 전의 빚을 갚고 새로운 청구서를 연체하지 않는 방법이 될 것이다.

　나쁜 신용 기록을 고칠 수 있다거나 단 며칠 만에 깨끗한 신용 기록을 제공해주겠다고 주장하는 회사들은 경계해야 한다. 신용도를 올리는 방법은 지속적이고 책임 있게 청구 대금을 지불하면서 얼마의 시간을 기다리는 것뿐이다.

　신용도를 높이는 방법, 부정확한 신용 기록을 수정하는 방법 등에 대해서 조언해주는 비영리 단체도 있다. 그 중 가장 유명한 곳은 신용회복위원회

(Credit Counseling & Recovery Service, 상담 전화 : 02-6362-2000)와 금융감독원 소비자보호센터(전화: 02-3771-5761)이다.

### 데이트레이딩으로 빨리 부자가 되려 한다

지난 1990년대는 매우 이상한 시기였다. 하룻밤 새에 백만장자, 혹은 억만장자가 된 사람들이 언론의 집중적인 관심을 받았다. 세상의 모든 사람이 하루아침에 횡재를 하는 듯, 몇 달 이내에 성공하지 못하는 사람은 어딘가가 크게 잘못된 것처럼 여겨질 정도였다.

이제 현실을 직시해보자. 순식간에 부자 될 방법이 있다면 우리 모두 그리로 달려갈 것이다. 하지만 현실적으로 부자가 되는 길은 결코 쉽지 않고, 대개의 경우 하룻밤 새에 그런 일이 일어나지도 않는다. 여기에 당신이 명심해야 할 진실이 있다.

큰돈을 모으려면 몇 달이나 몇 년보다 더 많은 수십 년이 걸린다.

나의 할머니는 백만장자가 되기까지 40년이 걸렸다. 그렇다고 당신도 그만큼 오래 걸려야 한다는 뜻은 아니다. 나 또한 부자가 되기 위해서 40년이나 기다리고 싶지 않다. 하지만 한 가지 사실만은 받아들인다. 그 일이 40분, 혹은 40일, 40개월 이상 걸린다는 것이다. 부를 축적하려면 시간이 걸린다.

그런데 요즘 많은 사람들이 주식 거래로 이 과정을 단축시킬 수 있다고 생각한다. 온라인으로 증권을 사고팔 수 있는 신기술 덕분에 — 사이버 증권사들의 꾐에 빠져 — 수십만 명이 '데이트레이더' 라고 자청하게 되었다. 그들은 하루 종일 컴퓨터 앞에 앉아 미친 듯이 주식을 사고 판다. 그 회사의 주식이 좋은 투자인지에 대해서는 생각지 않고 시장의 움직임이 향하고 있는(스스로 그렇게 믿는) 곳으로 자신의 감각을 따라다닌다.

하지만 나는 이런 식의 초단타 매매가 많은 돈을 잃어버리게 하는 지름길이라고 생각한다.

데이트레이딩(day trading)은 라스베이거스에 가는 것과 같다. 한 번쯤은 돈을 따서 사람들에게 으스대며 자랑할 수 있지만 결국에는 빈손으로 집에 돌아온다. 부디 내 말을 귀담아 듣기 바란다. 데이트레이딩으로 부자가 될 가능성은 희박하거나 전혀 없다. 당신이 인터넷으로 신생 사이버 거래소에 들어가 혼자서 작업한다면 상황은 훨씬 심각하다. 결국에는 모두 잃게 될 것이다.

대부분의 숙련된 전문가들은 그 시기의 50% 이상만 제대로 이해하면 운이 좋다고 생각한다. 전문가들도 겨우 50%의 확률인데 당신의 확률은 얼마나 될 수 있으리라고 생각하는가?

물론 온라인 거래소들은 당신에게 집에서 직접 주식을 거래하라고 부추긴다. 전문가처럼 거래하는 것이 수월해진다고 주입시키려 한다. 그 목표를 위해 온라인 거래소는 1998년과 1999년에 10억 달러 이상의 돈을 들였다.

오해하지는 마라. 온라인 거래소나 온라인 거래에 반대하는 것은 아니다. 나는 온라인으로 투자할 수 있다는 게 기쁘다. 하지만 현명한 사람들이 마우스 클릭 한 번으로 얼마나 쉽게 무너질 수 있는지 알기 때문에 더 걱정스럽다. 과장이 아니다. 잘못된 시간에, 잘못된 주식에, 잘못된 클릭 한 번으로 완전히 망할 수도 있다. 정말이지 두려운 일이다.

미 상원의 연구 조사에 따르면 데이트레이더의 75% 이상이 돈을 잃을 뿐 아니라 궁극적으로 성공할 가능성도 거의 없다고 한다. 그 이유를 알아보자.

## 1_ 데이트레이딩이 성공하지 못하는 세 가지 이유

- 수수료 : 거래가 잦으면 작은 수수료들이 엄청난 금액으로 쌓일 수 있다. 10달러에 주식을 사서 11달러에 팔았다면 수수료로 수익의 20센트 정도를 내줘야 한다. 만약 10달러에 사서 9달러에 팔았다면 손실액은 더욱 커진다.

- 세금 : 10달러에 주식을 사서 11달러에 팔았다면, 1달러의 수익에 대하여 세금을 지불해야 한다. 수익이 단기 자본 이익이기 때문이다. 12개월 이하의 기간 동안 보유한 투자를 판매하여 얻은 이익이라는 뜻이다(대부분의 데이트레이더들은 12개월은 고사하고 12시간도 주식을 보유하는 일이 드물다). 단기 이익은 경상 소득으로서 세금을 내야 하므로, 1달러에서 대략 40센트가 세금으로 나가게 된다.

- 형편 없는 승산 : 당신은 1달러의 수익에서 수수료로 20센트, 세금으로 40센트를 냈다. 갑자기 10%의 수익이 많아 보이지는 않을 테지만 아직 40센트는 남았다고 말할 수도 있다. 그런데 한 가지 간과한 점이 있다. 이것은 거래가 잘되었을 경우이다. 낮은 가격에 사서 높은 가격에 팔았을 때의 일이다. 하지만 모든 일이 항상 뜻대로 되는 건 아니다. 주식 시장의 가장 기록할 만한 해였던 1999년에도 오른 주식보다 떨어진 주식이 더 많았다. 그 시장에서 돈을 번 사람은(전문가를 제외하고) 데이트레이더들이 아니라 뮤추얼 펀드를 통해 통합적으로 투자했던 사람들이었다. 그리고 2000년 봄에 시장이 곤두박질쳤을 때 데이트레이더들은 완전히 망해버렸다. 내 말이 믿기 힘들다면 아래의 수치를 살펴보라. 시장의 시기를 맞추는 것이 얼마나 불가능한지를 보여주고 있다. 항상 제자리에 붙어 있지 않으면 시장이 상승하는 최고의 시기를 놓치게 되기 때문이다.

**2_ 최고의 20일을 놓치면 수익이 절반으로 줄어든다**

당신이 1995년 3월 31일부터 2000년 3월 31일까지 S&P 500에 1만 달러를 투자했다면 1만 달러는 3만 2,718달러로 불어났을 것이다. 연평균 26.75%의 수익이다.

하지만 그 5년 동안 당신이 시장에서 빠져나간 시기가 있었고 그 결과 하루 실적 10위 안에 드는 최고의 날들을 놓쳤다고 가정해보자. 그럼 당신의 26.75% 수익은 17.42%로 떨어진다. 다시 최고의 날 20일을 놓쳤다면, 26.75% 수익이 11.46%로 깎인다. 물론 과거의 실적이 비슷한 미래를 보장해줄 수도 없다.

## ▌시기를 놓친 대가

**S&P 500 지수 : 1995년 3월 31일 ~ 2000년 3월 31일**

| 투자 기간 | 평균 연수익 | 10,000달러의 변화 |
| --- | --- | --- |
| 완벽한 투자 | 26.75% | 32,718달러 |
| 최고의 날 10일을 놓치면 | 17.42% | 22,316달러 |
| 최고의 날 20일을 놓치면 | 11.46% | 17,201달러 |
| 최고의 날 30일을 놓치면 | 6.48% | 13,688달러 |
| 최고의 날 40일을 놓치면 | 2.15% | 11,123달러 |
| 최고의 날 60일을 놓치면 | -5.13% | 7,687달러 |

(출처 : Aim Distributors, Inc.)

## 증거금(신용 거래)으로 주식을 산다

증권사들은 고객들이 최대한 쉽게 투자할 수 있기를 바란다. 당신이 가진 현금으로 사는 것보다 더 많은 주식을 살 수 있도록 돈을 빌려주기까지 한다.

당신의 계좌에 있는 현금 가치의 50%까지, 아니면 주식 가치의 100%까지 돈을 빌려준다. 이는 만약 당신이 현재 1만 달러 가치의 주식을 소유하고 있다면 증권사가 현금 5,000달러를 빌려주거나 또다른 1만 달러 가치의 주식을 구입할 수 있게 해준다는 뜻이다. 추가 현금을 확보할 필요 없이 증거금만으로 말이다.

예를 들어 마이크로소프트사 주식이 80달러에 거래되고 있는데 당신은 그 주가가 조만간 크게 오를 것이라고 확신하기 때문에 최대한 많은 주식을 사고 싶어한다. 당신이 현금으로 1만 달러를 내면 증권사가 마이크로소프트의 2,000달러 가치의 주식을 살 수 있게 해준다. 그래서 125좌 대신 250좌를 얻을 수 있다. 주식이 오르면야 대단히 유리한 거래이다. 소유한 주가 많을수록 더 많은 돈을 벌 수 있기 때문이다.

하지만 주가가 떨어지면 어떻게 될까? 마이크로소프트가 갑자기 50%가량 폭락했다고 생각해보자. 한 좌당 80달러짜리가 40달러로 변한다. 그럼 당신의 2만 달러 투자는 1만 달러의 가치만 지니게 된다. 증권사측은 당신에게 빌려주었던 1만 달러가 위험해진 것으로 판단한다. 각 회사마다 정책이 다르긴 하지만 일반적으로 당신의 계좌에 있는 증거금당 순자산의 비율이 50%에 접근하기 시작하면 증권사는 슬슬 걱정을 하기 시작한다. 그리고 당신은 '증거금 청구(추가 담보 요구)'를 받게 될 것이다. 이 모든 내용이 증권사의 증거금 계약서에 적혀 있을 것이다.

각 회사마다 다르긴 하지만 대략 72시간 이내에 그 돈을 지불해야 한다. 그것도 현금으로. 증거금당 순자산 비율이 증권사가 허락하는 수준으로 내려갈 만큼 충분히 지불해야 한다. 그 돈을 내지 못한다면 증권사가 당신의 주식을 팔아버린다. 마이크로소프트 주식을 증거금 청구 금액만큼 팔아버린다는 말이다.

"이봐요, 난 40달러에 마이크로소프트 주를 팔고 싶지 않아요. 너무 싸다구요. 좀더 갖고 있겠어요."

이렇게 말한다 해도 아무 소용 없다.

당신이 증권사에서 돈을 빌린 순간 그 계좌에 대한 통제권을 포기한 것이나 마찬가지다. 증권사는 그 주식을 팔 권리가 있으며 그 권리를 사용하는 데 주저하지도 않는다. 2000년 변동이 심했던 시장에서 수많은 계좌의 주식들이 소유주에게 전화 한 통 없이 팔려나갔다. 특히 2000년 4월 14일은 영원히 기억에 남을 것이다. 그날 다우존스 산업평균 지수와 나스닥이 사상 최대의 하락폭을 기록하면서 좋은 주식들의 주가가 절반으로 떨어졌고 많은 사람들은 증거금으로 투자하는 것이 얼마나 위험한 일인지 깨닫게 되었다.

이런 일을 피하는 방법은 간단하다. 현금으로 살 수 없는 주식은 절대 사지 마라. 어쩌다 증거금 빚을 지게 되었다면 기필코 계좌 가치의 10% 이상을 초과하지 말아야 한다.

한 가지 더, 당신의 중개인이 증거금을 사라고 계속 재촉한다면 당신의 경제적 미래에 결코 도움이 되지 않는 중개인이다. 다른 사람을 찾아보라.


### 학자금 저축을 일찍 시작한다

부부에게 경제 상담을 해주면서 학자금 문제를 빼놓을 수는 없다. 하지만 자세히 들어가기 전에 먼저 한 가지 강조해야 할 점이 있다. 당신이 세후 은퇴 계좌에 수입의 10% 이상을 저축하지 않는 상태라면 학자금 저축을 고려하지 마라.

당신의 안전 바구니가 우선이고, 학자금은 그 다음이다. 자녀의 대학 교육을 위해 경제적 안정까지 희생하는 부모들이 많은데, 그것은 잘못이다. 당신이 자녀에게 줄 수 있는 가장 큰 선물은 그들에게 경제적인 짐이 되지 않는 것이다. 최악의 상황이 닥친다면 자녀들이 고등학교 때부터 아르바이트를 시작해서 대학 학비를 저축할 수도 있다. 우수한 학생들에게는 장학금과 학자금 대출 프로그램도 마련되어 있다.

대학 등록금은 해마다 비싸진다.

국.공립대 인문계열은 93년 43만 7천원에서 올해 177만 5,900원으로 4.06배 올랐다. 사립대의 경우 올해 가장 많은 수업료를 내야 하는 계열은 의학.치의학 전공으로 819만 5,500원의 수업료를 납부해야 해 10년 전 283만 6,000원보다 3배 가량 올랐다. 한편, 등록금에 포함되는 입학금의 경우 국.공립대는 10년간 평균 3.5배 상승한것으로 나타났으며, 기성회비의 경우 공학과 예능계가 3.6배, 의치학계열은 3.5배상승한 것으로 나타났다.

10년만에 평균 3배 이상 상승한 것이다. 그러니 미리 계획을 세우는 것이 중요하다.

### 자녀에게 돈에 대해서 가르치지 않는다

경제교육위원회가 실시한 조사에 따르면 고등학생의 66%가 기본 경제원리 시험에서 낙제 점수를 받았다고 한다. 어른들도 57% 가량이 낙제 점수를 받았다. 시험 본 사람 중 3분의 2가 인플레이션 시기에 돈의 가치가 변한다는 것을 알지 못했고, 고등학생의 3분의 1이 주식 시장이 주식을 팔려는 사람과 사려는 사람의 집합소라는 것을 알지 못했다.

나와 마찬가지로 여러분도 이 수치가 매우 걱정스럽겠지만, 걱정하는 것만으로는 충분치 않다. 무언가 조치를 취하지 않으면 이 상황은 변하지 않을 것이다.

초등학교와 중학교에 다닐 때 투자에 대한 수업이나 강연을 들어본 사람이 과연 몇 명이나 될까? 은퇴 계좌와 융자 상환법, 주식과 채권, 복리 이자의 마술에 대해서 말해준 선생님이 있긴 있었는가? 세미나에서 이런 질문을 하면, 20명 중 거의 한 사람도 자신있게 대답하지 못한다. 가끔은 아무 대답도 들리지 않아 마이크를 두드리며 "마이크가 고장났나요? 내 말 들리시나요?"라고 물어볼 때도 있다. 흔히 이 질문에 웃음이 터지기는 하지만 "있습니다"라는 대답은 늘어나지 않는다.

어떻게 이럴 수 있을까? 사회 생활을 준비시킨다는 학교가 어째서 돈에 대해서는 가르치지 않는가?

교육의 기본 목표 중 하나가 학생을 우리 사회의 생산적인 어른으로 만드는 것이다. 이런 기준으로 본다면 우리의 교육 체계가 잘못되어 있다고 말할 수밖에 없다. 당연히 돈에 대한 교육이 학과목 중에 포함되어 있어야 한다. 초등학교 1학년부터 경제에 대한 기본 개념을 가르치기 시작해서 고등학교 졸업할 때까지 계속 가르쳐야 한다.

내가 자란 1970년대에는 초중등학교에 체력 시험이라는 것이 있었다. 나는 육체적으로 건강하다는 것을 증명하는 그 시험에 꼭 통과하고 싶었다. 처음 그 시험을 치르던 때가 기억난다. 초등학교 3학년이었는데 나는 턱걸이를 한 번도 하지 못했다. 몹시도 창피했지만 그것이 나에게 자극을 주었다. 그리고 5년 후 학교를 졸업할 때쯤 마침내 목표를 이루었다. 체육 선생님이 50번 이후로는 세지도 못하고 "됐다"고 말씀하실 때까지 윗몸일으키기와 팔굽혀펴기를 해냈다.

그때 나는 6분 동안 2킬로미터를 달려 결승점을 통과한 것 같은 기분이었다. 내가 해냈다. 목표를 이루었다. 20년 이상 지난 지금에도 그 감격스러운 순간을 잊지 못한다.

이런 얘기를 하는 이유는, 육체적인 능력을 검증하는 체력 검사처럼 경제적 능력을 검증하는 경제력 검사가 있어야 한다고 주장하고 싶기 때문이다. 의무적인 교육 프로그램으로 만들어 그 시험에 통과하겠다는 자극을 심어주는 방식으로 아이들에게 개인 경제에 대한 지식을 가르쳐야 한다. 부자의 자녀뿐 아니라(일반적으로 부자들은 더욱 부자가 되는 법을 자녀에게 잘 가르친다) 모든 사람이 돈에 대하여 똑똑해지는 방법을 배울 수 있어야 한다.

좋은 교육을 받으면 누구든 원하는 사람으로 성장할 수 있다. 아이들의 손을 뒤로 묶어놓은 채 현실 세상으로 밀어넣지 말자. 돈에 대해서 가르치지 않는 것이 바로 이런 행동이다. 아이들에게 지금 부자로 살아갈 수 있는 방법을 가르쳐주자!

정부가 인식할 때까지 무작정 기다릴 수만은 없다. 그 전에는 당신이 직접 아이들을 가르쳐야 할 것이다. 어떻게 해야 할까?

다행히도 나는 일곱 살 때부터 할머니와 아버지에게서 돈에 대한 가르침을 받았다. 두 분이 나의 첫 번째 투자도 도와주셨다(맥도날드의 주식을 샀다). 30년간 투자 강의를 했던 아버지는 가끔 나를 세미나에 데려갔고, 어른들에게 강의하던 것처럼 투자와 경제 그리고 돈 관리에 대해서 나에게 말해주었다.

또한 우리 가족의 경제 상황을 나와 여동생 에밀리에게 항상 알려주었다. 사업이 잘되었을 때는 그 이유와 투자 방법을 설명하였고 상황이 잘못되었을 때(가끔은 이럴 때도 있었다)도 무엇이 잘못되었으며 그 일이 우리에게 어떤 영향을 끼쳤는지 얘기하셨다.

우리 가족의 식탁에서는 늘 돈 얘기가 오고갔다. 그것이 우리 가족에게는 평범한 대화의 소재였다. 너무나 당연하게도 나와 에밀리는 투자자로 자라났고 나중에 금융 상담가가 되었다. 우리 남매는 돈 관리법을 배우며 자라났고 그 결과 탄탄한 경제력을 갖출 수가 있었다.

그런데 불행히도 대부분의 부모들은 자녀에게 돈에 대해서 가르치지 않는다. '불행히도'라는 표현을 쓴 이유는 당신의 아이가 돈에 대해서 모를수록 언젠가 경제적으로 힘들어질 가능성이 높기 때문이다.

자녀를 교육시키기 위해 당신이 경제 전문가가 될 필요는 없다. 하지만 자녀에게 당신의 은퇴 자금 저축 방법과 저축의 이유를 말해줄 수는 있다. 카드 빚을 다루는 법, 당신이 현재 하고 있는 투자의 종류, 그 경제적인 훈련이 만족시켜주는 당신의 가치 등등을 자녀와 토론할 수도 있다.

일단 127쪽의 도표를 보여주는 것으로 이 과정을 시작해보라. 복리 이자의 마술을 일깨워주는 것이다. 다달이 저축한 적은 액수의 돈이 얼마나 굉장한 거금으로 불어날 수 있는지 설명해주어라. 아이들이 부자가 되는 일에 관심을 갖는다면 돈에 대해서도 기꺼이 배우고자 할 것이다.

또한 인터넷상의 무료 정보도 이용할 수 있다. 자녀와 부모가 함께 돈에 대해 배울 수 있는 웹사이트들이 엄청나게 많다. 최근 조사에 따르면 아이들이 비디오 게임을 하고 인터넷을 뒤지고 텔레비전을 시청하는 데 보내는 시간이 하루 평균 네 시간 반이라고 한다. 그 중 10분만 할애해서 어린이 경제 홈페이지 서비스에 들어가게 하라. 아이들이 부자되는 법을 배우게 될 것이다.

무엇보다도 자녀를 가족의 경제적 계획 과정에 포함시키는 것이 가장 기본이다. 명심하라. 자녀에게 돈을 가르치지 않으면 현실 세계에서 그 아이를 보호할 수 없다.

### 결혼 계약서를 작성하지 않는다

결혼 계약서는 까다롭다. 하지만 까다롭다고 해서 만들지 말아야 한다는 뜻은 아니다. 결혼 계약서란, 결혼하기 전에 당신과 배우자가 협상하여 서명한 법적인 서류이다. 기본적으로는 결혼의 조건과 이혼하게 될 경우의 권리 사항들을 지정한다. 간단히 두 사람이 공유할 모든 자산들을 기록할 수도 있고, 결혼 생활의 책임에 대해서 정확히 명시하는 사항들이 포함될 수도 있다.

#### 1_ 결혼 계약서가 필요한 사람, 필요 없는 사람

당신이나 당신의 약혼자가 이렇다 할 자산을 소유하지 않았다면 이 과정을 생략해도 된다. 가진 것도 없는데 둘로 나누는 방법에 대한 서류까지 만들 필요는 없다. 하지만 둘 중 한 사람이 더 많은 것을 소유했거나 더 많은 돈을 버는 경우 혹은 잠재적인 자산(스톡옵션 등)을 소유하고 있다면 결혼 계약서가 꼭 필요하다. 두 사람의 상황에 커다란 차이가 있는 경우라면 — 첫 번째 결혼에서 얻은 아이가 있거나 언젠가 큰 유산을 받을 예정이라는 등등 — 아마도 이 계약서로 자신을 보호할 필요가 있을 것이다.

통계상으로 결혼한 부부의 절반 이상이 이혼에 이른다. 슬프긴 하지만 이것이 엄연한 현실이다. 게다가 이혼이란 과정은 대단히 복잡해지는 경향이 있다. 감정적으로 상처를 입고 경제적으로도 많은 비용이 들어갈 수 있다. 결혼 계약서가 그 과정을 간단하게 만들지는 않는다 해도 '당신 것과 내 것'을 미리 결정해둠으로써 더 쉽게 만들 수 있을 것이다.

## 2_ 결혼 계약서는 낭만적이지 않다

결혼을 앞둔 상태에서 계약서를 쓰자고 제안하는 것은 그다지 낭만적인 일이 아니다. 하지만 당신이나 배우자가 열심히 모은 재산의 50% 이상을 건네주어야 하는 상황 또한 그리 기분 좋을 리 없다.

이러한 주제를 꺼내기가 쉽지 않더라도 약혼한 상태에서(혹은 약혼하기 전에) 미리 의논하는 것이 바람직하다. 결혼식 1주일 전까지 기다리지 마라. 서로의 의견을 교환하고 각자의 변호사에게 서류 검토를 부탁할 시간이 필요하다. 충분한 시간의 여유를 갖으라. 서둘러 처리하지 마라. 나중에 이혼을 청구한 배우자가 협박을 받았다거나 충분히 이해하지 못한 상태에서 계약서를 작성했다고 주장한다면 계약서 자체가 무효화되어버릴 수 있다.

그러므로 일찌감치 이 과정을 시작해야 하고 각자의 변호사를 대리인으로 내세워야 한다. 두 변호사가 합의에 이르지 못한다면 — 대개의 변호사들은 반박하길 좋아한다 — 두 사람의 의견을 들어본 다음 타협을 중재하는 전문가들도 있다. 마지막으로 그 계약서가 두 사람의 관계에 나쁜 영향을 미칠 것이라고 생각지 마라. 결혼 계약서가 오히려 두 사람의 미래에 매우 긍정적으로 작용할 수 있다. 결혼 초기부터 경제적인 가치와 목표를 세우도록 해주며, 많은 부부들이 이 과정으로 인해 더 친밀해졌으며 미래를 더 진지하게 생각할 수 있었노라고 말한다.


## 3_ 다른 사람에게 알릴 필요는 없다

당신은 이 계약을 사적인 부분으로 남겨놓을 권리가 있다. 당신과 당신의 배우자가 계약서를 만든 것은 다른 사람을 위한 일이 아니다. 친한 친구나 부모, 누구의 일도 아닌 두 사람만의 일이다. 그것을 설명하거나 합리화해야 한다고 생각지 마라. 두 사람이 만족했다는 사실이 중요하다.


### 가족의 단위를 넘어서는 더 큰 목표를 세우지 않는다

지금까지 우리는 돈에 대해 자녀를 어떻게 교육시킬 것인지와 학자금 저축에 대해서 얘기했다. 그 전에는 투자 방법과 보험과 백만 달러의 은퇴 자금을 만드는 일에 대하여 얘기했다. 이것들 모두가 중요하다. 필수적이기도 하다. 하지만 부부가 장기적으로 성공하기 위해서는 돈보다 더 강력한 요소가 포함되어야 한다.

수백 쌍의 부부들을 만나오면서 대부분의 성공한 부부들에게 공통점이 있다는 것을 발견했다. 그들은 인내심과 타협의 중요성을 깨달았다. 공통적인 가치와 목표를 지녔다. 그리고 무엇보다도 더 큰 목표에 대한 헌신이 있었다. 더 큰 목표들이란 여러 가지가 있을 수 있는데 종교적인 헌신일 수도 있고, 자선 활동 혹은 지역 참여 활동이 될 수도 있다.

사람에게는 보다 사회적인 광범위한 욕구가 있다고 생각한다. 하지만 많은 사람들이 너무 바쁘다는 핑계로 그 목표를 나중으로 미루는 듯하다. 내년으로 혹은 내후년으로, 아니면 은퇴한 후로.

이런 식으로 계속 미루지 말기를 바란다. 앞으로 1년 이내에 보다 큰 목표를 찾아서 약간의 시간(약간의 돈이 들 수도 있다)을 들여보자. 가족을 위한 일은 아니라 해도 가족이 함께할 수 있는 일을 찾아보자. 나의 경우 보다 큰 목표는 다른 사람들의 경제 능력이 나아질 수 있도록 가르치고 힘을 복돋워주는 일이다. 초중등학교에 의무적인 경제 과목이 포함되는 일에도 힘쓰고 싶다. 하지만 그것은 나의 목표이고, 아내 미셸과 함께 정한 목표는 병으로 죽어가는 아이들의 '마지막 소원'을 들어주는 것이다. 이 책의 로열티 일부도 그 소원 들어주기 기금으로 쓸 예정이다.

또 대부분의 사람들은 시작하는 방법을 몰라서 자선 활동이나 기타 특정 목표에 시간을 내지 못한다고 말한다. 그런 분들은 비영리 단체에서 운영하는 사이트로서, 가치 있는 목적과 뜻있는 분들을 연결시켜주기 위해 기다리고 있는 웹사이트들을 찾아가보라.

직접 상업회의소나 지역 위원회에 전화해본다면 얼마나 많은 단체들이 당신의 시간과 도움을 필요로 하고 있는지 알게 될 것이다.


## 책임 소재를 분명히 하지 않는다

세미나에 참석한 분들이 경제적인 책임을 구별하는 방법에 대해서 자주 물어온다. 통합 통장을 만들어야 할까요? 아니면 개별 통장을 만들까요? 어떤 청구서를 누가 지불해야 할까요? 월급을 한곳에 넣어야 할까요, 별도로 관리해야 할까요?

미셸과 결혼했을 때 우리는 그 질문들의 해답이 분명하다고 생각했다.

"여보, 당신 돈은 당신 통장에 넣고 내 돈은 내 통장에 넣자고. 내가 더 많은 요금을 내고 당신은 몇 가지 요금만 내는 거야. 나중에 하나의 통장을 만들어서 '우리' 돈을 저금하자고. 여행 갈 때는……."

"안 돼요, 여보."

미셸이 말했다.

"우리 돈은 한 통장에 넣어야 해요. 우린 이제 결혼한 부부니까 모든 것을 함께해야 돼요. 사랑하는 사람들은 그렇게 하는 거예요. 우리 돈이 어떻게 쓰이는지 서로 알아야죠."

이크! 그리 분명하지 않았던 모양이다.

이 책의 초반에 언급했던 것처럼 미셸과 나는 이 문제 때문에 처음으로 말다툼을 했다. 상대방의 생각이 나와 똑같을 것이라고 생각했던 탓이었다. 이렇듯 당신과 당신의 배우자도 경제 문제와 책임에 관하여 상대방의 생각을 모두 안다고 착각하는 실수는 저지르지 말길 바란다. 함께 앉아서 의논해볼 필요가 있다. 그러지 않을 경우 혼란과 커다란 말다툼이 결혼 생활에 도사리고 있다.

물론 부부가 경제 문제를 다루는 방법에 '정답'은 있을 수 없다. 하지만 수백 쌍의 금융 상담가로 일해오는 동안 터득한 일반적 지침을 나름대로 설명하겠다.

### 1_ 각자 자신만의 통장이 필요하다

부부 각자가 자신만의 계좌와 신용카드 통장을 가지고 있어야 한다. 가령 미셸이 나의 생일 선물을 샀을 경우 나는 그녀가 얼마를 썼는지 알고 싶지 않다. 또한 그녀가 어디에 돈을 썼는지 상세하게 알 필요도 없다(알고 싶지도 않다). 그것은 내가 상관할 일이 아니다. 마찬가지로 나도 소비 지출에 대한 개인 공간을 갖고 싶다. 무언가를 숨기고 싶다는 게 아니라 부부 각자에게 일말의 사생활은 필요하기 때문이다. 각자의 통장 관리가 개인적인 공간을 마련해줄 것이다.

### 2_ '우리의 돈' 계좌가 있어야 한다

각자의 통장과는 별도로, 두 사람의 공동 통장도 있어야 한다. 이 계좌에서 생활에 들어가는 요금들을 지불한다. '우리 통장'이 은퇴 바구니의 돈을 저축하는 계좌일 수도 있다. 미셸과 나는 두 개의 '우리 통장'을 갖고 있다. 은퇴 자금용 하나, 꿈의 자금용 하나이다. 우리는 최소한 3개월분 생활비(청구서를 지불한 후에)가 마련되어 있음을 확인하면서 은퇴 바구니에 돈을 저축한다.

### 3_ 청구서에 대한 책임자를 정하라

개인적으로 청구서 처리하는 것을 싫어한다. 수표를 쓰는 일도 짜증스럽다. 반면에 그 청구서 금액이 지불되었을까 고민하는 것도 싫어한다. 결혼 초기에 미셸과 나는 되는 대로 청구서들을 나눠서 돈을 냈다. 가끔씩 청구서가 실종되는 경우 '아내가(혹은 남편이) 냈겠지' 라고 생각했다. 하지만 이런 추측은 몇 번의 말다툼과 연체료라는 결과를 낳았다. 결국 미셸과 나는 내가 모든 청구서를 담당하기로 결정했다(이런 일이 싫긴 하지만, 최소한 안 냈을까봐 걱정할 필요는 없다). 물론 '청구서는 모두 미셸 담당' 이라든가 '한 달씩 번갈아가며 처리' 등 기타 다른 방법을 택할 수도 있었을 것이다. 하지만 중요한 것은 우리가 함께 앉아 이 일을 정리했다는 것이다.

### 4_ 정해진 규칙은 없다

한 통장에 넣어 관리하는 것이 당신 부부에게 효과가 있다면 그 방법이 좋고 별도 통장을 관리하는 것이 낫겠다면 그렇게 하라. 맞는 방법을 찾는 것이 중요하다. 통장 관리법과 청구서 지불에 대한 이 간단한 문제가 부부간의 싸움을 불러일으킬 수 있기 때문이다. 한 달에 한 번씩 돈 문제의 책임을 떠넘기느라 싸움이 일어난다면 결혼 생활이 결코 행복하지만은 않을 것이다.

## 전문 상담가*를 찾지 않는다

여기까지 이 책을 읽어왔다면 당신은 돈에 대해서 대단히 진지한 관심을 갖게 됐을 것이다. 이미 언급했다시피 경제서를 사는 사람들 중에는 처음 몇 장 이상을 넘기지 못하는 사람이 수두룩하다.

지금쯤 당신이 미래에 대한 기대감과 실제로 해야 할 일을 제대로 파악했으리라 믿고 싶다. 하지만 너무 많은 정보 때문에 혼란스러울 가능성도 있다. 경제 계획에 대한 내용을 하루나 일주일 혹은 한 달 사이에 완벽하게 습득할 수는 없다. 이것은 평생 계속해야 하는 여행이다. 그리고 장기적인 여행을 계획할 때는 올바른 안내인을 찾는 것이 효과적이다.

금융 상담가들이 그러한 안내인 역할을 해줄 수 있다. 당신이 목표로 하는 지점을 결정했다면 그 다음에 그 길로 안내해줄 전문인을 찾아보아야 한다.

물론 혼자서 모든 일을 해야 직성이 풀리는 사람도 있다. 돈 관리까지 혼자 하고 싶어할 수도 있다. 당신이 그런 분이라면 일단 당신에게 경의를 표하고 싶다. 그리고 이 책이 당신의 결정에 올바른 지침이 되기를 바란다. 반면에 당신이 다른 사람의 충고를 감사히 받아들이는 분이라면 경제적인 코치를 고용하는 것도 한 가지 방법이다.

부자들도 거의 항상 금융 상담가들을 이용한다. 나의 독단적인 견해가 아니라 현실적으로 확인된 일이다. 투자자들을 대상으로 한 조사에 따르면, 1억원 이상의 포트폴리오를 지닌 투자자들 중 89%가 금융 상담가를 고용한 것으로 나타났다. 당신이 아직 원하는 만큼 부자가 되지 못했다면 이 점에 대해 생각해봐야 할 것이다.

금융 상담가를 고용한다고 해서 당신이 무기력하거나 게으르다는 의미는

---

아니다. 똑똑하고 성공한 사람들도 항상 코치와 함께 움직인다. 천재 골퍼라 불리는 타이거 우즈에게도 골프 코치가 있다. 그는 결코 "난 골프에 대해서 모든 걸 알아. 배울 건 다 배웠어"라고 말하지 않는다. 더 나아지기 위해서 골프 코치와 협력한다. 위대한 농구 선수 마이클 조던은 불스의 필 잭슨에게 헌신적이었다. 아카데미 여우 주연상을 탔던 헬렌 헌트는 끊임없이 연기 지도를 받고 있다. 세계에서 가장 성공한 사장단 중에서도 사업 코치를 고용한 사람들이 있다.

그렇다면 어째서 성공한 사람들이 코치를 고용하는 것일까? 훌륭한 결과를 바란다면 계속 배워야 한다는 것을 알기 때문이다. 좋은 코치가 배움의 과정을 쉽게 만들어줄 수 있다는 것도 알기 때문이다. 좋은 코치는 정직한 조언과 객관적인 비판을 제공하며, 가끔 당신이 보지 못하는 것들도 간파해낼 수가 있다.

## 금융 상담가를 찾는 여덟 가지 규칙

그럼 어떻게 해야 좋은 상담가를 찾아낼 수 있을까? 그 일이 항상 쉽지는 않다. 정해진 공식이 있는 것도 아니다. 다만 지금부터 상담가를 찾는 여덟 가지 규칙을 알려주고자 한다. 그 규칙을 따라간다면 상담가를 찾는 과정이 쉬워질 것이고 결국에는 완벽한 코치를 찾을 수 있을 것이다.

### 1_ 소개를 받아라

상투적으로 들리겠지만, 최상급 상담가를 찾는 최고의 방법은 당신이 아는 사람 중 가장 부유한 사람에게 어떤 금융 상담가와 일하는지 물어보는 것이다. 이 부유한 사람이 굳이 친구일 필요는 없다. 안면만 있는 사람일 수도 있고 당신의 사장일 수도 있다. 흔히 사람들은 충고할 수 있는 위치를 좋아하므로 대개의 경우 기꺼이 그 상담가를 소개시켜줄 것이다. 그 사람이 대신 상담가에게 전화를 걸어서 당신을 소개시켜준다는 뜻이다. 일반적으로 당신이 그리 큰 부자가 아닌 한 이런 소개 없이 최고의 상담가를 만나기는 어렵다.

사실 진짜 유능한 상담가들은 최소한의 계좌만 관리한다. 웬만해선 새로운 고객을 받아들이지 않는다. 하지만 당신이 이런 소개를 받는 경우 다른 방법으로는 열리지 않는 그 문이 열린다. 예를 들어 최고 고객 중 하나가 가족이나 친구를 소개한다면 그 친구나 가족은 우리 사무실에서 융숭한 대접을 받게 될 것이다. 최고 고객이 불쾌해하지 않도록 최소한의 기본 금액이 맞지 않더라도 소개한 인물을 받아들이게 된다. 그것이 소개의 힘이다.

## 2_ 상담가의 배경을 확인하라

이 규칙을 따르지 않으면 다른 규칙들까지 모두 소용없어진다. 소개한 사람이 대단히 성공했든 상담가가 얼마나 강력한 추천을 받았든 당신이 그 상담자의 배경을 조사하지 않으면 어려움에 처할 가능성이 높다.

겉으로는 능력 있는 것처럼 보인다 해도 단지 영업 수완이 뛰어난 사람일 수가 있다. 진지해 보이는 상담가라도 경력과 학력을 과장했을 수도 있다. 대단히 매력적인 상담가에게 민사 소송 경력이 있을 수 있고 심지어 범죄 경력까지 있을 수도 있다.

이런 상담가로부터 자신을 보호하려면 한 가지 방법밖에 없다. 사실 투자상담사와 금융자산관리사(FP)가 되기 위해서는 한국증권업협회(Korea Securities Dealers Association)의 시험에 통과하여 등록해야 한다. 그러므로 금융 상담가를 고용하기 전에 — 만나기도 전에 — KSDA의 웹사이트 www.ksda.or.kr에 들어가 그 상담자의 정보를 조사해보라.

또한 그 상담가에게 어떤 '공개된 사건'이 있었는지도 알아볼 수 있다. 공개된 사건이란 민사 소송이나 형사 소송과 관련된 사건이 있었나 하는 여부이다. KSDA 웹사이트가 그 사건의 성격까지 밝히지는 않지만, 우편으로 추가 정보를 보내달라고 요청할 수 있다.

### 3_ 미리 준비하라

영업 사원은 거의 대개 집으로 찾아온다. 투자 상품을 팔기 위해서 당신이 사는 곳 어디라도 책자를 들고 찾아다닌다. 그 반대로 전문적 금융 상담가들은 자신의 사무실로 찾아오라고, 또한 방문시에 일정한 서류를 준비해오라고 요구한다(그런 요구가 없다면 무언가가 잘못된 것이다. 진짜 전문가들은 고객과의 만남 시간을 생산적으로 사용하고 싶어한다).

미리 준비한다는 것은 개인 경제에 관련된 서류를 모두 가져가야 한다는 뜻이다. 267쪽의 경제 상황 정리계획표를 이용해서 가져가야 할 서류들을 파악해보는 것도 도움이 될 것이다.

만약 당신이 상담가에게 개인적인 정보를 드러내는 것이 싫다면 아직 그를 고용할 준비가 안 된 것이다. 상담가에게 경제 기록을 보여주는 것은 의사에게 몸을 보이는 것과 같다. 전문가가 당신을 도와주려면 우선 진찰을 해봐야 한다. 창피해 할 필요가 없다. 의사들처럼 금융 상담가들도 수많은 '환자'들과 상담해왔고 당신보다 더 심각한 환자도 많이 만나보았을 것이다.

**4_ 상담가의 철학을 물어보라**

상담가와 처음 만났을 때 돈 관리에 대한 그의 철학을 물어보아야 한다. 진지한 전문가라면 투자에 대한 접근 방식을 조리 있고 간단하게 설명해줄 수 있을 것이다. 그렇지 못하다면 새로운 사람을 찾아보는 것이 좋다.

절대적으로 피해야 할 사람은 영업 사원 기질이 있는 사람이다. 영업 사원들은 철학을 이야기하지 않는다. 당신이 듣고 싶어하는 말을 해주는 데 많은 시간을 소비한다. "어머나, 존스 씨. 스톡옵션을 받으실 건가요? 제가 그 방면의 전문가입니다." "변액 보험에 관심이 있으신가요? 제가 담당하는 일이 바로 변액 보험이지요." 이런 식으로.

이런 말을 사용하는 사람은 영업 사원으로 교육을 받은 사람들이다. 또한 당신이 선택할 만한 상담가도 아니다. 첫 대면에서 당신의 개인적인 경제 상황을 검토하는 데 시간을 보내는 사람, 자신의 생각을 말하기보다는(팔려고 하기보다) 질문을 주로 하는 사람, 자신의 실적을 떠벌리지 않는 사람이 당신이 선택할 만한 상담가이다. 만약 상담가가 고수익을 보장해주겠다고 말하면(연수익 7~12% 이상) 당장 뒤돌아보지 말고 그 사무실을 떠나라. 최근의 높은 수익률을 이용하여 자신을 투자의 마술사처럼 선전하는 상담자들이 많다.

과거의 실적이 미래의 실적을 보장하지는 않는다.

믿을 만한 상담가는 '투자의 현실'에 대해서 말한다. 지난 10년간 주식 시장이 18% 이상의 연수익을 올렸다 해도 계속 그런 수준으로 유지된다는 보장은 없다. 오히려 그렇지 못할 가능성이 더 높다. 우리 사무실에서는 지난 5~10년간의 높은 수익률은 보여주지 않는다. 지나치게 근사해 보이기 때문이다. 대신 지난 75년간의 평균 수익률을 제시한다. 그 기간의 평균 수익률은 11% 정도이다. 게다가 주식으로 돈을 벌지 못했던 해가 10년 이상이었다.

## 5_ 직감을 따르라

금융 상담가와의 첫 대면은 첫 데이트와 같다. 직감에 의한 느낌이 있을 것이다. '이 사람은 믿을 만해, 느낌이 좋아' 아니면 '애매한걸' 혹은 '이 사람은 절대 안 돼' 식으로 당신의 내면에서 목소리가 들릴 것이다.

그 최초의 직감을 따라가라. 나는 만난 지 10분 만에 그 사람과 같이 일하고 싶은지에 대해서 파악한다. 전화 상담만으로도 그 사람과 장기적인 관계를 맺어야 할지 말아야 할지 결정할 수 있다. 그 직감을 무시했을 때마다 문제의 고객과 일해야 했다.

금융 상담가를 찾을 때에는 장기적인 관계를 염두에 두어야 한다. 그가 수십 년간 당신의 돈 관리를 도와줄 수 있다면 가장 이상적일 것이다. 느낌이 안 좋은 사람과 같이 일하면 상황이 틀어질 때마다(시장이 폭락하는 등) 다른 사람을 찾아나서게 되기 십상이다.

## 6_ 조언에 대하여 돈 낼 준비를 하라

전문적인 금융 상담가들은 무료로 조언해주지 않는다. 당연한 말처럼 들리겠지만 무료로 모든 것을 얻을 수 있는 인터넷에 너무 익숙한 나머지 많은 사람들이 상담가의 경험과 지식을 공짜로 얻을 수 있으리라 생각한다. 미안하지만 전문적인 상담가들은 다르다.

## 7_ 소개받지 못한다면 직접 조사해보라

명심하라, 추천 목록을 받은 후에는 당신이 직접 만나보고 그들의 배경도 확인해야 한다. 이러저러한 단체의 일원이라고 해서 당신에게 맞는 상담가라는 보장은 없다. 다른 모든 일이 그렇듯이 금융 상담가를 고용하는 일에도 당신이 부지런히 움직여야 한다.

### 8_ 큰 회사의 상담가를 고용하라

다른 방법이 여의치 않을 때는 규모가 중요하다. 메이저급 증권사와 기타 상장 거래되고 있는 재무 기획사에서 상담가를 구하라. 회사가 클수록 더 안전하다. 소규모 독립 조직은 하룻밤 사이에 사라질 수가 있다. 하지만 메릴 린치, 모건 스탠리 딘 위터, 살로먼 스미스 바니, 찰스 슈왑, 피델리티 등 이 정도 규모의 회사들은 하루아침에 사라지지 않는다.

게다가 큰 회사들은 자금이 풍부하다. 관리하는 자산이 수십억 달러에 이른다. 또한 비윤리적이거나 불법적인 일이 일어나지 않도록 감독하는 감찰관들도 있다.

메이저급 회사에서 가장 바라지 않는 일이 있다면 아마도 사기당했다고 불만을 터뜨리는 고객들일 것이다. 대부분의 회사가 상장되어 거래되기 때문에, 질 나쁜 상담가로 인한 나쁜 평판 한 번으로도 회사의 전체 시가 총액에 영향을 미칠 수가 있다. 그러므로 큰 회사들은 고객을 소중히 여긴다. 고객이 불법적인 방법으로 피해 입는 상황을 결코 바라지 않는다.

물론 큰 회사들이 절대로 실수하지 않는다는 뜻은 아니다. 아무리 큰 회사라도 사람의 손으로 운영된다. 하지만 잘못된 사태가 발생했을 경우 큰 회사의 고객은 더 나은 보호를 받을 수 있다.

마지막으로, 무언가 '잘못' 되어 가고 있는 느낌이 들면 즉시 서면으로 불만 사항을 제출하라. 그 상담가가 소속된 증권사의 지점장에게 연락해서 면담을 요청하라. 열 가지 불만 중에서 아홉 가지 정도는 며칠 이내에 해결될 것이다.

**포기하지 마라**

투자자들의 행동 중에서 어쩌면 이것이 가장 커다란 실수일지도 모른다. 쉽게 포기한다.

이 책의 앞부분에서 나의 할머니가 1년간 투자한 돈을 모두 잃었다고 얘기한 바 있다. 그때 할머니는 계속할 가치가 없다고 생각하고 그만두기로 결심했을 수도 있었다. 여러 가지 실수도 저질렀다. 평범한 중개인을 선택했고 정확하지 않은 정보를 믿고 투자했고 직접 조사하지도 않았다.

어떻게 그런 실패를 겪은 후에도 계속할 수 있었느냐고 물어보았을 때 할머니는 미소지으며 대답했다.

"내 인생을 노려보면서 이렇게 말했단다. '로즈 바크, 부자가 되고 싶으면 지금 그만둬서는 안 돼' 라고."

그만두지 않을 결심을 하기까지 얼마나 큰 용기가 필요했을지 상상해보라. 할머니의 옆에서 끊임없이 충동질한 친구들도 있었다. "이봐, 로즈, 우리랑 점심 먹으러 가자." "로즈, 은퇴한 후까지 걱정할 필요가 뭐 있어, 사회 보장 제도가 있잖아." "어머나, 로즈, 왜 그렇게 걱정이 많아? 다 운명대로 되겠지." 그 친구들이 왜 그렇게 비협조적이었을까? 어쩌면 할머니가 성공할까봐 두려워서였는지도 모른다. 그들은 항상 그대로인데 나의 할머니만 부자가 될까봐.

기억하라, 당신에게는 인생의 선택권이 있다. 지금 그대로를 받아들일 수도 있고 계획을 세워 목적을 향해 노력해갈 수도 있다. 엄청난 잠재력이 있다는 말이다. 결심을 실천에 옮기는 것이 항상 쉬운 일은 아니다. 가끔은 실수도 하게 될 것이다.

내가 말한 실수 중 하나가 아니더라도 어떤 실수든 있을 수 있다. 괜찮다. 사실은 그것이 정상이다. 중요한 것은 당신이 실수로부터 배우는 것, 다시 일

어나서 앞으로 달려가는 것이다. 가치 있는 일들이 항상 그렇듯이 부자가 되
는 길에도 열성과 헌신이 필요하다. 하지만 당신과 당신의 배우자가 절실하게
무언가를 원한다면 함께 노력함으로써 소망을 이룰 수 있을 것이다.

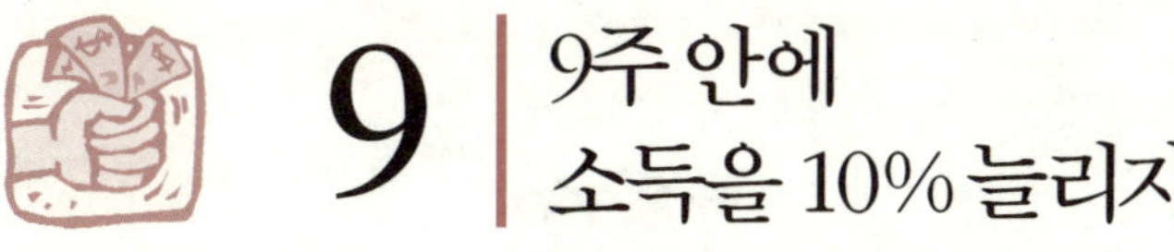


9
9주 안에
소득을 10% 늘리자

8단계에서는 당신과 배우자가 똑똑한 부자로 성장하기에 도움이 될 만한 훈련과 기술들을 알아보았다. 다시 한 번 말하지만 부부가 함께 그 중 몇 단계를 수행한다면 나머지 90%보다 더 나은 삶을 살게 될 것이다. 그 모든 과정을 실행한다면 최상위 1% 안에 들 수도 있다.

이제 작은 비밀 한 가지를 알려주겠다. 지금까지의 8단계가 유익하고 중요하긴 하지만, 이 마지막 단계에서 보여줄 방법만큼 즉각적이고 강력한 결과를 불러오진 못한다. 이번 장에서는 두 사람이 단 9주일 안에 소득의 10%를 올리는 방법에 대하여 알아볼 것이다.

하지만 우선 내가 예전에 했던 말을 기억하라. 벌어들이는 소득과 상관없이, 두 사람이 올바르게 행동한다면(소득의 10%를 '자신에게 먼저 지불하는' 등의 행동) 이미 부자가 될 만한 돈을 벌고 있는 셈이다.

현명하게 돈을 이용하고 투자하기만 하면 대부분의 사람이 부자가 될 수 있다. 하지만 또 다른 진실도 있다. 당신이 다음 9주일 후에 소득의 10%를 증가시키고 그 후에 이 책의 내용대로 행동해나간다면, 부자가 될 가능성이 훨씬 높아질 뿐 아니라 그 시기도 더욱 빨라질 것이다. 소득을 늘리는 것이 가장 빠르고 확실하게 돈을 모을 수 있는 길이다.

### 당신은 월급 인상을 요구할 자격이 있다!

한 가지 질문을 하겠다. 당신은 월급을 더 받을 자격이 있다고 생각하는가?

"현재 자신이 받아야 할 월급보다 덜 받는다고 생각하시는 분 계십니까?" 나는 이 질문을 세미나 수강생들에게 수백 번 물어보았다. 흥미로운 사실은 거의 대부분이 — 몇 번은 강연장의 모든 사람들이 — 손을 든다는 점이다. 수강생들 이외에도 대부분의 사람들이 자신의 월급에 만족하지 않는다. 그 점은 자영업자들도 마찬가지이다. 자영업자들도 자신이 버는 소득에 비해서 노동시간이 너무 많다고 생각한다. 또한 자신의 상품이나 서비스가 충분한 대가를 받지 못한다고 생각한다.

이제 처음 질문으로 돌아가보자. 당신은 당신이 지닌 가치만큼 보상을 받고 있는가? 아마도 '아니다'라는 대답이 더 많을 것이다. 임금 인상 시기가 애매하게 지나버렸음을 알고 있을 가능성도 있다. 하지만 여기에는 한 가지 문제점이 있다. 임금 인상은 저절로 굴러 떨어지는 게 아니다. 우리가 나서서 움켜잡아야 한다.

이 점을 염두에 두고 다음 두 가지에 초점을 맞춰라.

1_ 당신은 지금 버는 소득보다 더 많이 벌 자격이 있다.

2_ 그 결과를 얻어낼 힘이 당신에게 있다.

이것이 '적극적 소득(proactive income)'이라는 개념의 기본이다. '적극적 소
득'이란 상황의 주도권을 당신이 잡아 해마다 10% 이상씩 소득을 증가시키는
접근 방식이다.


### 자신이 발 벗고 나서야 한다

자신의 경력을 관리하는 사람은 많지만 소득을 관리하는 데 신경 쓰는 사람
은 별로 없다. 다음의 시나리오를 상상해보라.

당신은 지난 6개월 동안 지쳐 쓰러질 정도로 일해왔다. 1주일에 50시간씩
일하고 주말 작업과 야근까지 마다하지 않은 채 회사의 성장을 위해 헌신했
다. 어느 날 당신이 사무실에 들어섰을 때 깜짝 파티 준비가 되어 있다. 색색
의 풍선과 케이크들이 장식되고 동료들이 자리에서 일어나 소리친다. "축하해
요!" 그 다음에 사장이 나타나 당신의 등을 두드려주면서 이렇게 말한다. "자
네의 노력 덕분에 회사가 전보다 많이 성장했소. 이제 당신에게 1주일간의 휴
가를 주겠소. 월급도 20% 인상시켜주겠소."

이런 일이 일어날 수 있을까? 아마도 대부분은 고개를 흔들 것이다. 이렇게
환상적인 일은 절대로 일어나지 않는다. 당신이 자영업자라면 더더욱 불가능
한 일이다. 어느 날 갑자기 고객들이 몰려와 "당신은 훌륭한 사업자예요. 그러
니 우리가 서비스에 대한 대가를 올려드려야겠어요. 다음부터는 가격을 10%
씩 올려 받으세요." 이렇게 말할 리는 없다.

현실적으로 더 많은 돈을 벌 방법은 한 가지뿐이다. 당신이 이제부터 적극
적으로 자신의 직업과 소득을 관리하겠다고 결심하는 것이다.

### 적극적인 소득 관리의 힘

소득이 늘어나고 월급이 인상될 때의 좋은 점 하나는 그 결과가 즉시 확인된다는 것이다. 지금껏 이 책에서 설명했던 기술과 전략들은 눈에 보이는 결과를 얻기까지 어느 정도의 시간이 필요하다. 예를 들어 복리 이자의 마술이 놀랍긴 해도 그 효과를 확인하려면 몇 년이 지나야 한다. 하지만 월급 인상은 단 며칠밖에 걸리지 않는다. 자영업자의 경우도, 당신이 요금을 10% 올리고 고객이 그 요금을 받아들인다면 결과는 즉각적이다.

더구나 이 일을 성공시키게 되면 당신과 당신의 배우자는 적극적인 관리의 힘을 직접 경험할 수 있다. 실제로 단 9주일 만에 소득의 10%를 올리고 나면 자신의 경제적 미래를 자신의 힘으로 만들어갈 수 있음을 깨닫게 될 것이다.

### 소득 증가가 미칠 영향을 생각하라

당신과 배우자가 1년마다 소득의 10%를 증가시킨다면 7년 후에는 부부의 공동 소득이 두 배로 늘어날 것이다.

이 소득의 증가가 당신의 인생에 어떤 영향을 미칠지 생각해보라.

요즘 노동자들의 월급은 매년 3~4% 정도의 수준으로 인상된다. 그러므로 월급의 10% 인상은 그리 높은 비율이 아니다. 그 이상까지 올릴 수도 있다. 올해 당신이 소득의 30% 증가를 위해 노력하지 못할 이유가 무엇인가? 이런 일은 도처에서 일어난다. 오늘날 대기업에서는 10년 동안 근속한 기존 근로자보다 새로 채용하는 직원에게 30% 더 높은 임금을 제공한다.

이런 일이 당신에게 무엇을 말해주는가? 인생이 공평치 않다는 것이다. 충성심에 항상 보상이 따르는 것은 아니다. 하지만 이 상황을 불평할 필요 없이,

당신이 직접 그러한 혜택을 누릴 수도 있다. 다른 사람들에게 일어나는 일을 지켜보는 대신 당신 자신을 그 주인공으로 만들 수 있다. 기억하라, 월급 인상은 저절로 굴러 떨어지지 않는다. 당신이 나서서 붙잡아야 한다.

### 회사 내 자신의 가치를 높여라

당신이 유능하고 회사에 가치를 증진시켜주는 직원이라면, 9주일 이내에 월급이 인상될 수 있는 가능성은 매우 높다. 반면에 당신이 게으르거나 회사에 별 도움이 되지 못하는 직원이라면 월급 인상의 꿈은 접는 게 낫다. 너무나 간단하다. 현재의 근로자보다 새 직원에게 30%를 더 제공하는 회사들은 흔히 종업원 수를 25% 감축하려는 목표도 동반하고 있다. 그들은 수년간 일해온 평범한 근로자들을 교육시키는 것보다 신속하게 결과를 산출할 수 있는 유능한 직원에게 많은 월급을 제공하는 것이 더 싸게 먹힌다는 것을 알고 있다.

그러므로 월급 인상을 요구하기 전에 자신에게 정직하게 물어볼 필요가 있다. 당신은 그만한 가치가 있는 사람인가? '그렇다'는 대답이 나온다면 사장은 당신을 대신할 사람을 찾기보다 당신의 월급을 올려주는 쪽으로 선택할 것이다. 요즘 전문가들의 구인구직은 직업소개소나 헤드헌터들이 담당한다. 그들은 자신들이 소개한 자리의 연봉을 기준으로 요금을 청구하며 기본 수수료는 30%부터 시작한다. 이것은 회사측에서 연봉 5,000만원의 직원을 충원하기 위해 1,500만원 이상의 수수료를 내야 한다는 뜻이다. 그런 직원을 구했다고 해도 당신만큼 일을 잘하리라는 보장은 없다.

이젠 당신의 10% 월급 인상 요구가 매우 합리적이라고 생각지 않는가? 좋다. 그런 식으로 생각해야 한다.

## 절대적인 것은 없다

사람들이 적극적인 소득의 개념에 대해 반박할 때 자주 사용하는 말이 있다. 자신의 회사에서는 아무도 10%를 인상받지 못한다는 것이다, 절대로. 세미나에서 한 여성이 이렇게 말했다.

"내가 다니는 회사는 1년에 4% 이상 올려주지 않는 게 규칙이에요. 지금까지 그래 왔고 앞으로도 그럴 거예요."

다른 세미나에서도 그 비슷한 지적이 나왔다.

"우리는 모두 노동조합 소속이에요. 임금은 모두 노사 계약으로 결정돼요."

두 사람에 대한 나의 대답은 똑같았다.

"여러분, 우리 나라는 자유국가입니다. 당신에게 그 직장에서 일하라고 강요한 사람은 아무도 없습니다. 그곳에서 일하기로 결정한 사람은 바로 당신입니다. 더 받을 가망도 없이 매년 고정 월급만 받는다면, 당신은 응당 받아야 할 소득을 놓치는 것뿐 아니라 삶에 대한 정열마저도 잃어버릴 수가 있습니다."

나는 1년에 4%만 인상된다고 말한 여자에게 물어보았다.

"아무리 일을 잘해도 보상이 없다고 생각하면 일할 의욕이 나시나요?"

그녀가 화난 표정을 지으며 대답했다.

"당연히 안 나죠. 그래서 아주 화가 나요. 일을 잘하고 싶은 마음도 없어요."

"그렇다면 당신은 보통 수준으로만 일할 마음이겠군요. 결국은 평범한 사람이 되려는 마음일 테고요."

이제 여자는 진짜로 화를 냈다.

"난 결코 평범해지고 싶지 않아요. 그럼 당신 같으면 열심히 일하겠다는 건가요?"

"아닙니다. 나 같으면 월급을 올려달라고 요구할 겁니다. 그렇게 안 되면 새로운 일자리를 찾아볼 겁니다."

### 한 번 거절당했다고 쉽게 포기하지 마라

경영진에 있는 사람들은 "죄송하지만 이것이 회사 규칙입니다."라는 말을 자주 사용한다. 하지만 사실은 어떤 회사마다 항상 예외 조항이 있게 마련이다. 회사에 수익을 증대시키는 아이디어나 능률적인 조직에 대한 아이디어를 낸 직원들에게는 회사 규칙이 의외로 융통성을 발휘하는 경우가 많다.

그리고 처음 월급 인상을 요구한 후에 포기하지 않는 것도 중요하다. 한 번 거절당했다고 해서 두 번째, 세 번째까지 거절당하리란 법은 없다. 당신은 소득의 문제를 다루고 있는 것이다. 노력해볼 가치가 충분히 있다. 월급 인상 요구를 수치스러워하지도 마라. 당신에게는 그만한 자격이 있다.

### 자영업자는 어떻게 소득을 올릴까

자영업자는 그들이 제공하는 상품이나 서비스 요금을 올려서 소득을 늘릴 수 있다. 당신이 현재 한 시간당 4만원의 요금을 청구하고 있다면, 10%를 올려서 4만 4,000원을 청구하는 것이다. 나의 집 정원을 관리하던 정원사는 시계추처럼 정확하게 6개월에 한 번씩 5%씩 요금을 올려 불렀다. 가끔씩 가스 값이 너무 올랐다거나 비료 값이 비싸졌다는 이유를 대기도 했지만 항상 조금씩 올려갔기 때문에 거의 그 차이를 알아차리지 못했다.

내가 적극적인 소득의 개념을 생각했을 때에야 그의 요금이 5년 만에 두 배로 뛰어올랐다는 것을 깨달았다. 그는 1년에 10%씩 자신의 소득을 적극적으로 올려갔던 것이었다. 매우 똑똑한 사람이다. 당신도 이렇게 할 수 있다. 지금 얼마의 요금을 받고 있든 최소한 10%씩 요금을 올려나가라. 무리라고 생각된다면 5% 인상을 시작으로 12개월 이전에 5%를 더 올리라. 그럼 1년 내에 당신의 소득은 10% 증가되어 있을 것이다.

### 적극적인 소득 9주일 계획

이제 당신은 적극적인 소득의 기본 개념을 파악했다. 지금부터 더 상세한 사항으로 들어가보자. 9주일 내에 당신의 소득을 10% 이상 올리는 방법을 알아보자.

현실을 파악하라.

당신과 당신의 배우자는 각자의 직장 생활과 현상태에 대하여 아주 솔직하게 토론해보는 것으로 이 계획을 시작해야 한다.

여기서 중요한 점은 상대방을 깎아내리거나 작년, 재작년에 하지 못했던 일들을 들추지 말아야 한다는 것이다. 과거는 이미 지나갔다. 되돌아가서 지난 5년간의 월급을 올릴 수는 없는 일이다. 그러므로 오늘과 내일 할 수 있는 일에 초점을 맞추어야 한다. 자신의 상황을 지극히 객관적으로 살피는 것이 최선의 방법이다.

**1_ 시간당 얼마를 벌고 있는가**

당신이 정기적인 급료를 받고 있다면 비교적 계산하기 쉬울 것이다. 하지만 정확히 해야 한다. 당신이 실제로 일하는 시간을 계산해야 한다. 요즘 대부분의 사람들이 1주일에 40시간 일하는 것으로 계산하여 급료를 받지만 실제로는 45시간에서 60시간까지 일하는 사람들이 많다. 퇴근한 후에도 집에서 인터넷으로 몇 시간씩 더 일하거나, 항상 핸드폰이나 호출기를 갖고 다니면서 사무실과 지속적으로 연락을 취하기도 한다. 당신이 어디에서 무엇을 하든 거의 항상 일하고 있다는 뜻이다. 시간당 버는 액수를 알아야 당신의 가치와 시간에 따른 가치를 평가할 수 있다. 솔직해지라. 당신은 실제로 시간당 얼마를 벌고 있는가?

최근에 TV수리공에게 8,000원 청구서를 받고 경악을 금치 못한 적이 있다. 그 사람이 고장난 부분을 수리하는 데 걸린 시간은 불과 7분이었다.

"당신이 여기 있었던 시간은 겨우 7분이었잖아요."

나의 말에 그는 어깨를 으쓱였다.

"7분이 걸렸든 59분 30초가 걸렸든 상관없어요. 난 일회 출장당 최소 요금으로 8,000원을 받아요."

나는 미소짓지 않을 수 없었다. 그 사내가 자신의 시간 가치를 잘 알고 있었던 것이다. 당신도 당신의 시간 가치를 알 필요가 있다. 이것을 실제로 계산해보면 많은 사람들이 생각보다 덜 벌고 있음을 깨닫게 될 것이다. 40일로 계산된 급료를 받으면서 1주일에 60시간씩 일하기 때문이다(반면에 사무실에서 빈둥거리며 시간을 보내는 사람은 자신이 매우 후한 대접을 받고 있음을 알게 될 것이다. 자신의 실질적 근무 시간에 대하여 솔직해진다면).

## 2_ 좋은 회사에서 일하고 있는가

좋은 회사란 당신에게 성장할 기회를 제공하는 장래성 있는 회사를 말한다. 여기서도 솔직해져야 한다. 따로 떼어놓은 재산이나 유산이 없는 이상 당신은 돈을 벌기 위해서 일해야 한다. 즉 당신의 자유 시간을 소득과 교환하는 셈이다. 그러므로 열악한 회사에서 일하고 있다면 다시 한 번 생각할 필요가 있다.

당신의 일자리가 사양 산업에 속해 있다면 상황은 더 심각하다. 쇠퇴해가는 분야에서 일하는 친구는 해마다 더욱 열심히 일해도 간신히 그 상태를 유지할 뿐이었다. 반면에 성장 산업에 몸담은 친구들은 알맞은 시기에 적당한 장소를 선택함으로써 놀라울 만큼 짧은 시기에 소득을 두 배, 세 배 심지어 네 배까지 불려나갔다.

당신이 현재 '침몰하는 배'에서 일하고 있다면, 그래도 10% 월급 인상 방안을 찾아보라. 하지만 가능한 한 빨리 다른 진로를 찾아야 한다. 직업에 관한 한, 그 배와 생사를 같이했다고 해서 당신이 명예로워지는 건 아니다.

## 3_ 불평만 하지 말고 행동하라

앞의 두 가지 질문을 생각할 때 당신이 직장의 잘못된 점들을 수없이 떠올렸을 수도 있다. 그 반대로 진짜 좋은 직장에서 일하고 있구나 깨달았을 수도 있다. 어느 쪽이든 첫 주에 당신이 해야 할 일은 자신의 상황을 평가하는 것이다.

하지만 일단 생각을 했으면 행동으로 실천해야 한다. 소득을 높이기 위해서 어떤 행동을 해야 하는지 고민해야 한다. 불행히도 많은 사람들이 행동 단계로 접어들지 않는다. 오히려 불평 단계에 머물러서 시간을 낭비한다.

불평하는 상황이 길어지면 정말 위험하다. 친구들과 가족에게 짜증을 안겨줄 뿐 아니라 앞으로 가야 할 과정도 가로막는다.

불만에 싸인 사람들은 전형적으로 이런 말을 한다.

- 내가 맡은 프로젝트는 아무짝에도 쓸모가 없어.
- 회사에서 나의 능력을(공헌도를) 제대로 평가해주지 않아.
- 출퇴근 시간이 너무 오래 걸려.
- 우리 회사 경영진은 자기가 뭘 하는지도 몰라.
- 회사 동료들이 열심히 일하질 않아.
- 사장이 얼간이야.
- 이 일은 지긋지긋해.

이런 사람들에게는 불평이 그들의 심심풀이 오락이다. 당신이 "안녕하세요"라고 인사하면 장황한 불만들을 쏟아놓는다. 더 심각한 것은 불평이 전염성이 있다는 점이다. 불평론자들과 가까이 있으면 당신도 자신의 불만들로 대답하기 시작할 것이다. 아이들이 자주 이런 양상을 보인다. 그들은 저녁 식탁 앞에서 학교에 대한 불평을 늘어놓는다. 주말에는 '불평 모임' 까지 만들어서 "지난 일주일간 너무 지독했어." "주말이 더 길었으면 좋겠어." 등등의 불만을 토해낸다.

사실 옆에서 보고 있을 때에는 그것이 꽤 재미있다.

이런 일을 비난하려는 게 아니다. 나 자신도 비슷한 행동을 한다. 하지만 조만간 그러한 불평이 당신에게 아무런 이익도 못 된다는 것을 깨달을 수밖에 없다. 그러므로 만약 당신이 불평론자와 가까이 있다면 — 혹시 당신이 그런 사람이라면 — 경고문 하나를 작성하는 것으로 이번 주를 시작해야 할 것이다. "더 이상 불평하지 말자!" 나의 아내 미쉘은 "그만 좀 해요!"라는 표현을 애용하기도 한다.

다행히도 당신에게는 일주일간의 유예 기간이 있다. 9주일 계획 중에서 처음 7일은 직장 문제를 일일이 나열하고 불평해도 괜찮다. 하지만 이번 주가 끝난 후에는 110%의 시간과 노력을 행동에 쏟아 부어야 할 것이다.

자신이 원하는 것을 적어보라.

10% 월급 인상도 다른 목표를 달성하는 과정과 비슷하다. 첫 번째 단계는 그 목표를 적는 것이다. 애매한 희망을 적어서는 안 된다. 명확하고 구체적으로 마감 기간까지 정해야 한다.

종이 한 장에 이런 사항들을 적어보라. 현재의 소득, 당신이 바라는 월급 인상률, 월급이 인상되었을 경우의 금액, 노력하기 시작할 시점, 목표를 달성할 시점. 이 마지막 항목이 특히 중요하다. 마감 시한을 정하지 않으면 과정이 제대로 진행되지 않는다. 마감 시한이 없으면 그것은 행동이 아니라 소망에 지나지 않는다.

이 모든 내용을 적고 난 후에, 날짜를 적고 서명한 다음 당신의 배우자를 증인으로 삼으라. 그렇게 하면 당신이 더욱 노력할 수 있다.

서약서가 완성되면 몇 장 복사해서 당신이 자주 보게 될 만한 곳에 놓아두라. 욕실 거울에 한 장, 침대 옆 스탠드에 한 장, 냉장고 문에 한 장, 지갑에 한 장, 이런 식으로 여러 곳에 붙여두라.

이 간단한 작업을 하는 데 일주일이 다 필요하지는 않을 것이다. 단 몇 분이

**예〉 나의 적극적인 소득 계획서**

이름 : 강인상  　　　　　　　현재 연봉 : 5,000만원

바라는 월급 인상률 : 10%  　　인상된 액수 : 500만원

새로운 연봉 : 5,500만원  　　　시작하는 날 : 2003년 10월 1일

마감하는 날 : 2003년 12월 1일

　　　　　　　　　　　　　　서명 :

　　　　　　　　　　　　　　증인 서명 :

면 충분하다. 하지만 결정하기까지 일주일이 걸린다면 그것은 상관없다. 다만 일주일이 끝나기 전에 당신의 목표를 종이에 적고, 자주 보는 곳에 붙여두어야 한다.

이 간단한 작업을 하지 않으면 나머지 과정도 효과가 없을 것이다. 당신의 무의식이 진심으로 받아들이지 않기 때문이다. 내 말을 믿고 그대로 따라보라. 둘째 주의 첫날 이 작업을 끝냈다면 셋째 주 과정으로 넘어가도 좋다. 하지만 이 과정이 너무 쉬울 것 같다는 이유로 건너뛰어서는 안 된다. 272쪽에 당신이 활용할 수 있는 '적극적 소득' 용지가 첨부되어 있다.

## 셋째 주

어수선한 것들을 정리하라.

대청소는 당신의 인생과 일에 대한 태도를 빠르게 변화시킬 수 있다. 일반적인 경우라면 당신의 인생은 — 집과 직장 모두 — 아마 원하는 상태보다 좀 더 헝클어져 있을 것이다. 집 안이 어지러운 것이야 다른 사람이 상관할 바가

아니겠지만, 지저분한 사무실이나 책상은 당신의 돈을 — 월급 인상까지도 — 빼앗아갈지 모른다.

농담이 아니다. 당신의 작업 공간이 어수선하면 다른 사람들이 당신을 정신 없는 사람으로 판단한다. 그 판단이 잘못된 것도 아니다. 당신이 물건을 찾는 데 시간을 낭비하게 될 테니까 말이다. 통계에 따르면 미국인들이 잘못 놓아둔 물건을 찾는 데 소비하는 시간을 합하면 하루에 총 9백만 시간에 달한다고 한다. 한 사람이 책상 위에 놓인 서류를 찾는 데 낭비하는 시간은 하루 평균 한 시간, 일반 사장단이 잃어버린 정보를 찾는 데 낭비하는 시간은 1년 동안 평균 6주일이라고 한다.

간단히 말해서 어수선한 환경이 돈 버는 데 걸림돌로 작용한다는 것이다. 불행히도 학교에서나 직장에서나 정리하는 법을 가르치지 않는다. 물론 정리법을 주제로 한 책이나 강좌가 있긴 하지만 그보다도 그런 과정을 생략할 수 있는 간단한 방법이 있다. 이번 주말에 사무실이나 작업장에 나가서 하루 종일 청소하라. 그 변화가 당신의 작업 태도와 생산력에 날개를 달아줄 것이다. 직장을 바꾸는 것 다음으로 사무실 청소가 당신의 회사 생활에 가장 커다란 영향을 미칠 수 있다. 꽤 깔끔하다고 자처하는 사람에게도 적용된다.

나는 3년 전에 사무실 청소의 힘을 알게 되었다. 그 전까지는 리서치 보고서와 「월 스트리트 저널」 지난호들이 1미터 높이로 사무실 전체에 쌓여 있었다. 그 위에도 무언가가 올려져 있었다. 그 결과 나는 하루를 개운치 않은 기분으로 시작했고 피곤한 기분으로 끝냈다.

하지만 이제는 그렇지 않다. 지금 나의 사무실은 얼룩 하나 없이 깨끗하고 파일 서랍들도 거의 비어 있다. 사무실에 들어설 때는 안도감마저 느낀다. 이 안정감이 나를 좀더 긍정적이고 생산적으로 만들어준다. 또한 더 높은 소득을 올릴 수 있도록 해주었다.

### 1_ 대청소를 하라

당신의 사무실이 지진이 일어난 것처럼 폐허가 아니라면 대청소를 하는 데 반나절 이상 걸리지 않을 것이다. 만약 이런 곳에서 일하고 있다면 얼마의 시간이 걸리든 기필코 청소해야 할 필요가 있다.

청소 시기는 사무실이 비는 주말로 잡아야 한다. 청바지와 티셔츠를 입고, 좋아하는 음악 CD를 챙기고 도시락을 싸고 커다란 상자 한두 개도 준비하라. 하루 종일 일할 작정을 하라. 반나절 이상 걸릴 리는 없겠지만 저녁 시간까지 이어진다 해도 하루 안에 모든 일을 마무리짓겠다고 마음먹으라. 말끔하게 끝냈다는 느낌이 들어야 한다. 그 점이 당신의 사기를 복돋워준다.

이제 상자를 열어 던져넣기 시작하라.

책상 위부터 시작하자. 책상 위의 온갖 종이쪽지들, 메모, 파일 폴더들을 파일 상자에 모조리 집어넣으라. 이 작업이 끝났을 때는 책상 위가 — 아마 몇 년만에 처음 보는 광경일지도 모른다 — 텅 비어 있어야 한다. 우선은 책상 위를 반짝반짝하게 닦자. 상자 속의 물건들에 대해서는 걱정하지 마라. 곧 처리하는 방법을 알게 될 것이다. 지금은 책상부터 닦으라. 갑자기 깨끗해진 사무실을 보게 되면 기분이 한없이 상쾌해질 것이다.

• 방금 서류와 종이들로 가득 채웠던 상자들을 회의실로(혹은 다른 열린 공간으로) 가져가자.

책상에서 쓸어 담아온 서류와 종이들을 하나씩 하나씩 살펴보자. 읽지 않은 메모와 보고서, 30일 이상된 내용들은 모두 던져버리라. 처음 받았을 때 읽지 않았을 만큼 사소한 내용이었다면 지금은 더 중요치 않을 것이다. 법적으로 보관해야 하는 것이나 직업상 중요한 것이 아닌 서류도 모두 던져버리라. 아마 상자 속 내용물 중 75%를 던져버릴 수 있을 것이다. 보관해야 할 것들은 파일 폴더에 챙겨서 적절한 라벨을 붙인 다음, 파일 캐비닛 속에 집어넣으라.

• 이제 책상 서랍을 공격하자.

파일들을 하나하나 열어 자신에게 물어보라. '이 파일을 펼쳐본 지 얼마나 오래됐던가?' 1년 이상 됐다는 대답이 나오고 법적으로 보관할 필요가 없다면 던져버리라. 보관해야 한다는 대답이 나온다면 그 안의 내용물을 모두 보관해야 할지 다시 한 번 자신에게 물어보자. 대개의 경우는 '아니다'라는 대답일 것이다. 이런 일에는 잔인해져도 된다. 꼭 필요하지 않은 것들은 모조리 버리자. 이 작업을 몇 시간 거치고 나면 파일 공간의 반 이상이 텅 비게 될 것이다.

• 개인적인 물건은 집으로 가져가자.

사무실에서 오래된 물건들을 쓸어버리고 나면 다른 것들을 가져다놓을 수 있다. 화분을 들여놓고 풍경화 액자를 매달아놓을 수도 있다. 사무실에서 일주일에 40~50시간씩 일하는 사람이라면 — 우리 대부분이 그렇다 — 단순히 견딜 만한 환경이 아니라 진짜 사랑스러운 환경을 만들어야 할 것이다.

• 깨끗해진 사무실을 깨끗하게 유지하려고 애쓰자.

습관을 하루아침에 바꿀 수 없는 한, 9주일이 채 지나기도 전에 깨끗해진 사무실은 다시 어질러질 가능성이 높다. 이런 일이 일어나지 않도록 하라. "난 원래 이렇게 생겨먹었어. 너무 바빠서 청소할 시간이 없어." 등등의 핑계는 오로지 핑계일 뿐이다. 깨끗한 사무실이 당신에게 더 많은 돈을 벌게 해줄 수 있다. 회사에서 지위 체계가 높은 사람일수록 사무실이 더 깨끗하고 간단하다. 나는 그것을 우연의 일치로 생각하지 않는다. 당신의 작업장이 깔끔하고 전문적으로 보일 때 고객과 동료들이 당신을 더 존중할 것이다.

## 2_ 필요 없는 메일은 즉시 지워버려라

어떤 성공한 사업가가 자신은 인터넷 메일을 모조리 지워버린다고 말했다. 중요한 내용이면 어떡하냐고 물었을 때 그는 대답했다.

"데이비드, 회사 나부랭이들이 보내는 것들 중 95%는 쓸데없는 것이오. 그런 쓰레기를 만들고 그 쓰레기를 인쇄하고 그 쓰레기를 퍼뜨리면서 돈 받는 작자들이 있는 거요. 거의 다 요청한 사람도 없고 필요치도 않은 것들이오. 그게 진짜 중요한 거라면 지워버린 후에라도 다시 날아들 거요. 누군가가 항상 그걸 알려준단 말이오. 하지만 그런 일은 1년에 다섯 번이 고작이오."

그 당시에 나는 옳은 일이 아니라고 생각했었다. 하지만 그로부터 몇 년 후 그의 말이 옳다는 것을 알았다. 요즘 나는 거의 모든 메일을 없애버린다. 요청한 것 이외의 우편물은 열어보지도 않는다. 이런 식으로 훈련하지 않으면 쓸모없는 내용을 읽느라 몇 시간의 근무 시간을 낭비하게 될 것이다. 이것이야말로 미친 짓이다.


## 3_ 사무실을 끝냈으면, 이제 집을 청소하라

사무실 청소를 끝낸 후에는 이제 당신의 집을 공격 대상으로 삼아야 한다. 우선 굿윌이나 구세군에 물건 보낼 날짜를 연락해두라(이것이 당신의 마감 시간이다). 그리고 청소를 시작하라. 세 가지 기준을 두고 보관해야 할 것과 버릴 것을 결정하라. 1) 내가 좋아하는 것인가? 2) 내가 사용하는 것인가? 3) 현실적 가치나 감상적인 가치가 있는 것인가? 이 질문 중 적어도 한 가지에 '그렇다'는 대답이 나오지 않는다면 버려야 할 물건이다.

대부분의 사람들은 몇 년간 입지도 않은 옷들을 벽장 속에 처박아둔다. 지난 1년간 사용하거나 입지 않았던 품목이라면 아마 앞으로도 사용하지 않을 것이며 더 이상 필요치 않을 것이다. 그것을 즐겨 사용할 만한 사람에게 넘겨주자. 세금 감면도 받고 당신의 인생에서 부잡스러움도 줄일 수 있다. 배우자와 같이 집을 청소하면 비용도 전혀 들지 않는다. 오히려 창고 세일로 내놓으면 돈을 벌 수도 있다(하지만 자선 단체에 기부하는 것이 더 좋을 것 같다. 집이 깨끗해질 뿐만 아니라 남을 도왔다는 기쁨도 느낄 수 있을 테니, 두 배의 기쁨이 다가올 것이다).

가치를 증진시키는 방법을 찾아보라.

사장이 직원의 월급을 올려주는 단 한 가지 이유는 그에게 그만큼의 가치가 있기 때문이다. 즉 그 직원이 회사 사업에 가치를 더해주기 때문이다. 그러므로 월급 인상을 요구하기 전에, 당신은 가치를 증진시키는 방법을 정확히 알 필요가 있다.

당연히 알고 있다고 생각하지 마라. 그것이 전혀 잘못된 생각일 수도 있다. 사람들은 흔히 가치를 증진시키는 중요한 일보다 별로 중요치도 않은 사소한 일을 하며 근무 시간의 대부분을 보낸다. 당신이 어느 쪽인지 판단하려면 어떻게 해야 할까? 방법은 간단하다. 사장에게 물어보라.

사장에게 면담 신청을 하라. 당신이 작업의 질을 높이고 싶은데 그 방법을 모르겠으니 사장님과 의논하고 싶다고 말하라. 펜과 종이를 지참하고 약속장소에 가서 다음 두 가지 사항을 물어보라. 1) 회사에 가장 크게 기여하려면 어떤 일을 해야 할까? 2) 더 많은 가치를 창출하기 위해서는 어떤 일을 해야 할까?

일단 그 질문을 한 후에는 사장의 말에 귀 기울이며 적기만 하면 된다. 사장의 대답이 끝난 후에는 당신이 제대로 이해했는지 다시 한 번 확인하라. 그리고 사장의 의견대로 실천 계획서를 만든 후에 다시 면담하고 싶다고 말하라.

기록한 종이를 집으로 가져와 컴퓨터를 이용해 말끔하게 문서로 만들라. 그 다음에 그 목표를 이룰 만한 일정표를 만들어 그것도 문서화하라. 사장과 두 번째로 만났을 때 그 문서화된 요약서와 일정표를 보여주라. 당신이 더 많은 가치를 창출하기 위해 이러이러한 노력을 하겠다고 설명하라. 장담하건대, 당신의 사장은 깊은 인상을 받을 것이다. 이런 일을 한 사람이 아무도 없었을 테니까 말이다. 이 간단한 방법이 가장 효과적으로 월급 인상의 토대를 마련해줄 것이다.

자영업자의 경우도 똑같은 과정을 거치면 된다. 고객에게 더 나은 만족감을 주기 위해 어떤 일을 해야 할지 직접 물어보라. 당신의 소득을 올리는 열쇠를 그 고객들이 쥐고 있을 수 있다. 일단 물어보라.

이러한 과정을 당신의 소중한 사람들에게도 사용해보라. 흔히 너무 친숙한 사람들에게는 소홀해지기가 쉽다. 하지만 그런 사람일수록 더 쉽게 그 관계의 가치를 높일 수 있다. 또한 그 과정을 즐길 수도 있다. 이 일이 소득과는 아무런 관계가 없을지라도 당신의 행복에 지대한 영향을 미칠 수 있다. 당신에게 자녀가 있다면 그 아이들에게도 시도해보라. 부모 자녀간의 관계를 돈독히 하기 위해서 당신이 어떤 일을 해야 할지 물어보라. 그럼 아마 아이들도 당신에게 똑같은 질문을 해올 것이다.

80/20 법칙에 집중하라.

영업과 상업에 몸담고 있는 사람들은, 수입의 80%가 20%의 고객에 의해 산출된다는 개념에 익숙해져 있을 것이다. 이 개념은 1세기 전 이탈리아의 사회학자 파레토(Pareto)가, 20%의 행동이 80% 결과의 원인이 된다고 말한 데서 비롯되었다. 바꿔 생각하면 당신의 노력 중 80%는 그리 중요치 않다고 말할 수도 있다.

이 원리의 이해가 고용주와 직원 모두에게 효과를 발휘할 수 있다. 당신의 어떤 노력이 작업의 부가가치를 증가시키는지 파악하고, 그 비율을 20% 혹은 30%까지 높일 수 있다면 당신의 생산성은 50%까지 증대될 수 있다! 게다가 아주 작은 추가 노력으로 이 일을 해낼 수 있다.

똑똑한 회사들은 수년간 이 점을 사업에 응용해왔다. 성장과 성공의 열쇠가 최고 고객들의 '탄성'에 있다는 점을 깨달은 것이다. 대부분의 큰 회사들이 최고 고객들에게 플래티넘이나 골드 회원 같은 특별 보상 프로그램을 제공하는 것도 이런 이유에서이다.

당신의 직업이나 사업의 경우는 어떨까? 알짜 소득이 어디서 흘러 들어오는지 잘 알고 있는가? 가치를 창출할 수 있는 방법에 대하여 사장이 어떤 말을 했는가? 자영업자라면 당신의 최고 고객들이 누구인가? 지금 그 20% 고객의 명단을 나열할 수 있는가? 앞으로 36개월 이내에 현재의 최고 20% 고객 같은 새 고객들을 더 붙잡을 수 있다면 당신의 사업 규모는 두 배로 커질 것이다. 80%의 결과를 나타내는 20% 노력을 명확하게 규명할수록, 성공 가능성은 더욱 높아진다.

기억하라, 결과가 당신의 보상을 만들어준다. 이번 한 주 동안은 당신의 효과적인 20% 행동을 파악하는 데 초점을 맞추라. 소득을 이끌어주는 결과가 무엇인가, 그 결과를 위해 당신이 얼마의 시간을 들이고 있는가? 지금부터 이 행동들에 당신의 관심이 집중되어야 한다. 80%의 시간을 소비하면서도 사실 별다른 가치를 창출하지 못하는 일에는 관심을 줄이라. 간단하게 말하면 결과가 있는 일에 집중하고 시간과 에너지를 낭비시키는 다른 일들은 잘라버리라.

자신을 내보여라.

월급 인상을 요구할 때 중요한 한 가지는 요구하는 사람의 자신감이다. 그런데 많은 사람들에게 이런 자신감이 부족하다. 그 이유는 다른 회사의 상황을 모르는 탓에 자신의 실제적 가치를 판단하지 못하기 때문이다.

당신과 비슷한 일을 하는 사람이 다른 회사에서 얼마를 받고 있는지 모른다면, 당신이 얼마를 받아야 하는지에 대해서도 모를 수밖에 없다. 흔히들 타인의 월급에 대한 질문이 무례하다고 생각하지만 더 이상은 그렇지 않다. 이 일은 남에게 지지 않으려고 허세를 부리려는 것이 아니라, 당신의 전문적인 입지를 지키기 위해서 필요하다. 다른 회사에서라면 6만 5,000달러의 연봉을 받을 수 있는 일을 하면서 당신이 4만 달러 연봉을 받고 있다면, 그것은 사기당하는 것이나 마찬가지다. 그것을 고용주의 잘못으로 돌릴 필요는 없다. 어차피 비용을 낮추는 것이 고용주의 할 일이다. 당신의 소득을 증가시켜 부자가 되는 것은 당신이 할 일이다.

그럼 당신의 월급이 적당한 수준인지 어떻게 알 수 있을까? 그 요령은 당신을 내보이는 것이다. 이 내용을 설명하기 위해 나의 수강생이었다가 나중에 고객이 된 로렌이라는 여성을 예로 들어보겠다. 처음 만났을 때 그녀는 스물일곱 살이었고 유능했으며 컨설턴트로서 연봉 5만 5,000달러를 받고 있었다. 그런데 3년 후 서른 살이 되었을 때 그녀의 연봉은 겨우 6만 5,000달러에 머물러 있었다. 로렌은 화가 났다. 해마다 더 열심히 일하는데도 회사에서 그만큼 월급을 올려주지 않는다고 불평을 터뜨렸다.

나는 그녀에게 투덜거리지만 말고 행동을 하라고 말했다.

"전화기를 들고 당신 회사의 경쟁업체에 전화하세요. 당신이 어떤 일을 하고 어느 정도 열심이고 어느 정도 유능한지를 말하세요. 지금 상황에 화가 나서 새로운 직장을 찾는 중인데 관심이 있느냐고 물어보세요."

로렌은 나의 충고대로 따랐다. 한 달도 지나기 전에, 그녀는 세 곳에서 면접 요청을 받았고 연봉 9만 5,000달러와 사이닝 보너스(signing bonus, 우수 인재를 채용할 때 일시불로 지급하는 보너스) 2만 달러를 제안받았다. 당연히 그녀의 현재 회사에서는 연봉 8만 5,000달러와 6개월마다의 연봉 협상을 제시하며 남아달라고 부탁했다.

하지만 그들의 제안은 너무 늦었다. 로렌은 떠났다. 오래지 않아 그녀의 기본 연봉이 12만 5,000달러로 껑충 뛰었다. 서른세 살에 그녀는 처음으로 집을 마련할 수 있었고 직업과 경제적인 면에서 모두 자리를 잡아나갔다. 그녀가 자신을 내보이지 않았더라면 결코 다른 회사의 사정을 알지 못했을 테고 여전히 제대로 된 평가와 보상도 없이 고생하며 일만 했을 것이다.

지금 새로운 직장을 찾아보라. 당신이 현재 회사에서 떠날 마음이 없고 만족스러울지도 모른다. 하지만 회사 밖의 상황을 모른다면 당신이 취해야 할 최선의 행동이 무엇인지 어떻게 알 수 있겠는가?

당신을 내보일 수 있는 빠른 방법을 알아보자.

### 1_ 취업 박람회에 참가하라

취업 박람회는 요즘 중요한 사원 채용 수단으로 떠오르고 있다. 이제는 학교를 갓 졸업한 무경험자나 필사적인 구직자들만 대상으로 하는 것이 아니라 거의 매달 각 도시에서 광범위하게 열리고 있다. 거주 지역의 박람회를 조사하고 싶으면, 신문 경제면을 찾아보거나 파인드잡(www.findjob.co.kr), 스카우트(www.scout.co.kr), 잡링크(www.joblink.co.kr) 등 취업 정보 회사로 들어가보라. 취업 박람회의 좋은 점은 수십 개 회사를 일일이 찾아다닐 필요가 없다는 것이다. 어떤 박람회는 수백 개의 메이저급 회사들이 참가하여 사원 모집과 회사 설명회를 개최한다. 이 박람회를 효과적으로 이용하려면 준비를 갖추고 찾아가야 한다. 전문적으로 보일 만한 이력서를 작성하고 단정한 옷차림을 하라. 관심 있는 회사를 발견했으면 회사 면접을 볼 때와 똑같은 자세로 그 부스에 다가가라. 면접원에게 자신을 소개하고 이력서를 건네라. 그 부스에 면접원으로 앉아 있는 사람에게는 하루의 할당량이 부과되어 있을 것이다. 그들은 이력서를 수집하기 위해서가 아니라 고용할 직원을 가려내기 위해 나와 있다. 즉 그 면접에 당신보다 그들이 더 의욕적으로 임할 수도 있다는 뜻이다. 기술 분야 취업 박람회의 경우는 회사의 최고 경영진이(가끔은 창립자까지) 나와 즉석에서 취업 제안을 하는 경우도 드물지 않다.

## 2_ 온라인에서 찾아보라

　앞으로는 인터넷이 구직의 중요한 중간 역할을 할 것이다. 집에서 인터넷을 이용할 수 없다면 공공 도서관에 찾아가라. 하지만 회사에서는 절대로 이용하지 마라. 비윤리적인 일일 뿐 아니라 요즘 많은 회사들이 직원들의 인터넷 활동 상황을 모니터하고 있다. 근무 시간에 다른 직장을 구하러 인터넷에 들어갔다가는 현재의 직장에서 해고당할지도 모른다.

## 3_ 친구들에게 얘기하라

　가끔은 소개를 통하여 일자리가 구해지기도 한다. 오늘날 많은 회사들이 새로 채용된 사람을 소개한 직원에게 수천 달러의 보너스를 지급하고 있다. 그러므로 친구들에게 일자리를 구하고 있다고 알려두라. 하지만 당신의 의견을 정확히 밝혀둘 필요가 있다. 원하는 작업 환경, 직업의 종류, 급료 등등을 구체적으로 알리라. 승산 가능성이 없다고 생각하지 마라. 친구의 회사에 당신이 꿈꾸던 일자리가 기다리고 있을 수도 있다.

월급 인상 요구를 연습하라.

　이제는 생각을 그만두고 실질적인 준비를 할 시간이다. 이번 주에는 당신이 바라는 월급 인상액과 인상받을 자격이 있는 이유, 올해 당신이 회사에 기여했던 일과 앞으로 어떻게 기여할 것인지 등의 내용을 요약해서 적으라. 사장에게 월급 인상을 요구하러 갔을 때 이 요약된 종이를 참고 삼을 수 있다. 서면 제출서가 구두 요청을 효과적으로 뒷받침해주기도 한다. 서면으로 제출하면 그 요청이 더 현실적으로 전달된다. 적어도 받는 사람 측에서 당신의 요구를 쉽사리 무시할 수가 없다. 많은 회사들은 서면 요구서가 있을 경우 답장해주어야 한다는 정책을 시행하고 있다.

당신의 요구 사항과 이유에 대해서 요약서를 작성했다면 이제 연습을 시작하라. 당신의 배우자에게 사장 역할을 부탁하고 당신의 억양이 적당한 수준인지 봐달라고 하라. 배우자와 같이 연습하는 것이 불편하다면 혼자 방 안에 앉아 연습해도 된다. 하지만 혼자서 하든 다른 사람과 함께 하든, 큰 소리로 연습해야 한다.

여섯 번 정도 큰 소리로 되풀이하면서 자신의 목소리를 직접 듣는 것이 중요하다. 그렇게 함으로써 당신의 무의식이 그 요구 사항을 믿게 될 것이다. 그리고 당신의 어조가 어떻게 들리는지 스스로 알아야 한다. 녹음해서 들어보아도 좋고 캠코더가 있다면 녹화를 하는 것도 괜찮은 방법이다. 월급 인상을 요구할 때 처음으로 자신의 목소리를 듣게 된다면 움츠러들 수도 있고, 어색한 표정이 드러날 수도 있다. 표정과 목소리에 신경쓰면서, 침착하고 차분하고 자신감 있게 들릴 때까지 연습하라. 사장이 거절하는 경우를 예상하여 그에 대한 답변도 연습하라.

당신이 얼마나 일을 잘하든 간에 당신의 사장이 월급 인상을 당장 받아들이지는 않을 것이다. 어차피 비용을 줄이는 것이 그의 할 일이다. 당신이 목표를 달성하기 위해서는 당신 대신 다른 사람을 구하는 것보다 당신의 요구를 들어주는 것이 회사를 위해 경제적이라는 점을 사장에게 인식시켜야 한다. 자영업자의 경우도 마찬가지다. 요금을 인상하기 이전에 인상된 요금을 어떻게 청구할 것인지 연습해보라.

**월급 인상을 요구하라.**

당신이 모든 것을 준비했다 하더라도 실제로 사장에게 찾아가 월급 인상을 요구하지 않는다면 아무 소용이 없다. 직접적인 행동을 취하지 않으면 아무런 결과도 나타나지 않는 법이다.

당신은 월급 인상을 요구하는 방법을 알았고 설득하기 위한 준비도 했다. 사장과 이미 만났던 적도 있다. 부가가치를 창출하는 방법을 알았고 자신을 내보였고(다른 회사의 사정을 알았고), 사무실은 흠잡을 데 없이 깨끗하며 부가가치적인 20%의 활동에 초점을 맞추고 있다. 당신에게 그만한 자격이 있다는 것을 알고 있으며(10% 이상 인상받을 자격일 수도 있다) 당당하게 요구할 준비가 되었다.

자신감이 느껴진다면 더욱 훌륭하다. 하지만 그렇지 못하다 해도 앞으로 나아가서 월급 인상을 요구해야 한다. 당신이 나의 충고를 무시하고 지난 일주일간 한 일이 고작 사장과의 약속을 정한 것이라 해도 당신은 여전히 월급을 인상받을 가능성이 있다. 하지만 당신은 요구해야 한다. 미친 짓이라고 만류하는 친구나 가족의 말은 신경쓰지 마라. 사장과 약속을 정하고 당신의 입장을 밝히라. 최악의 상황이래봤자 사장이 거절하는 정도일 뿐이다. 그러한 경우에도 당신은 중요한 것을 깨달을 수 있다(새로운 직장을 찾아봐야 할 시기이다,

혹은 가치 증진에 더 노력해야겠다 등등).

당신이 자영업자라면 이번 주에 요금을 인상하라. 당신의 상품이나 서비스에 대하여 새로운 고객에게 최소한 5%를 올려받으라. 새 고객이 생기지 않는다면 기존의 고객들에게 요금 인상 사실을 알려야 한다.

월급 인상을 요구할 때 필요한 한 가지 요령을 알려주겠다. 월급(혹은 요금) 인상액을 말하지 말고 인상 비율로써 말하라. "10% 월급을 올려주시기 바랍니다"가 "500만원을 더 받고 싶습니다." 보다 훨씬 부드럽게 전달된다.

## 아홉째 주

당신의 성공을 축하하라.

당장 월급 인상의 목표를 달성하지 못했다 해도, 축하해야 한다. 그러한 용기를 냈다는 것만으로도 축하받을 자격이 있다. 미리 당신의 배우자와 함께 축하 계획을 세워놓으라!

사람들은 흔히 결과에만 관심을 기울이느라 과정을 소홀히 여긴다. 나의 적극적인 소득 개념은 월급 인상만을 목표로 삼는 것이 아니다. 당신이 색다른 시각으로 소득을 바라볼 수 있는 것도 하나의 목표가 된다. 소득을 적극적으로 관리하고 움직여야 할 대상으로 간주해야 한다. 특정한 수치를 따라가는 것이 아니라 당신이 항상 적극적으로 과정을 만들어갈 수 있음을 알아야 한다.

내가 10%의 월급 인상을 제안한 이유는 그것이 구체적이고 쉽게 증명할 수 있는 목표이기 때문이다. 직업과 관련된 목표들 중에 승진이나 전임, 아니면 더 책임 있는 일을 맡는 것도 포함될 수 있을 것이다. 어떤 경우이든 소극적으로는 전진할 수 없다. 당신이 직접 대담하게 행동을 취해야 한다.

또 한 가지 기억해야 할 점이 있다. 적극적인 행동이 행복한 승리를 가져다 줄 때도 있겠지만(원하는 것을 얻어냈을 때), 장애물에 부딪히는 경우도 종종 있다(당신을 멈춰 세우는 일). 이러한 기복은 당연히 있을 수밖에 없다. 이것이 오히려 정상이다. 그러므로 당신은 사소한 승리라도(사무실 대청소를 끝낸 일 등) 꼭 축하해야 한다. 작은 행동이라도 축하해주는 습관을 기르면 앞으로 더 큰 모험과 도전도 받아들일 마음이 생긴다.

사람들이 직장에서 혹은 인생에서 노력을 그만두는 이유는 완벽해야 한다는 생각으로 실패를 받아들일 만한 여유가 없기 때문이다. 사실 완벽함이란 존재하지 않는다. 똑똑한 부자가 되고 싶다면 목표를 향한 과정을 긴 여행으로 생각하라. 커다란 승리나 작은 승리 모두 축하함으로써 즐겁게 나아갈 수 있는 여행(인생)으로 만들어야 할 것이다.


### 서로 격려하며 각 단계를 밟아가라

지금까지가 부자가 되기 위한 우리의 마지막 9단계였다. 나를 당신의 경제적인 개인 코치로 받아준 점 영광스럽게 생각한다. 이 여행이 당신에게 즐거웠기를 바란다. 또한 당신과 당신의 배우자가 이제 두 사람이 함께할 인생과 개별적인 인생을 밝고 새롭게 볼 수 있기를 바란다.

# 커다란 차이를 만드는
# 한마디 말

**이제는 부부가 함께** 여행을 계속해나가야 할 시점이다. 가치에 맞게 꿈을 설계하고 경제적인 목표를 현실로 이루어가며 함께 여행하라. 하지만 매우 중요한 한 가지를 덧붙여야겠다. 돈이 중요할 수는 있어도, 가장 중요한 것은 아니다. 인간으로서 받은 가장 큰 선물은 생명과 사랑이다. 당신은 지금 당신의 배우자와 함께 있다. 그 어떤 똑똑한 구매나 투자로도 얻을 수 없는 것을 가지고 있다.

가끔씩 우리는 목표를 향해 전력질주하다가 가장 중요한 것을 잃어버린다. 인생은 짧다. 때때로 우리가 그 소중함을 깨닫기도 전에 인생이 무언가를 빼앗아가기도 한다. 보험은 우리가 사랑하는 사람들에게 돈을 제공할 뿐이다. 소중한 사람을 되살려놓지는 못한다. 당신이 지금 인생과 사랑을 함께할 특별한 사람을 찾았다면 그것이 바로 커다란 축복이다. 가장 어려운 도전 과제를 이루어낸 셈이다. 그에 비하면 돈이라는 물건은 제법 다루기 쉽다. 당신에게 필요한 지식이 생긴 지금은 더더욱 쉽다.

그러므로 긴장을 풀자. 이 책은 부부가 서로를 변화시키거나 어느 한쪽이 희생해야 한다고 요구하지 않는다. 부자가 되기 위해서 굳이 즐거움을 포기할 필요는 없다. 오히려 당신이 즐겁고 정열적으로 인생을 살아갈수록 부자가 되는 길도 활짝 열린다.

잠시 멈춰서 당신이 상대방을 왜 그리도 사랑하는지 생각해보자. 그와 사랑에 빠졌던 순간과 그가 당신에게 얼마나 특별한 존재인지 생각해보자. 그 내용을 종이에 적어보는 것도 좋다. 하지만 종이에 적지 않더라도 몇 분만 시간을 내서 당신의 배우자에게 얼마나 사랑하는지 왜 사랑하는지를 표현해보자. "사랑해." 이 한마디는 수백 번을 들어도 충분하지 않다. '사랑해'가 너무나 부족한 이 세상에서 그 결핍을 보충할 수 있는 최적의 장소는 당신의 가정이다. 지금 당장 당신의 배우자에게, 부모님에게, 친구들에게, 당신의 자녀에게 "사랑해"라고 말해보자. 우선 당신의 기분이 좋아질 것이다. 게다가 그 말 한마디가 당신이 사랑하는 사람의 인생을 영원히 변화시켜줄지도 모르는 일이다.

마지막으로, 인생이라는 여행이 선물임을 기억하자. 그 선물에 감사하며 마음속 깊은 곳에 간직되어 있는 정열을 끌어내어 살아가자. 5년 후 당신은 그저 다섯 살 더 나이 든 사람일 수도 있고 정열적으로 더 풍요롭게 살아가는, 점점 부자의 길에 가까워지는 사람이 되어 있을 수도 있다. 선택은 당신의 몫이다. 하지만 그 결과는 당신의 소망으로가 아니라 당신의 행동으로써 결정될 것이다. 이 책을 통하여 우리가 함께한 짧은 시간이 두 사람의 인생에 그리고 미래에 커다란 도움이 되기를 바란다.

꿈을 좇아가려면 힘이 필요하다.

나는 두 분에게 그 힘이 있다고 믿는다.


다시 만날 때까지 즐겁고 풍요로우시기를!

# 부록 | 경제 계획의 도구들

# 우리의 돈이 어디로 가는가?

부부의 경제적 인생을 일치시키기 위해서는, 현재의 현금 유출입을 정확하게 파악해야 한다. 아래의 목록을 작성해보자.

---

**첫째, 소득액 알기**

당신의 소득

| | |
|---|---|
| 월급, 수수료, 자영업 소득 | ＿＿＿＿＿＿ 천원 |
| 주식, 채권, 뮤추얼 펀드 배당금, 저축계좌, CD 등등 | ＿＿＿＿＿＿ 천원 |
| 임대 소득 | ＿＿＿＿＿＿ 천원 |
| 신탁 계좌의 소득(상속용) | ＿＿＿＿＿＿ 천원 |
| 이혼 혹은 별거 수당, 양육비, 사회 보장 지급금 | ＿＿＿＿＿＿ 천원 |
| 기타 소득 | ＿＿＿＿＿＿ 천원 |
| **총 월소득** | ＿＿＿＿＿＿ 천원 |

**둘째, 소비액 알기**

당신의 소비

| | |
|---|---|
| **세금** | ＿＿＿＿＿＿ 천원 |
| 소득세 | ＿＿＿＿＿＿ 천원 |
| 건강 보험료 | ＿＿＿＿＿＿ 천원 |
| 재산세 | ＿＿＿＿＿＿ 천원 |
| **세금 총액** | ＿＿＿＿＿＿ 천원 |

**주택**

융자금 상환액 혹은 월세 　　　　　　　　　　　　__________ 천원

임대나 소득 재산에 대한 융자금 상환액 　　　　__________ 천원

전기, 가스, 상하수도 등 시설 관련 　　　　　　__________ 천원

주택 관련 보험 　　　　　　　　　　　　　　　__________ 천원

집수리 유지비 　　　　　　　　　　　　　　　__________ 천원

케이블 TV 　　　　　　　　　　　　　　　　　__________ 천원

전화 　　　　　　　　　　　　　　　　　　　　__________ 천원

인터넷 사용료 　　　　　　　　　　　　　　　__________ 천원

청소 서비스 　　　　　　　　　　　　　　　　__________ 천원

정원과 수영장 관리 　　　　　　　　　　　　　__________ 천원

콘도나 조합 회비 　　　　　　　　　　　　　　__________ 천원

**주택 총계** __________ 천원

**자동차**

자동차 할부금 혹은 대여비 　　　　　　　　　　__________ 천원

기름값 　　　　　　　　　　　　　　　　　　　__________ 천원

자동차 보험 　　　　　　　　　　　　　　　　__________ 천원

GPS 사용료 　　　　　　　　　　　　　　　　　__________ 천원

수리 유지비 　　　　　　　　　　　　　　　　__________ 천원

주차료 　　　　　　　　　　　　　　　　　　　__________ 천원

통행료 　　　　　　　　　　　　　　　　　　　__________ 천원

**자동차 총계** __________ 천원

**보험**

생명 보험 　　　　　　　　　　　　　　　　　__________ 천원

장애 보험 　　　　　　　　　　　　　　　　　__________ 천원

장기치료 보험 　　　　　　　　　　　　　　　__________ 천원

책임 보험 　　　　　　　　　　　　　　　　　__________ 천원

**보험 총계** __________ 천원

**식비**

식료품비 　　　　　　　　　　　　　　　　　　__________ 천원

외식비 　　　　　　　　　　　　　　　　　　　__________ 천원

**식비 총계** __________ 천원

**개인 지출**

의복      _________ 천원

세탁/드라이클리닝      _________ 천원

화장품      _________ 천원

운동시설 사용료/강습비      _________ 천원

오락      _________ 천원

클럽 회비      _________ 천원

조합 회비      _________ 천원

여행      _________ 천원

취미 생활      _________ 천원

교육      _________ 천원

잡지      _________ 천원

선물      _________ 천원

**개인 지출 총계** _________ 천원

**의료**

건강치료 보험      _________ 천원

약값      _________ 천원

병원 진찰료      _________ 천원

**의료 총계** _________ 천원

**기타**

신용카드 비용      _________ 천원

할부금      _________ 천원

이혼 수당 혹은 양육비      _________ 천원

그 외 기타 비용      _________ 천원

**기타 총계** _________ 천원

**월 지출 총계** _________ 천원

**머피의 법칙적인 요소**

총계에서 10%를 가산하라      _________ 천원

총소득 _________ 천원

− 총지출 _________ 천원

순수 현금 자금(저축이나 투자할 수 있는 돈) _________ 천원

# 경제 상황 정리계획표

## 순가치 파악하기

<table>
<tr><td colspan="2">1단계 : 가족 정보</td></tr>
<tr><td colspan="2">고객 이름 _______________________________________________</td></tr>
<tr><td colspan="2">생년월일 _______________ 나이 _______________________</td></tr>
<tr><td colspan="2">배우자 이름 ______________________________________________</td></tr>
<tr><td colspan="2">생년월일 _______________ 나이 _______________________</td></tr>
<tr><td colspan="2">주소 _________________________________________________</td></tr>
<tr><td colspan="2">자택 전화번호 ____________________________________________</td></tr>
<tr><td colspan="2">회사 전화번호 _______________ 팩스 ___________ 이메일 _____________</td></tr>
<tr><td colspan="2">배우자의 회사 전화번호 ___________ 팩스 __________ 이메일 _____________</td></tr>
<tr><td colspan="2">주민등록번호 _______________ 배우자의 주민등록번호 _______________</td></tr>
<tr><td colspan="2">고용주 _______________________________________________</td></tr>
<tr><td colspan="2">직업 _________________________________________________</td></tr>
<tr><td colspan="2">배우자의 고용주 ___________________________________________</td></tr>
<tr><td colspan="2">배우자의 직업 ____________________________________________</td></tr>
<tr><td colspan="2">퇴직했는가?    네 ____ 퇴직 날짜 ______ 아니오 ____ 퇴직 계획 날짜 ______</td></tr>
<tr><td colspan="2">배우자는 퇴직했는가? 네 ____ 퇴직 날짜 ______ 아니오 ____ 퇴직 계획 날짜 ______</td></tr>
<tr><td colspan="2">결혼 상태 :    미혼 ______ 기혼 ______ 이혼 ______ 별거 ______ 사별 ______</td></tr>
</table>

**자녀**

| 이름 | 생년월일 | 주민등록번호 |
|---|---|---|
| 1. ____________ | ____________ | ____________ |
| 2. ____________ | ____________ | ____________ |
| 3. ____________ | ____________ | ____________ |
| 4. ____________ | ____________ | ____________ |
| 5. ____________ | ____________ | ____________ |

**부양가족**

당신에게 경제적으로 의지하는 가족 구성원이 있는가, 앞으로 있을 예정인가?

(예, 부모, 조부모, 성년 자녀 등등)　　　네 _______　아니오_______

이름  1. _______________________________　　나이 _______

　　　관계 _______________________________

이름  2. _______________________________　　나이 _______

　　　관계 _______________________________

이름  3. _______________________________　　나이 _______

　　　관계 _______________________________

이름  4. _______________________________　　나이 _______

　　　관계 _______________________________

이름  5. _______________________________　　나이 _______

　　　관계 _______________________________

## 2단계 : 개별 투자(은퇴 계좌 제외)

### 현금 보유

은행, 신용조합의 계좌 리스트

| 은행 이름 | 계좌 타입 | 현재 잔고 | 이자율 |
|---|---|---|---|
| 예 : 기업은행 | 당좌/저축/단기금융 | 10,000,000원 | 2% |
| 1. | | | |
| 2. | | | |
| 3. | | | |
| 4. | | | |
| 5. | | | |

### 고정 수입

고정 수입 투자 리스트

예 : CD, 국채, 어음, 채권

| 비과세 채권, 저축성 채권 | 액수 | 현재 % | 만기일 |
|---|---|---|---|
| 1. | | | |
| 2. | | | |
| 3. | | | |
| 4. | | | |
| 5. | | | |

### 주식

| 회사 이름 | 주식수 | 구매 가격 | 대략의 시장 가치 | 만기일 |
|---|---|---|---|---|
| 1. | | | | |

2. ________________________________________________________________

3. ________________________________________________________________

4. ________________________________________________________________

5. ________________________________________________________________

주식 증서를 안전하게 보관해두었는가?    네 ______ 아니오 ______

## 뮤추얼 펀드 / 위탁 계좌

증권사 이름/        주식수        수수료        대략의 시장 가치        만기일
뮤추얼 펀드

1. ________________________________________________________________

2. ________________________________________________________________

3. ________________________________________________________________

4. ________________________________________________________________

5. ________________________________________________________________

## 연금

회사            수령자        이자율        대략의 시장 가치        만기일

1. ________________________________________________________________

2. ________________________________________________________________

3. ________________________________________________________________

다른 자산(사업체 소유 등등)                        대략의 시장 가치

1. ______________________________        ______________________천원

2. ______________________________        ______________________천원

3. ______________________________        ______________________천원

## 3단계 : 은퇴 계좌

기업 후원의 은퇴 프로그램에 참여하고 있는가?

(401(k) 같은 과세 연기 은퇴 제도)   네 ________   아니오 ________

관리 회사 ________ 제도 타입 ________ 대략의 가치 ________ 불입액의 % ________

**당신**

1. ________________________________________________________________

2. ________________________________________________________________

3. ________________________________________________________________

**배우자**

1. ________________________________________________________________

2. ________________________________________________________________

3. ________________________________________________________________

퇴사한 회사에 남겨둔 돈이 있는가?

네 _______ 아니오 _______ 잔고 ___________ 언제 퇴사했는가? _____________

**배우자**

네 _______ 아니오 _______ 잔고 ___________ 언제 퇴사했는가? _____________

## 개인 은퇴 계좌

연금 제도에 참여하고 있는가?

관리 회사 이름 ___________ 제도 타입 ___________ 대략의 가치 __________

**당신**

1. ________________________________________________________

2. ________________________________________________________

3. ________________________________________________________

4. ________________________________________________________

5. ________________________________________________________

**배우자**

1. ________________________________________________________

2. ________________________________________________________

3. ________________________________________________________

4. ________________________________________________________

5. ________________________________________________________

## 4단계 : 부동산

주택 소유주인가, 임차인인가?

소유주 ______ / 월 융자 상환액__________ 임차인 ______ /월세__________

대략적인 집의 가치 _____________ 융자금 잔고 _____________ =

집의 순가치 __________ 대출 기간 __________ 이자 __________

다른 주택을 갖고 있는가?

대략적인 집의 가치 _____________ 융자금 잔고 _____________ =

집의 순가치 __________ 대출 기간 __________ 이자 __________

## 5단계 : 자산 계획

유언장을 보관해두었는가?  네 _____ 아니오 _____ 마지막으로 검토한 날짜 _________

변호사 이름 ___________________________________________

주소 ________________________________________________

전화번호 _____________________________________________

## 위험 관리/보험

가족 보호 대책을 세워두었는가?   네 _______   아니오 _______

생명 보험사          보험의 타입          사망 지급금          현금 가치          연보험료

1. ___________________________________________________________

2. ___________________________________________________________

3. ___________________________________________________________

## 세금 계획

세금을 전문적으로 준비해두었는가?   네 _______   아니오 _______

회계사 이름 ______________________________________________________

주소 ____________________________________________________________

전화번호 ________________________________________________________

작년의 과세대상 소득은 얼마였는가? ______________________________

## 6단계 : 현금 유출입

## 소득

월소득 ____________________________   연소득 ____________________

배우자의 월소득 ________________   연소득 ____________________

임대 자산 소득 : 월별 ____________   연별 ____________________

기타 소득(동업, 사회 보장, 연금, 배당 수표 등등)

　　　　소득의 유형　　　　　　　　월별　　　　　　　　연별

1. ___________________________________________________________

2. ___________________________________________________________

3. ___________________________________________________________

## 지출

월지출 ____________________________   연지출 ____________________

세후 소득은 얼마인가?　　　　　　　　____________________원

지출은 얼마인가?　　　　　　　　　－____________________원

순수 현금 자산　　　　　　　　　　＝____________________원

## 7단계 : 순자본

총자산　　　　　　　　　　　　　　____________________원

총채무　　　　　　　　　　　　　－____________________원

대략의 순자본　　　　　　　　　　＝____________________원

부록 3

# 적극적 소득

이름 : 

현재 연봉 : 

내가 바라는 인상률 : 

증가액 : 

새로운 연봉 : 

시작하는 날 : 

마감하는 날 : 


서명 : 

증인 서명 : 

# 목적에 맞는 경제 계획표

당신의 배우자가 작성할 계획표와
부부가 공동으로 작성할 계획표를 추가해놓았다.
110~112쪽의 지침을 바탕으로
열두 달 내에 달성하고자 하는 다섯 가지 목표를 생각하라.

## 목적에 맞는 경제 계획표

| | 다섯 가지 소중한 가치 | 다섯 가지 경제적 목표 | 구체적이고 상세하게 만들자 | **48시간 계획** 48시간 내에 어떤 행동에 착수할까? | **협력자 선정** 나의 목표를 누구에게 말할까? | **시작과 마감시간** 언제 시작할까? 언제까지 할까? |
|---|---|---|---|---|---|---|
| | 예: 경제적 안정 | 2004년 내에 자산 10% 증가 | 퇴직 적립금을 6%에서 12%로 늘린다 | 금요일까지 담당자에게 변경 사항을 연락한다. | 피터(금융 상담자)에게 전화, 퇴직금 투자 선택권 검토 | 시작: 내일 2003.12. 15. 마감: 금요일 2003. 12. 19. |
| 1. | | | | | | |
| 2. | | | | | | |
| 3. | | | | | | |
| 4. | | | | | | |
| 5. | | | | | | |

# 목적에 맞는 경제 계획표

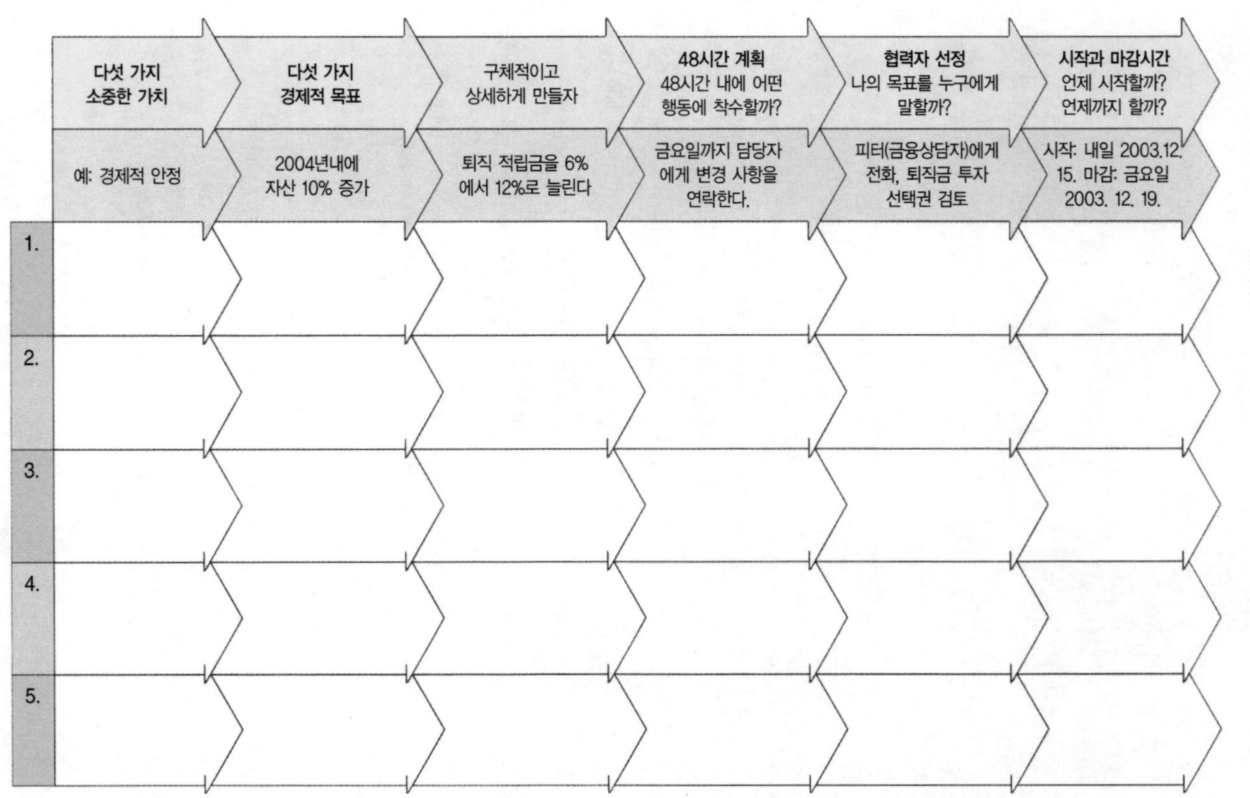

KI신서 549

# 둘이 하면 3배 빠른 부부 재테크

지은이 | 데이비드 바크 · 이종민

1판 1쇄 인쇄 | 2003. 12. 15
1판 1쇄 발행 | 2004. 1. 5

펴낸곳 | (주)북이십일
펴낸이 | 김영곤
책임편집 | 방지선
영업 | 신민식 · 안경찬 · 박성인 · 김진갑 · 박진모 · 이연정
관리/제작 | 이인규 · 이도형 · 이종률 · 최양진
교정 및 디자인 | 디자인캠프

등록번호 | 제10-1965호
등록일자 | 2000. 5. 6

주소 | 서울시 마포구 서교동 464-41 미진빌딩 2층(121-841)
전화 | 02-336-2100(대표)
팩스 | 02-336-2151
e-mail | book21@book21.co.kr
홈페이지 | http://www.book21.co.kr

값 12,000원
ISBN 89-509-0615-5 13320